오늘의 아빠

맞춤법을 따르되, 글맛을 살리기 위해 아이와의 대화 등 일부는
지은이 고유의 표기를 반영합니다.

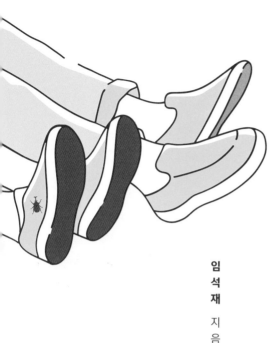

모두의 아버지
모두의 아빠를
위한   에세이

임석재 지음

오늘의 아빠

모두의 아버지는 모두의 아빠였다.

"너도 나를 '아빠'라고 불렀어. 아주 어릴 적의 너를 내가 모두 다 기억해.
그러니 나는 너의 아버지이기도 하지만 너의 아빠이기도 해"

○ㅅ

프롤로그

　모든 일이 그렇듯 시작은 단순했다. 2018년 3월, 13년간 잘 다니던 회사에 육아휴직을 신청했다. 아이와 조금 더 많은 시간을 함께 하고 싶다는 이유로. 아내는 전업주부였고 아이는 가정육아 중이었다. 흔히 말하는 외벌이 가장이라 이런저런 고민이 없었다면 거짓이었겠지만 한편으로 생각하니 이래저래 고민만 많았던 것도 아니었다. 막연하지만 나만 육아휴직을 하면 아내와 아이와 함께 더없이 즐겁고 행복한 시간을 보낼 수 있을 것이라 생각했다. 처음 며칠은 '이 시간에 이렇게 있어도 되나'라고 생각될 만큼 모든 것이 낯설고 어색했지만 그 또한 이내 적응할 수 있었다. 아니 자연스레 적응됐다. 아이와 함께 하는 일상은 생각처럼 재밌고 생각만큼 신났다. 하지만 그 기쁨이 그 즐거움이 그리 오래가지 않았다. 어린이집을 다니지 않아 하루 종일 함께 해야 하는 다섯 살 남자아이와의 일상은 간단치 않았다. 분명 내 아이지만 절대 내 아이 같지 않은 날들의 연속이었다. 나도 처음 겪어보는 일들이었지만 아이 또한 처음 경험하는 일들이었기에 서로 어려웠다. 물론 그 둘을 지켜봐야 하는 아내가 더 힘들었을 것이다. 그때, 하루하루 감정의 오르내림을 글로 남겼다. 처음에는 아이의 '육아일기'라기보다 아빠의 '감정일기'라고 하는 것이 보다 적당했다. 지친 하루를 뒤로하고 마침내(?) 아이가 잠들면 조용히 컴퓨터를 켰고 모니터 앞에서 가만히 하루를 돌아봤다. 화나는 일도 있었고 즐거운 일도 있었다. 감정이 뒤죽박죽, 오락가락했고, 가끔은 깊이를 알 수 없을 만큼 출렁였다. 그렇지만 무엇이 됐건 일단 썼다. 감정의 기록이라지만 나쁜 말, 거친 글은 쓸 수 없었다. 시간이 지나면 아이에게 꼭 전하고 싶었기에. 가능하면 아이와의 하루 중에서 제일 즐겁고, 제일 신나고, 제일 유쾌한 일들만 떠올렸다. 그 감정을 옮겼고 거기에 내 기분을 더했다. 썼다 지웠다를 반복하며 부족한 나를 반성했고 씩씩한 나를 격려했다. 2018년 3월 13일 첫 번째 육아일기를, 2021년 6월 9일 천 번째 육아일기를, 그리고 2022년 1월 3일 천백칠십여섯 번째 육아일기를 썼다. 그 사이, 아이는 2021년 2월 17일 어린이집을 졸업했고, 3월 2일 초등학교에 입학했다. 나도 2019년 4월 2일 육아휴직을 마무리하고 회사에 복직했고, 2020년 1월 29일부터 2021년 12월 31일까지 교육부 정부합동감사단 감사관으로 파견근무를 마쳤다. 그리고 다시 일상으로 돌아왔다. 그동안 짧은 글로 담아낼 수 없는 많은 일들이 있었다.

아이와 관련된 일들을 담으려 했고, 아이가 주인공이 돼야 했지만 어쩌다 보니 가끔은 나와 관련된 일들도 담았고, 또 가끔은 나도 주인공이 됐다.

이런저런 이유로 가끔씩 내가 쓴 지난 육아일기를 혼자 읽기도 하고 아이에게 소곤소곤 읽어주기도 한다. 아이도 안다. 자신이 주인공인 글을, 그리고 우리 가족의 이야기를 아빠가 매일 쓰고 있다는 것을. 언제까지 아이의 육아일기를 쓰게 될지 자신할 수 없지만 당분간은 계속 쓰려 한다. 이제는 그냥 좋으니까. 조용한 아침, 하루 한 번 잠시 아이를 떠올려보는 일상이. 그 일상들이 차곡차곡 쌓여 우리 가족만의 역사로 기록되고 있으니. 2019년 11월 출간한 『아빠의 육아휴직은 위대하다』는 제목처럼 회사를 다니는 '아빠의 육아휴직'에 중심을 뒀고, 2021년 6월 출간한 『가장 보통의 육아』는 제목처럼 하루하루를 살아가는 회사원 아빠의 '보통의 육아'에 중심을 뒀다. 그리고 이번 책은 『오늘의 아빠』라는 제목처럼 초등학교 1학년 남자아이와 함께 하는 회사원 '아빠'라는 사람과 평범한 '오늘'이라는 시간에 중심을 뒀다. 어쩌면 내가 그동안 썼던 육아일기 시리즈의 완결판이라 해도 되겠다. 그러니 나와 같은 아이의 아빠들이 많이 읽으면 좋겠고, 그 곁에 엄마들도 함께 읽는다면 더없이 기쁘겠다. 몇 년에 걸쳐 육아일기라는 이름의 글을 쓰고 그것으로 몇 권의 책을 출간했다. 그 모든 과정과 그밖에 많은 일들을 항상 함께 했던 나의 아내 그리고 나의 아들, 마음을 다해 힘껏 사랑한다. 이제 오늘의 아빠, 아빠의 오늘, 그 이야기를 시작한다.

2022년 변함없이 볕이 좋은 어느 날, 임석재

1월의 아빠

1등이 아니어도
괜찮아

2월의 아빠

어린이집!
안녕!!

5월의 아빠

학교가 재밌어!

6월의 아빠

친구와의 이별

7월의 아빠

매미야,
더 신나게
맘껏 울어라!

8월의 아빠

처음이
많은 아이

11월의 아빠

할아버지가
아프셔

나의 아버지와
함께한 날들

아들아, 아빠도
아빠가 있단다.

12월의 아빠

방학하면 뭐 할까?

에필로그

아이와 관련된 일들을 담으려 했고,
아이가 주인공이 돼야 했지만 어쩌다 보니 가끔은
나와 관련된 일들도 담았고,
또 가끔은 나도 주인공이 됐다.

1등이 아니어도
괜찮아

예비소집이 있었다

아이의 초등학교 입학을 위한 예비소집이 있었다. 큰 기대까지는 아니었지만 작은 설렘 정도는 있었다. 2021년 3월 2일, 아이는 초등학생이 된다. 그렇게 '학생'이 되기까지 많은 날들과 많은 일들이 있었고, 또 아직은 몇 달의 시간이 조금 더 필요하지만 내 아가가, 내 아이가 초등학생이 된다. 작은 복도를 지나 몇 명의 선생님과 인사를 나누고 다시 몇 명의 선생님의 안내를 받으며 아이의 이름을 확인하고 몇 가지 항목에 체크했다. 그게 끝이었고, 그게 다였다. '이렇게 간단한 것이었나?'라고 생각할 겨를도 없이 그렇게 예비소집은 끝났다. 내가 경험했던, 내가 기억하는 '나의 초등학생 첫날'은 아이의 증조할머니와 함께였다. 내 아버지는, 그리고 내 어머니는, 지난한 일들로 제 아이를 위한 크고 작은 일에 함께하지 못했다. 30년도 더 지난 기억 저 편, 국민학생의 나는, 낯선 교실의 작은 책상에 앉았고, 불안한 마음에 교실 뒤편의 할머니를 시시때때로 돌아봤고, 할머니의 주름 가득한 손을 잡고 집으로 돌아왔고, 할머니가 건넨 낡은 보자기 속 몇 권의 책을 읽었다. 더 이상의 기억은 없다. 딱 그만큼만 생각난다.

이름도 몰랐다

생각해보니 그랬다. 알고 있는 것이 많지 않았다. 그럭저럭 알고 있다 생각했는데, 어쩌면 꽤나 잘 알고 있다 생각했는데… 이름도 몰랐다. 한 사람의 가장 기본이 되는 이름 세 글자. 또 가만히 생각해보니 그중에 한 글자도 몰랐다. 그러니 이름도 몰랐고 성도 몰랐다. 그저 얼굴만 알았고 그것으로 대강의 분위기만 미루어 짐작했다. 그런데 많은 것을 알고 있다 생각했다. 아내의 친가 쪽 큰어머니가 삶을 다하셨다. 별일 없이 무탈하게 지내시다 별안간, 급작스레 돌아가셨다. 생과 사의 경계는 멀지 않았다. 삶의 둘레에 죽음이 있었고 죽음의 주변에 삶이 있었다. 대전에서 인천으로 서둘러 조문을 다녀왔다. 삶의 현장에 두고 싶은 아이는 외갓집에, 죽음의 현장에 갔다 와야 하는 어른들은 장례식장에 머물렀다. 그렇게 잠시 각자의 길 위에 있었다. 장례식장 입구, 망자는 웃음으로 생자를 맞았다. 그렇게 마지막 눈인사를 나눴고 머리 숙여 마음으로 소망했다. '부디, 어느 곳에서도 행복하시길.' 짧은 조문을 마치고 돌아오니 아이는 여느 때처럼 잘 놀고 있었다. 다시 대전으로 향했다.

미처 생각하지 못했지만,
생각해보니 그랬다

2019년 5월, 칠십이 넘은 아이의 할머니가 사과나무에서 떨어져 신경을 다친 것 같다는 얘기를 들었을 때, 두려웠다. 시골의 작은 병원에서 조금 큰 병원으로 이동해야 했을 때, 겁이 났다. 어떤 선택을 해야 할까? 주말이지만, 도로는 차로 꽉 막히겠지만 그래도 수도권의 대형 병원으로 가야 할까? 그렇지 않으면 조금이라도 빨리 지역 내 병원으로 가야 할까? 어쩌면 그 선택과 관계없이 아이의 할머니는 남은 인생을 장애와 함께 하지 않을까? 짧은 순간 많은 생각이 스쳤다. 2년이 되어가는 지금, 이런저런 우여곡절은 있었지만, 아이의 할머니는 '그만하면 천만다행이다'라고 말할 수 있을 정도쯤 일상생활은 가능하다. 그때 이모들이 말했다. '언니가 어떻게 되면 어쩌나, 얼마나 걱정했는지 몰라. 우리한테는 언니이기도 하지만 엄마 같은 사람인데.' 미처 생각하지 못했지만, 생각해보니 그랬다. 부모와 자식이 1촌이니 그리고 내 엄마니까 내가 가장 가깝다 생각했는데 어쩌면 비슷하게 태어나 삶의 대부분을 함께 한 2촌 자매들이 더 가까울 수도 있겠다 생각했다. 또 그렇게 생각하니 아이에게 1촌은 있는데 2촌은 없었다. 혼자였다.

생각이 뭔가 생각해보자

그럴 때가 있다. 아이가 하는 말들이 뜬금없기는 한데 그냥 흘려듣기에는 뭔가 아쉽고, 꽤나 묵직한 느낌이 들 때. 그래서 가끔은 '뭐… 그냥 한 얘기겠지만… 녀석이 나름 생각이 깊은데… 어떻게 이런 생각을 했지… 혹시 천재인가…'라는 기분 좋은 상상으로 이어질 때. 주말 오후 조금은 나른한 기분에 거실 책상에 앉아 책을 읽고 있었다. 아이도 거실 온수 장판 위에서 이리 뒹굴, 저리 뒹굴 하며 잠시 쉬고 있었다. 방금 전까지 딱지치기를 하고 잠시 휴식 중이었다. 그렇게 모처럼 여유를 즐기고 있는데 아이가 느닷없이 말했다. 내 쪽을 쳐다보지도 않은 채. "아빠, 친구가 뭔가 생각해보자. 생각이 뭔가 생각해보자. 공룡이 뭔가 생각해보자. 1+1+1+100이 뭔가 생각해보자." 답을 할까 말까 망설이는데 아이가 다시 더했다. "아빠, 생각할 게 왜 이렇게 많지." 그 말을 듣고 그저, 그냥 생각만 했다. '생각할 게 왜 이렇게 많지?'라고. 생각을 많이 하자는 것인지 아니면 조금은 마음 편히 살자는 것인지 궁금했다. 아이가 어찌 알겠냐마는 한번 물어보고 싶었다. 아들, 아빠는 어떻게 살면 좋을까?

1등이 아니어도 괜찮아

아이와 달리기 시합을 했다. 거실의 한 쪽 끝에서 반대편 끝까지. 아이는 제 나름 최선을 다해 달렸고 그 모습에 나 또한 엉겁결에 부지런히 달렸다. 몇 차례 반복된 시합 후, 조금은 가쁜 숨을 뱉으며 "아들, 아빠가 이겼어! 다섯 번 중에 세 번을 1등으로 들어왔으니까! 아쉽겠지만 연습을 조금 더 해야겠어!"라고 말했다. 아이는 "아빠, 1등이 꼭 좋은 건 아니잖아! 나는 1등이 아니어도 괜찮아! 그냥 2등 할게!"라고 답했다. 아이와의 달리기에 '이기는' 것과 '지는' 것의 경계는 필요치 않았다. 그냥 웃자고 한 말인데 문득 생각났다. 고등학교 입학시험에서 2등을 했었다. 중학교를 3등으로 졸업했으니 조금 더 괜찮은 성적이었고 그 기쁨은 꽤나 컸었다. 하지만 그 이후, 그 어떤 시험에서도 1등을 해보지 못했다. 1등에 대한 기대 또는 동경으로 오랜 시간 힘들었다. 내가 아무리 발버둥 쳐도 넘을 수 없는 커다란 벽에 마주 선 느낌, 순간순간 그것에 직면해야 했고 끝내 그것을 이겨내지 못했다. 1등이 꼭 좋은 건 아니었다. 너무 늦게 알았지만 이제 와 돌아보니 그랬다. 조금 지나 알게 되는 것들이 있다.

기억의 시작은 언제일까?
기억에서 가장 먼 곳은 어디일까?

눈이 조금 오던 날, 출근길이었다. 자동차는 가다 서다를 반복했고 그때마다 다양한 행인들을 지나쳤다. 그럴 리 없겠지만 그들은 내 삶의 기억에 남겨질까? 이 순간이 추억으로 기억될까? 내 기억의 시작은 언제일까? 내 기억의 가장 먼 곳은 어디일까? 아마도 일곱 살의 어느 날, 동네 여섯 살 아이들과의 놀이가 아닐까? 기억을 더듬어보니 아니 조금 더 오래된 일들을 떠올리려 해도 딱 거기까지였다. 아이의 할머니는 말했다. 나는 세 살까지 제법 오랫동안 젖을 먹었고 젖 떼던 날이 기억난다고. 아마 세 살의 나는 기억하는 것 같았다고. 그보다 조금 더 컸을 때 그 기억을 아주 또렷이 얘기했다고. 하지만 이제는 기억나지 않는다. 아마도 그것은 나의 온전한 기억이 아니라 아이 할머니의 기억이고, 다시 그것을 전해 들은 재생된 기억이기 때문이리라. 아이는 가끔 '아빠, 나는 다 기억나. 나는 다 알고 있어'라고 말한다. 지금의 아이는 다 알고 있다. 자신의 일도, 엄마, 아빠의 일도. 아이가 나와 같은 어른이 되면, 그때 기억의 시작은 언제일까? 그때 기억에서 가장 먼 곳은 어디일까?

무슨 말인지 대충도 모르겠군

함께 양치를 하는데 아이가 물었다. "아빠, '1+2'가 뭔지 알아?" '3'이라 짧게 답했고, 아이는 "그럼, '3+2'는 뭔지 알아?"라고 다시 물었다. 이번에도 '5'라 짧게 답했고, 이때다 싶어 아이에게 수학을 살짝 알려줘야겠다고 생각했다. 아이도 3월이면 초등학생이 되고, 딱히 무엇을 따로 가르쳐 본 적은 없지만 엄마, 아빠 생각에 국어는 충분히 잘 하는 것 같은데 수학은 상대적으로 힘들어하는 것 같으니. 거기에 어린이집 담임 선생님도 두 자릿수 더하기는 연습이 조금 필요한 것 같다고 말했으니. 아이에게 "아들, 수학 잘하는 방법을 알려 줄까?"라고 말하고, 두 자릿수 두 개를 예로 들어 자세하고 상세하게 설명했다. 물론 친절하게. '각각의 숫자를 자릿수에 따라 서로 나란히 맞추어 놓고 가장 오른쪽에 있는 일의 자리의 수부터 더하기를 하고 이후에 십의 자리의 수를 더하면 된다'라는 지극히 상식적이지만 아이에게는 낯설기만 한 내용을. 한참을 가만히 듣고 있던 아이는 "무슨 말인지 대충도 모르겠군"이라 답했다. 입장을 바꿔놓고 생각하니 며칠 전에 겨우 여덟 살이 됐는데 무슨 두 자릿수 더하기야!

좋은 연(緣)이 닿기를 기대한다

보통 때라면 아이는 아홉 시 삼십 분에서 열 시 사이에 잔다. 엄마, 아빠와 책을 몇 권 읽고 나서. 그런데 오늘은 여덟 시부터 혼자서 책을 읽고 있다. 그럴 리 없겠지만 혹시나 해서 "아들, 오늘은 일찍 자려고?"라고 물으니 역시나 예상처럼 "아니, 지금 책 보고, 책 한 권 만들고, 다시 책 보고 잘 거야!"라고 답한다. 오늘은 또 무슨 책을 만들까 궁금하지만 기다려본다. 잠시 후 아이는 거실 책상에 스케치북, 투명테이프, 가위, 색연필을 하나, 둘 펼쳐놓는다. 스케치북에 가로세로 열여섯 칸을 만들고 순서대로 좋아하는 곤충들을 그리고 꼼꼼하게 이름도 쓴다. 지켜보던 아내는 색칠을 돕는다. 나는 그림에 소질이 없으니 며칠째 읽고 있던 『그리스인 조르바(니코스 카잔차키스)』를 펼쳐보지만 중간중간 아이의 물음에 답하며 몇 줄 읽다 이내 덮는다. 다시 무엇을 할까 잠시 고민하다 아이가 잠들면 하려던 일들이 생각난다. 지난 일 년간 작성한 육아일기에 며칠간 고쳐 쓴 프롤로그와 에필로그를 더해 몇몇 출판사에 원고를 투고한다. 이번에도 괜찮은 출판사와 좋은 연(緣)이 닿기를 기대한다.

뿌리를 내렸다

책을 읽었다. 전체적인 내용보다 하나의 문장이 남았다. 그것이 딱히 좋거나 인상 깊거나 독특한 것은 아니었다. 그냥 왠지 끌렸다. '뿌리를 내렸다'라는 짧은 문장이. 앞뒤 정확한 맥락도 기억나지 않았다. 다음 문장을, 그다음 장을 읽으면서도, 그리고 책을 덮으면서도 그 문장은 오래 머물렀다. 왜 그랬을까? 내게 뿌리를 내린다는 것, 그것은 어떤 의미일까? 어떤 지역, 어떤 일로 한정한다면 지금 살고 있는 대전에 뿌리를 내렸을까? 지금 하고 있는 연구원이라는 일에 뿌리를 내렸을까? 나무가 땅에 단단히 뿌리를 내리고 꾸준히 성장하다 마침내 사멸하듯 그렇게 대전이라는 지역에, 연구원이라는 일에 뿌리를 내렸을까? 반대로 나는 어떻게 대전이라는 지역에 살게 되었을까? 어쩌다 연구원이라는 일을 하게 되었을까? 그저 생각했던 것보다 조금 오래 머무는 것은 아닐까? 그리고 내게 지금과 다른 뿌리는 남아 있을까? 그렇게 생각하니 아이는 어느 지역에 살게 될까? 또 어떤 일을 하게 될까? 어쩌면 잠시 뿌리를 내리고 조금 머물다가, 다시 뿌리를 내리며 순간 머무는 삶을 유쾌하게 살아가지 않을까?

시는 못쓰겠다

아이와 아내가 그림을 그리고 있기에 거실 한편에 놓인 아내가 읽고 있던 책을 펼쳤다. 서재에서 다른 책을 가져올까 했지만 조금은 익숙하지 않은 장르, 조금은 낯선 책 제목에 이끌렸다. 그렇게 『당신의 이름을 지어다가 며칠은 먹었다』라는 박준 시인의 시집(문학동네 시인선 32)을 펼쳤다. 최근 몇 년간 시를 읽은 기억이 없었다. 아니 읽을 생각조차 하지 않았다. 여전히 내게 시는 낯설고 어렵다는 생각이 가득하기 때문이었다. 그래도 새해를 맞아 모처럼 시를 몇 편 읽어 볼까 하는 마음으로 손이 가는 대로 중간중간 소리 내어 읽어 보았다. 하지만 역시나였다. 솔직히 시인이 무슨 말을 하려는지 그 의도를 이해할 수 없었다. 아내에게 "나는, 시는 못쓰겠다"라고 말했다. 곁에서 그 말을 들은 아이는 "나는 쓸 수 있어! 봐봐!"라고 답했다. 그러더니 검지로 허공에 'ㅅ'을 그리고 'ㅣ'를 보태더니 'ㄴ'을 더했고 "봐봐! 쓸 수 있다고 했지. 아빠는 이것도 못쓰냐!"라고 말했다. 아이는 '신을 못쓰겠다'라고 들었고 한글 '신'을 쓰는 법을 알려 준 것이었다. 그 '시는'이 그 '신'이 아닌데… 어쨌든 시는 못쓰겠다.

오늘은 영화를 좀 볼까?

전화가 왔다. 아이를 어린이집에 데려다주고 돌아오는 길이라는 아내의 전화였다. 아침부터 눈이 많이 온다며 퇴근길에 운전 조심하라고 말했다. 짧은 통화를 마치고 다시 일을 하려는데 문자가 왔다. '이만큼 쌓였어'라며 어린이집 가는 길에 가득 쌓인 눈을 찍은 사진도 첨부되어 있었다. '퇴근할 때 조심할게. 아무튼 점심 맛있는 거 먹어'라고 답장을 보내고 보던 자료를 마저 살폈다. 잠시 후 '오늘은 영화를 좀 볼까?'라는 문자가 왔다. 둘이 오붓이 영화를 본 지도 오래된 것 같아 '그래. 눈 오는 날, 영화 보면 좋겠어'라고 답했다. 주말에는 아이의 할아버지·할머니가 계신 영주를 다녀왔다. 코로나19와 영하의 추위로 시골집 안에만 있었다. 대전으로 돌아오는 날, 아이의 할머니가 쌀, 된장, 고추장, 들기름, 사과 등을 잔뜩 주셨기에 대문 앞까지 차를 가져와야 했다. 먼저 일어서니 아내가 말했다. "같이 가. 이럴 때라도 둘이 산책 좀 하자." 아이와 많은 시간을 함께 하니 때로는 우리 둘만의 시간이 부족하다. 오늘도 아이를 재우고 돌아오겠다는 아내는 돌아오지 않는다. 그나저나, 내일은 영화를 볼 수 있을까?

발을 맞대어 보았다

작은 고슴도치가 잔뜩 그려진 내복 한 벌을 입고 있는 아이는 유난히 귀여웠다. 이제는 키도 많이 자라 내복 밖으로 뽀얀 발목도 제법 드러났다. 언제나 그렇지만 딱 지금이, 이 모습이 보기 좋아 놀고 있는 아이를 꼭 안았다. 아이는 이유를 몰라 버둥거리다가 "아빠, 우리 발 크기 한 번 재어 볼까?"라고 말했다. "나 이제 발도 많이 자랐어"라고 보태며. 내가 보기에도 아이는 성큼 자랐다. "그래, 우리 발 크기 재어 보자"라고 받으며 거실 바닥에 마주 앉아 발을 맞대어 봤다. 아직은 내 발이 아이의 발보다 엄지손가락 하나 이상은 컸다. 아이는 조금 실망한 듯 "아빠, 나는 아직 아이니까 아빠보다 작은 게 당연해. 아빠는 이미 어른이니까"라고 더했다. 맞댄 발을 거두려는데 아이는 내 발을 잡아당겨 자신의 발과 비교하며 살폈다. 그러더니 내 엄지발가락을 잡고 "아빠, 딱 이만큼만 크면 되는 거지? 그러면 내가 아빠보다 어른인 거 맞지?"라고 말했다. 아이의 말처럼 몸이 자라면, 그래서 아빠보다 더 크면, 그때는 어른이라 해야 할지 알 수 없지만, 그렇게 어른이 되어 가는 것은 맞다고 생각했다.

몇 가지 선물들이 생각났다

대전에서 영주로 가는 도로는 언제나 그렇듯 막힘이 없었다. 옆자리의 아내도, 뒷자리의 아이도 나른한 듯 이내 잠이 들었다. 두 시간 정도 멍하니, 아니 잠시 머리를 비우는 시간이 생겼다. 그보다 짧은 출근길에는 EBS 영어방송을, 퇴근길에는 글쓰기 강의를 항상 듣는다. 그런데 언제부턴가 고속도로 위를 달릴 때면 별달리 하는 것이 없다. 그저 목적지를 향하고 가끔 창밖을 바라본다. 그러면 이상하게도 그때마다 몇 가지 기억들이 떠오른다. 이번에는 몇 번의 해외출장 또는 해외연수 후에 아이와 아내에게 건넸던 선물들이 생각났다. 아이에게 선물한 오스트리아 빈에서 샀던 귀여운 기린이 그려진 빨간 모자와 스페인 말라가에서 한참을 망설이게 했던 아주 커다란 볼펜, 아내에게 선물한 미국 뉴욕에서 샀던 조금은 특이한 스타벅스 머그컵과 스페인 바르셀로나에서 사그라다 파밀리아 성당의 감동을 함께하고 싶어 골랐던 예쁜 수채화가 가득한 다이어리까지. 이제, 코로나19로 몇 년이 더 지나야 해외여행을 할 수 있을지 장담할 수 없는 날들이다. 어쩌면, 그래서 그 선물들이 더 생각났겠다.

선택의 기준, '어지간하면'
그리고 '어지간해야'

    삶은, 선택의 연속이다. 어떤 문제가 주어졌을 때 둘 또는 셋 또는 그 이상의 선택지에서 하나를 고르고 그에 따른 결과와 책임을 받아들여야 한다. 이때 많은 변수들이 있다. 선택지가 하나 밖에 없을 때, 내 생각과 다른 것을 어쩔 수 없이 선택해야만 할 때, 내게 주어진 선택지 중에 그 어떤 것도 받아들이기 힘들 때, 또 가끔은 다양한 선택지 중에 그 어떤 것을 선택해도 결과가 모두 좋을 것 같을 때. 그러니 삶은, 가끔은 어렵기도 가끔은 재밌기도 하다. 회사 내의 다양한 일들을 처리할 때도 순간의 선택이 필요한 일도, 때론 오랫동안 고민이 요구되는 일도 있었다. 시간이 지나면 조금은 아쉬운 선택도 있었고, 또 그럭저럭 괜찮은 선택이었구나 생각되는 일들도 있었다. 아이와 함께 하는 날들도 그렇겠다 생각한다. 무엇을 먹을지, 어디를 갈지, 언제 잘지 등등. 아주 간단한 것부터 꽤나 복잡한 것까지 다양한 선택이 필요하다. 그럴 때 요즘은 두 가지만 생각하려 한다. 그 행동이나 결과가 '어지간하면'이라 생각되면 하고, 그 정도가 지나쳐 '어지간해야'라고 생각되면 하지 않는다. 선택의 기준이다.

'학교'라는 이름은
언제까지나 영원할까?

조선시대 선비들은 자신의 의사표현을 위해 벼루에 먹을 갈고 붓으로 글을 썼다. 하지만 요즘에도 그렇게 자신의 의사를 전달하는 사람들이 있을까? 물론 여전히 '서예'라는 이름으로 붓을 사용하는 사람들이 있지만 그것은 취미 또는 예술일 뿐이다. 붓은 펜으로 다시 '키보드'라는 수단으로 대체됐다. 또하나, 대학 건물 중에 '도서관'이라는 이름이 존재하지만 일부에서는 '학술정보관' 등으로 바꾸어 부르기도 한다. 이유는 단순하다. 이제는 그 건물 안에 과거처럼 '도서'만 존재하지 않기 때문이다. 물론 '도서'라는 이름의 그림, 글씨, 책도 있지만 인터넷 검색 등을 통한 학술정보가 더 다양하게 존재하고 그것에 보다 큰 가치가 있음을 인식하였기 때문이다. 3월이면 아이가 많은 시간을 보내게 될 배우는 곳이라는 학교(學校). 우리가 너무도 당연하게 사용하는 '학교'라는 이름에 그동안 크게 관심을 두지 않았다. 하지만 코로나19로 인한 비대면 수업의 일상화로 그것의 존재 이유, 목표 또는 가치를 문득 생각해 보게 됐다. '학교'라는 이름은 언제까지나 영원할까? 이제는 조금 다르게 불러야 하지 않을까?

기다림, 그게 제일 어렵다

주말 오후, 볕이 좋다. 다가올 수·목·금, 출장이다. 대전에서 세종을 거쳐 경기도 김포까지. 그러니 집 안보다 집 밖으로 나가고 싶은데 아이는 집이 좋다고 한다. 아이에게 "그래, 혹시 아빠랑 하고 싶은 거 있으면 얘기해"라고 말하고 거실 책상에서 책을 읽는다. 아이는 한참을 고민하지만 딱히 하고 싶은 게 생각나지 않는 눈치다. 볕이 좋은 주말 오후를 이렇게 집에서 보내기가 아쉬워 뭐라도 이것저것 하고 싶지만 꾹 참고 기다린다. 아이에게 스스로 생각해서 얘기해 달라고 했으니 조금 답답해도 어쩔 수 없다. 아이는 책을 읽고 있는 내게로 다가와 발가락을 슬쩍 만지더니 발 아래서 이리저리 뒹굴뒹굴한다. 그렇게 또 한참을 있다가 "아빠, 하고 싶은 게 생각이 안나"라고 말하며 답답해한다. 아이에게 "아들, 그럼 좀 쉬어. 엄마, 아빠도 딱히 답을 구하지 못할 때는 그냥 잠시 쉬기도 해"라고 답한다. 아이는 다시 "쉬기는 싫어"라고 더한다. 아이에게 "그럼, 조금만 더 하고 싶은 걸 생각해봐. 아빠가 기다려줄게"라고 보태고 계속 책을 읽는다. 아이와 함께하며 느낀다. 기다림, 그게 제일 어렵다는 것을.

말장난

내가 공을 차면 아이는 적당히 되받아 찼다. 아직 가끔은 발이 마음을 따라가지 못하기도 하지만 이 정도면 됐다. 공을 조금 더 빠르게 차니 "뭐가 이리 약해 빠졌냐!"라고 말하고 "불꽃슛!!"을 외치며 제 딴에는 있는 힘껏 걷어찼다. 그렇게 30분 정도를 땀이 약간 날 정도로 부지런히 뛰어다녔다. 바람이 조금 쌀쌀해지려 하기에 "아들, 이제 그만 집에 가자"라고 말하니 아이는 "아빠, 차를 타고 가자. 책 읽게"라고 답했다. "차는 집에 있잖아. 우린 걸어서 왔으니 다시 걸어서 가야지"라고 말하니 아이는 "아니, 타는 차 말고 먹는 차를 얘기한 거야. 아빠는 그것도 모르냐!"라며 신이 난 듯 웃었다. 집으로 돌아오는데 아이가 뜬금없이 "아빠, 칼국수에 진짜 칼이 있으면 어떡하지?"라고 물었다. 대답을 하려는데 아이가 "칼이 있으면 국수를 잘라서 먹기가 진짜 좋겠지!"라고 보탰다. 어이가 없어서 "아들, 무슨 말도 안 되는 소리를 하고 그래"라고 답했더니 아이는 "아빠, 나 지금 아빠랑 '말장난'하고 있는 거야. 그러니까 말이 안 되는 게 당연한 거야!"라고 받았다. 말장난, 그건 또 어떻게 알아가지고…

나는 그래도 괜찮아

아내와 가깝게 지내는 동네 언니가 건넨 백여 권쯤 되는 동화책을 가져 오려고 아이와 함께 집을 나섰다. 가기 싫다고 할 줄 알았는데 순순히 따라나섰다. 그런데 엘리베이터를 기다리는데 조금 이상하고, 조금 낯설었다. '뭔가 잘못된 것 같은데'라고 생각했다. 지하 주차장에서 지상으로 차를 옮기고 카트 가득 책을 쌓았다. 한 번에는 어려울 것 같아 두 번으로 나눠 나르기로 했다. 아이와 힘을 합쳐 느리지만 부지런히 책을 옮겼다. 내가 앞에서 끌고 아이는 뒤에서 밀었다. 딱히 그럴 것까지는 없었지만, 혼자서도 충분했지만, 함께 하니 좋았다. 아이는 "아빠, 책이 진짜 많다. 그치?"라고 말했고, 고개를 돌려 "응"이라 대답하며 아이를 바라봤다. 그때야 알았다. 아이는 신발을 거꾸로 신고 있었다. 낯설고, 이상한 느낌의 원인을 찾았다. 그 얘기를 아이에게 했더니 아이는 "아빠, 나는 그래도 괜찮아. 이렇게 신어도 걸을 수 있어. 다음에는 똑바로 신을 거야. 나도 조금 이상하다 생각했거든"이라고 답했다. 아이의 웃음에 기분은 잠시 좋아졌고 '나는 그래도 괜찮아'라는 말은 오래 머물렀다.

서로가 서로를 조금씩 알아 간다

아이가 말했다. "아빠, 저기 엄마가 좋아하는 거 총집합이다!" 무엇인가 보니 음식점 입구에 그려진 해물탕 사진이었다. 저녁을 먹고 모처럼 아내와 아이와 집 주변을 산책했다. 딱히 볼거리가 있는 길은 아니지만 조금 여유롭게 조금 느긋하게 걸어도 삼십 분이면 충분히 집으로 돌아올 수 있고, 길을 따라 걸으며 아이와 아내의 손을 잡고 얘기할 수 있어 좋아하는 길이었다. 쉬엄쉬엄 걷다 보니 아이가 곧 다니게 될 초등학교도 보였다. "아들, 학교 가면 뭘 제일 하고 싶어?"라고 물으니 아이는 "응, 나는 곤충을 좋아하니까 과학시간에 실험을 많이 할 거야!"라고 답했다. 아내는 해물탕, 아니 조금 더 정확히는 해산물을 좋아한다. 거기에 커피도 아주 많이 즐긴다. 아이는 곤충을 아주, 아주, 아주 많이 좋아한다. 거기에 책 읽기도 꽤나 즐긴다. 그밖에 내가 알고 있는 아내와 아이가 좋아하는 것도, 그리고 싫어하는 것도 있겠다. 그렇게 가족이란 이름으로 차곡차곡 시간을 쌓아가며 서로가 서로를 조금씩 알아 간다. 그렇게 또 서로가 서로에게 세상에서 제일 소중한 사람이라 부르고, 불린다.

2월의 아빠

어린이집!

안녕!!

2021년, 첫 출장이었다

알람 소리에 몸을 일으켰다. 이르지 않은 시간인데 여전히 피곤했다. 2021년, 첫 출장이었다. 세종에서 경기도 김포까지 3시간이면 도착할 수 있다는데 어제는 5시간 가까이 걸렸다. 동료의 사정으로 출발은 늦었고, 경로 설정에도 오류가 있었다. 무엇보다 목적지에 다다를수록 퇴근시간에 가까워져 도로 사정이 좋지 않았다. 숙소 도착 후 계획한 것은 많았지만 다음으로 미룰 수밖에 없었다. 읽으려던 책, 쓰려던 글보다 잠이 먼저였다. 아내와 아이와 짧은 영상통화 후, 여느 때보다 일찍 잤는데 몸은 더 늘어졌다. 맑은 정신까지는 아니어도 보통 정신이라도 차려야겠기에 숙소의 창문을 모두 열었다. 쌀쌀한 공기가 잠시 머물렀다. 코로나19로 호텔에서는 아침을 제공하지 않았다. 어젯밤 편의점에서 사온 빵을 꺼냈다. 노트북을 켜고 빵을 한 입 베어 무는데 '오늘은 어떤 일들이 기다리고 있을까?'라는, '올해는 또 얼마나 많은 날들을 낯선 호텔방에서 보내야 할까?'라는 생각이 스쳤다. 아이와 아내는 아직 꿈나라겠고, 나는 이제 일나라로 가야 했다. 올해도 주어진 일에 최선을 다해볼 뿐이다.

꿈이라 다행이었다

이번 출장은 왠지 모르게 간단치 않았다. 어려울 것은 없었는데, 늘 해왔던 일인데 이상하게 집중이 되지 않았다. '왜 그럴까?'라고 생각해 봤지만 딱히 이유는 없었다. 지난 출장들과 몇 가지 다른 조건들은 있었지만 그것을 이유라 하기엔 어려웠다. 그동안의 경험들로 미루어 이럴 땐 숙소에 돌아오면 무조건 일찍 자는 게 답이었다. 하고 싶은 것은 많았지만 침대에 누었고 눈을 감았다. 혹시나 했지만 몇 번의 뒤척임 끝에 잠이 들었고 이런저런 꿈을 꿨다. 다른 꿈은 분명하지 않았지만 마지막 꿈은 또렷하게 기억났다. 왜 그랬는지 모르겠지만, 아이는 '백화점에 간다'라고만 말했다. 꿈이라 그랬겠지만 나는 '응, 알았어'라고만 답했다. 그렇게 아이는 사라졌고 나는 별다른 느낌이 없었다. 조금의 시간이 지났고 전혀 엉뚱한 장소에서 나는 아이를 찾아야겠다고 생각했다. 자전거를 탔고, 힘에 부치는 언덕을 올랐고, 높은 건물의 계단을 뛰어 올라갔고, 다시 서둘러 내려왔다. 그렇게 한참을 아이를 찾아 달리고 뛰다가 깼다. 새벽 5시였다. '꿈이라 다행이다'라고 생각하며 이른 하루를 시작했다.

아기가 운다

몇 살인지, 어떻게 생겼는지, 남자 아기인지, 여자 아기인지 정확히 알 수 없지만 어쨌든 아기가 운다. 비교적 일정한 시간에 강렬하게. 아파트에 살고 있으니 옆집이라 하기는 조금 뭣하지만 벽을 맞대고 있는 옆 라인에 사는 아기는 뭐가 그리 서러운지 쨍쨍한 울음소리로 자신의 존재를 알린다. 조금 지나면 그칠 것을 알기에 잠시 하던 일을 멈추고 기다린다. 그러다 '저 아기의 엄마, 아빠는 아기의 울음을 달래려고 갖은 노력을 다 하겠구나. 아기의 형이나 누나, 언니나 오빠가 있다면 나름의 요령이 있겠지만 그렇지 않다면 마음고생 꽤나 하겠구나'라고 생각한다. 내가 저 나이쯤 되는 아이를 키울 때 내게도 저런 날들이 가끔 있었다. 늦은 밤은 아니었지만 아이가 이유를 알 수 없는 울음을 그치지 않을 때, 그때를 생각하니 괜히 웃음이 난다. 아침에 일어나 아내에게 얘기하니 "아기가 제법 울던데. 그집 아빠, 엄마는 밤마다 고생 좀 하겠어. 아기를 키워보면 그 마음 알지"라고 답한다. 한 생명을 오롯이 함께 해 본 사람은 안다. 아기가 어떻게 아이가 되는지. 엄마, 아빠가 어떻게 부모가 되어 가는지.

집 안의 일, 집 밖의 일

　　주말에 계획했던 여행은 끝내 하지 못했다. 출장이 계속되는 날들이라 가까운 곳이라도 다녀오려 했는데 생각 끝에 토요일이 지났고 고민 끝에 일요일이 됐다. 토요일 저녁, 경북 영주에 다녀오자는 아내의 제안은 아이와 아내가 피곤하다는 이유로 내가 머뭇거렸고, 일요일 점심, 충남 보령에 다녀오자는 나의 제안은 아이와 내가 피곤하다는 이유로 아내가 망설였다. 다시 또 맞이하게 될 주말, 이번에도 실행에 옮기지 못할 가능성은 크지만 그래도 몇 가지 생각해 본다. 그렇게 무엇이 되었건 아내와 아이와 함께 하면 좋겠다 생각한다. 집 안의 일과 집 밖의 일에 차이를 두지 않듯, 남편의 일과 아내의 일에 다름이 없고, 엄마의 일과 아빠의 일에 구별이 없다 생각한다. 다만 살아보니 서로 조금 더 잘하는 것이 있고, 조금 더 익숙한 것이 있다는 정도는 이해하고, 인정한다. 나이를 한 살, 두 살 더 먹을수록 몸과 마음을 조금 더 가볍게, 조금 더 여유롭게 하고 싶다 다짐한다. 그 가운데 아내와 힘을 모아 아이가 잘 자랄 수 있도록 최선을 다해보려 한다. 그렇게 한 번 더 약속한다.

동갑내기 유명인

퇴근길, 라디오 방송을 들었다. 동갑내기 유명인에 대한 얘기였다. 문득, 생각해봤다. 나와 같은 나이의 유명인은 누가 있을까? 아이가 잠든 밤, 인터넷으로 검색해 봤다. '79년생 유명인', '79년생 연예인', '79년생 양띠'라고. 그랬더니 몇몇은 너무 유명해 이미 알고 있었고, 또 몇몇은 이번에 처음 알게 됐다. 이 사람이, 아니 이 친구가 나와 같은 나이였다는 사실을. 남자는 가수 성시경, 방송인 노홍철, 영화배우 공유 등은 이미 알고 있었고, 가수 김종민, 개그맨 유민상, 영화배우 다니엘 헤니, 공연예술가 팝핀 현준은 이번에 알았다. 여자는 가수 이효리 정도만 알았고, 영화배우 김규리, 개그우먼 김지혜, 방송인 박경림은 미처 생각지 못했다. 대부분 연예인이라 불리는 사람들이었다. 사실, 내가 잘 모르는 사회 각 분야에서 맹렬하게 활동하는 동갑내기들이 더 많겠다. 가끔 그 삶이 부러워 보이는 사람도, 또 가끔 내 삶이 더 나아 보이는 사람도 있겠다. 여덟 살 아이의 동갑내기 중에도 이미 특정 분야에서 영재, 수재, 천재 소리를 듣는 아이들도 많겠다. 앞으로, 내 아이는 어떤 삶을 살게 될까?

가방 하나 사 줄까?

'언제 밥 한 번 먹자!'라고 말하듯 요즘 들어 '가방 하나 사 줄까?'라는 말을 자주 듣는다. 지난달 아이의 큰고모가 먼저 말했고(아내에게 그렇게 전해 들었다), 지난주 아이의 큰아빠가 다시 말했고, 그리고 어제 아이의 할머니가 다시 또 말했다. 아마도 아이의 외할머니도 비슷한 생각을 가지고 있지 않을까 추측해 본다. 나도 그랬고 다시 또 그렇게 말할 것 같기 때문이다. 아이의 큰고모의 아들이, 그러니 내게는 조카가 초등학교에 입학하게 됐을 때가 생각난다. 강원도 원주에 있는 조카를 아이의 작은고모가 있는 경기도 안산으로 불러 서울 구경을 시켜 줬다. 롯데월드를 갔고, KBS방송국을 구경했고, 백화점에서 가방을 선물했다. 조카 녀석이 초등학교를 갈 때는 외삼촌이라는 이름으로 무엇이라도 해주려 했는데, 막상 내 아이가 초등학교를 간다니 아빠라는 이름으로 무엇을 해 줘야 할지 딱히 생각나지 않는다. 어쩌면 가끔 보는 조카와 매일 보는 아들의 차이일까? 어쨌든, 아이는 가방이 생길 테고 어쨌든, 아이의 초등학교 입학을 진심으로 축하한다. 그나저나, 나는 무엇을 해야 하나…

그런 날들도 있겠다

며칠 전까지 기억하고 있었는데 퇴근 후에야 알았다. 아이와 관련된 일들은 대부분 함께 했는데 오늘은 그렇지 못했다. 다른 어린이집에서도 이런 행사를 하는지 모르겠지만 아이는 부모님께 새해 인사를 했고, 그것은 온라인 화상으로 진행됐다. 엄마, 아빠들은 사전에 약속된 시간에 온라인에 접속해 있어야 했고, 나는 여러 가지 이유로 그 시간에 함께할 수 없는 여건이었기에 이번 행사는 참여할 수 없음을 진작부터 알고 있었다. 내가 사무실에서 이런저런 자료들을 확인하고 조사하고 정리하던 시간에 행사는 진행됐다. 아내에게 전해 들으니 아이는 무탈하게 잘 했고, 어떤 아이는 부끄럽고 당황스러워 우는 경우도 있었다고 했다. 생각해보니 아내가 아이를 임신하고부터 많은 것들을 함께 했고 그 시간은 소중했다. 뱃속의 아이를 처음 봤던 날이, 영유아건강검진을 했던 날이, 어린이집을 처음 갔던 날이, 초등학교 예비소집이 있었던 날이. 앞으로, 그런 날들도 있겠다. 더 이상 아빠, 엄마와 함께 하지 않아도 혼자서 씩씩하게 많은 일들을 잘 해낼 수 있는 날들이. 지금의 나는, 지금의 나도 그럴까?

책을 정리했다

마음을 굳게 먹었다. 그동안 몇 번을 미루고, 또 미뤘는데 더는 안 되겠다 생각했다. 지난번에 이사하면서 몇 백 권의 책을 폐지로 버렸지만 그 이후에도 책은 꾸준히 쌓여갔다. 집 곳곳이 책으로 넘쳐났다. 세 개나 있는 책상에도, 벽 한 면을 다 쓰고 있는 책장에도, 소파 위에도, 방바닥에도, 그밖에 이곳 저곳에도. 최근에 나와 아내가 산 책은 몇 권 없었다. 하지만 아이의 책은 꾸준히 늘어났다. 한 달에 두 번 정도 서점에 갔고 그때마다 아이는 두 권 이상의 책을 샀다. 그러니 내 책이라도 정리해야 했다. 좀 더 정확히 말하면 버릴 책들을 골라냈다. 몇 번을 머뭇거렸고 그 머뭇거림에는 이유가 있었다. 가깝게는 코로나19로 동네 도서관을 이용할 수 없었을 때 집에 있는 책들을 반복해서 읽었다. 예전에는 미처 몰랐던 내용들이 많았고, 그 새로움이 좋았다. 조금 멀게는 그것이 어떤 모습이든 지금의 나를 만든 것은 책이고, 미래의 나는 여전히 책과 함께 할 것이라 생각하기 때문이었다. 아무튼, 이리저리 왔다 갔다 하며 열 권의 책을 골랐다. 일주일에 한 번, 그렇게 열 권씩만 정리하자 다짐했다.

내일이면 설날이지만…

　내일이면 설날이지만 별다른 느낌은 없다. 지난해에도 그랬고 올해도 그렇다. 설날 전날이지만 딱히 무엇을 해야겠다는 계획도 없다. 한 가지 분명한 것이라면 아이와 아내와 명절 연휴 동안 여유롭게 쉬어야겠다는 생각 정도다. 코로나19로 세상이 바뀌었음을 가장 많이 실감하게 되는 것이 추석날, 설날이다. 아마도 코로나19가 아니었다면 아침부터 이것저것 필요한 것들을 한가득 챙겨 대전에서 경북 영주로, 경북 영주에서 다시 인천으로 옮겨 다녔겠다. 짧은 기간에 너무 많은 거리를 이동해야 하기에 자동차에서 많은 시간을 무료하게 보내야 하는 아이를 생각하면 미안한 생각도 많았다. 그래도 명절이라고 아이와 함께 하는 할아버지, 할머니, 그리고 외할아버지, 외할머니에게 자식된 도리, 손자된 도리라는 마음으로 도로 위에서 많은 시간을 보냈었다. 이제는 무슨 무슨 날이어서가 아니라 그저, 그냥 '내 가족' 중심으로 움직이게 되고 그 속에서 삶의 재미, 삶의 보람, 삶의 여유, 삶의 의미 등등을 찾게 된다. 그렇게 삶의 범위는 조금 좁아졌고 밀도는 조금 높아졌다.

각자 하고 싶은 것

어쩌다 보니, 설날이지만 그냥 쉬는 날이다. 아이와 아내는 아직 자고 있고 무엇을 할까 잠시 생각한다. 지난 주말을 생각하면 '각자 하고 싶은 것'을 하면 된다. 주말에 아이에게 "아들, 오늘은 날씨가 따뜻한 것 같으니 축구하러 밖으로 나갈까?"라고 물으니 아이는 "아빠, 그냥 오늘은 집에 있고 싶어. 축구는 다음에 하면 안 될까?"라고 답했다. 그러더니 "아빠, 나는 숫자놀이 하는 게 좋을 것 같아"라고 더했다. 그렇게 잠시 숫자놀이(로봇으로 변신하는 숫자들을 가지고 더하기, 빼기를 해서 누가 더 큰 숫자인지 대결하는 것)를 했다. 하지만 하루 종일 숫자놀이만 할 수는 없어 "아들, 아빠는 도서관에 책 반납하러 갈 건데 같이 갈래?"라고 다시 물으니 이번에도 아이는 "아니, 나는 안 갈래. 그냥 집에서 책 보고 있을 거니까 아빠 혼자 다녀와"라고 받았다. 아내가 자고 있으니 거실에 혼자 둬도 괜찮겠다 싶어 "그래, 아빠가 얼른 다녀올 거니까 잘 놀고 있어. 혹시 잠이 오면 엄마 옆에 가서 자면 돼"라고 말했다. 집을 나서며 가끔은 '각자 하고 싶은 것'을 하며 '각자의 하루'를 보내는 것도 괜찮겠다 생각했다.

어른책

딱히 달리 부를 말이 없으니 일단 '어른책'이라 하겠다. 그 어른책을 아이가 읽고 있었다. 그것도 아주 진지하게. 잠깐의 침묵이 있었고 몇 장을 뚫어져라 쳐다봤다. 주말 아침, 서재에서 책을 읽고 있는데 아이가 부스스한 얼굴로 문을 열고 들어왔다. "아빠, 여기 있을 줄 알았어. 나도 책 볼래." 그러더니 아이는 내 무릎에 앉았다. "응, 그래. 책 조금만 보고 밥 먹자"라고 말하고 거실에서 의자를 가져와 아이에게 건네려는데 내 의자에 앉아 있던 아이가 말했다. "아빠, 이 책(임이랑, 아무튼, 식물, 코난북스, 2019)도 재밌네. 이거, 어제저녁에 아빠가 거실에서 보던 책이지? 내가 좋아하는 벌이랑 지렁이 나온다는 그 책 맞지?" 조금 당황스럽고 조금 신기하기도 해서 "아들, 그 책이 맞긴 한데, 그거 읽어 보니 재밌어? 그거 어른책인데?"라고 답했다. 아이는 "응, 내가 읽어봤더니 이 책은 일기를 쓴 거 같아. 벌이랑 지렁이 나오는 부분도 찾았는데 재밌었어. 그리고 무슨 꽃 이름이 많이 나오는 거 같아. 다음에 또 볼래"라고 답했다. 그렇게 초등학교 입학을 앞둔 여덟 살 아이의 어른책 읽기가 시작됐다.

알까기

혹시나 하는 마음에 인터넷으로 검색해보니 '바둑판에서 흰 바둑돌과 검은 바둑돌을 이용해 알을 까면서 상대방의 알을 모두 없앨 때까지 하는 신종 게임'이라 상세하게 정의되어 있었다. 설 연휴 내내 아이와 '알까기'를 했다. 아이는 어린이집에서 친구들과 자주 해서 그런지 제법 잘했다. 처음에는 '그래도 내가 어른인데 설마 지겠어'라는 마음이었지만 오래지 않아 '어른이라고 꼭 이기는 건 아니구나'라는 생각으로 바뀌었다. 흑돌과 백돌을 5:5로 놓아보기도, 10:10으로 놓아보기도 했다. 또 한 줄로 나란히 놓아보기도, 바둑판 전체에 고루 흩어보기도 했다. 하지만 내가 대부분 졌다. 아이에게 다양한 전략과 전술이 있었기 때문이었다. 가만히 살펴보니 아이는 서로의 바둑돌이 비슷하면 공격 위주로, 상대편 바둑돌이 가장자리에 놓이면 살짝 맞히기도, 또 멀리서 강하게 밀어내기도 했다. 그러다 전체적으로 숫자가 불리하면 자신의 바둑돌을 측면이나 중앙으로 옮겨 상대의 실수를 유도하기도 했다. 알까기를 통해 아이와의 게임에서 어른이라고 무조건 이긴다는 법은 없음을 한 번 더 겸허히 깨달았다.

금쪽같은 내 새끼

주말에 딱히 볼만한 방송 프로그램이 없었다. 이리저리 채널을 돌리다 별생각 없이 봤다. 그러다 계속 보게 됐다. <요즘 육아 금쪽같은 내 새끼(CHANNEL A)> 얘기다. 처음에는 내 아이보다 어린 남의 아이들 얘기가 재밌었다. 오래지 않은 내 아이의 어릴 적 모습도 기억났다. 그렇게 한참을 타인의 사생활을 몰래 관찰하듯 봤다. 아내와 중간중간 "맞아. 저럴 때가 있지. 우리 아들은 참 잘 컸어"라는 얘기도 나눴다. 그런데 한 편 두 편 더 볼 때마다, 한 명 두 명 새로운 아이들이 등장할 때마다 조금 다른 느낌이었다. 물론 등장 아이들도 평범한 또래의 친구들과는 다른 모습이었지만 그보다 아이의 엄마들이 마음에 상처가 있는 경우가 많았다. 방송에서 육아 전문가가 그 얘기를 하기 전에 나도, 아내도 그렇게 생각했다. 오히려 어떤 경우는 아이가 엄마의 마음속 아픔을 위로하려 끊임없이 노력하는 경우도 있었다. 아이 키우는 게 제일 어렵다지만 어른도 자신의 몸과 마음을 건강하게 지켜내기 만만치 않은 세상이다. 나도 아이가 지금보다 어릴 때 이런 방송을 많이 봤다면 어땠을까. '내 새끼', 잘 키워야겠다.

아들! 어린이집 졸업을 축하해!!

　　사진으로 봤을 때도 괜찮았는데 실제로 보니 더 좋았다. 아내가 준비한 아이의 어린이집 졸업 선물. 그냥 꽃다발이 아니라 어른들이 좋아한다는 돈다발처럼 아이가 가장 좋아할 곤충다발이었다. 정확히는 곤충장난감과 초콜릿과 꽃이 잘 어우러져 있었다. 어떻게 이런 생각을 했는지 신기할 뿐이었다. 나라면 그저 그런 축하의 인사와 또 그저 그런 선물을 건넸을 텐데. 어쨌든 아내는, 그리고 또 엄마는 훌륭했다. 아내의 이런 모습을 볼 때면 천성적으로 타고난 것도 있겠지만 아이의 외할머니의 영향을 받았다고 생각한다. 엄마의 사랑을 많이 받고 자란 아이가 시간이 흘러 다시 엄마가 되고, 자신이 한껏 받은 사랑을 다시 또 자신의 아이에게 힘껏 전해준 것이라 짐작한다. 아이가 커가는 모습을 볼 때면 상대적으로 이미 지나가 버린 내 어린 시절들이 조금, 어쩌면 많이 아쉽다. 지금도 충분히 좋긴 하지만 친구 같은 엄마가 항상 곁에 있는 아이는 정말 샘난다. 부러우면 지는 거라는데 이거 하나는 인정해야겠다. 아들! 너는 참 좋겠다! 좋겠어!! 그리고 잊을 뻔 했는데, 아들! 어린이집 졸업을 축하해!!

2월의 아빠

동생도 괜찮겠다

생각이 조금 바뀌었다. 아이에게 동생이 있다면 대부분의 경우처럼 두 살 터울이면 좋겠다고 생각했다. 그런데 아이가 네 살이 될 때까지 아내도, 나도 둘째를 가져야겠다는 생각이 크지 않았다. 그저 한 명이라도 잘 키우면 된다고 생각했다. 그렇게 아이는 여덟 살이 됐다. 그동안 주변에서 '혼자는 외로워. 동생이 있는 게 좋아'라고 무수히 말할 때도 '그럴 수도 있지만 그렇지 않은 경우도 있다. 세상에는 서로 믿고 의지하며 힘이 되는 사람도 있지만 그렇지 않은 사람도 있을 수 있고, 그 사람이 형제일 수도, 자매일 수도 있다'라고 생각했다. 그렇게 잊고 지내다 나이 차가 나는 동생도 괜찮겠다고 느꼈다. 이유는 간단했다. 나와 아이의 큰고모가 일곱 살 차이였다. 어릴 때, 어쩌면 결혼 전까지, 또 어쩌면 내가 마흔 살이 되기 전까지는 생각하지 못했다. 그런데 요즘 들어 내게 아이의 큰고모는 '같은 시간, 같은 공간을 살아가는 아주 가깝고, 아주 편안한 사람'이 됐다. 나도 아이의 큰고모에게(작은고모와 큰아빠에게도) '동생'이라는 이름이 반짝반짝 빛나는 사람이 되려 한다. 그러니 동생도 괜찮겠다.

주말, 하루

어제는 내 생일이었다. 딱히, 별달리 할 것은 없었는데 이미, 며칠 전에 아내는 미역국을 끓여 뒀고 아침상은 내가 좋아하는 반찬들로 가득했다. 조금 쑥스럽기도, 조금 어색하기도 해서 '대충 먹으면 되지. 뭘 이렇게'라고 말은 했지만 아내가 준비한 생일상은 언제나 기분 좋았다. 아이는 미역국의 미역보다 큼직한 한우만 골라 먹었고 덕분에 나는 국만 두 그릇 먹은 기분이었다. 오후에는 아이의 초등학교 입학 준비로 백화점을 들렀다. 가방 하나는 사야겠기에 이곳저곳 둘러봤지만 아이는 "나는 두 개만 마음에 들어"라고 답했다. 둘 중에 나와 아내의 마음에 더 드는 것은 분명했지만 일단 아이에게 모든 선택을 맡겼다. 어차피 아이가 메고 다닐 것이고 엄마, 아빠는 그 모습을 바라볼 뿐이기 때문에. 다행히 아이도 아빠, 엄마의 마음과 같았고 그렇게 삼십분도 안되어 입학 준비는 끝났다. 집으로 돌아오는 길, 간식처럼 세 명이서 햄버거 세트 하나를 나눠 먹고 아이는 서점에서 책도 두 권 골랐다. 아이와 버스 창가에 앉아 따뜻한 볕, 시원한 바람을 맞으며 잠시 책을 읽었다. 주말, 하루였다.

2021년, 계획과 실행 그리고 다짐

2021년, 한 해도 잘 간다. '정신없이' 까지는 아니지만 '부지런히' 정도는 된다. 그중에 계획처럼 되는 것들도 있고 아직 행동에 옮기지 못한 것들도 있다. 먼저 작년 한 해 동안 썼던 '아빠육아' 원고를 출판사에 보내는 것까지는 어느 정도 끝냈다. 아직 뚜렷한 연락은 없지만 지난 책들이 그랬던 것처럼 마음에 여유를 가지고 기다려 본다. 다음으로 '아빠육아' 이야기는 고민 끝에 주중에만 쓰기로 했다. 아이와 함께 하는 날들에 대한 기억과 기록도 필요했고 새로운 계획들도 있기에 주말에는 다른 형태의 글을 쓰기로 했다. 신문사 칼럼 투고는 작년만큼은 아니지만 그럭저럭 잊지 않을 정도로 하고 있고, 작년처럼 아내와 나란히 글쓰기 공모전에 응모해서 결과도 기다리고 있다. 무엇보다 12월이면 정부부처 파견기간이 2년으로 끝나니 회사 복귀도 준비해야 한다. 그리고 언젠가는 도움이 될 거라는 기대로 행정법과 영어 공부도 며칠 전부터 시작했다. 아이가 초등학생이 되는 3월 전에는 짧은 가족여행도 다녀오려 한다. 그밖에 해야 할 것도, 하고 싶은 것도 많기에 계획과 실행 그리고 다짐을 옮겨봤다.

집념일까?

　　내게 어떤 믿음이 있거나 내가 어떤 신념을 가지고 있는 것은 아니다. 종교에 대한 내 생각은 오래전부터 아주 단순하다. '그건, 그 사람이, 고유하게 알아서 선택하고 결정할 일이다'라는 정도. 내 부모님이 어떤 종교를 가지든, 내 누나가 그리고 또 내 형이 어떤 종교를 선택하든 그 또한 그들의 몫이고 나는 그 선택을 겸허히 받아들이려 한다. 아내와 아이도 다를 것 없다. 종교와 관련한 책은 호기심 또는 지식 어쩌면 지혜를 구하는 차원에서 가능하면 다양하게 읽어보려 한다. 그렇게 종교에 대해 열린 마음이라고 스스로 생각하지만 가끔은 그렇지 못한 경우도 있다. 나를 포함한 타인에게 특정 종교를 지나치게 강조하거나 강요할 때. 작년 말부터 출근길에 매일 같은 사람이 같은 시간에 같은 팻말을 들고 같은 건널목을 신호에 맞춰 말없이 왔다 갔다 하는 모습을 본다. 비가 와도 눈이 와도 바람이 불어도 꽤 오랫동안. 이건 뭘까? 의무감일까? 그렇지 않으면 집념일까? 무엇을 기대하거나 대가를 바라는 행위도 아닌 것 같은데… 다른 결의 얘기지만 아이가 어떤 일에 집념이 있는 사람이 되었으면 좋겠다.

언제까지 함께 할 수 있을까?

아내가 말했다. "자꾸 나이 얘기하지 마. 나는 신경도 안 쓰고 있는데 오빠가 자꾸 얘기하니까 신경 쓰이잖아. 나는 내가 몇 살인지도 모르고 잘 살고 있어!" 나는 답했다. "아니, 나도 지금이 충분히 좋은데 오십 정도 되면 아무래도 조금 아쉬울 것 같아서. 그래서 지금 더 신나고 즐겁고 유쾌하게 살려고. 요즘 들어 하고 싶은 게 너무 많거든. 또 생각해보니 뭐든 다 잘 할 수 있을 것 같기도 하고!" 며칠 전 아이와 물놀이를 하면서도 생각했다. 이제는 많이 좁은 욕조에 나란히 몸을 웅크리고 앉았다. 아이는 "아빠, 내가 뒤로 갈게. 앞에 있으면 너무 좁아"라고 말했다. 맞는 말이라 딱히 뭐라고 답해야 할지 난감해서 "아들, 오늘은 아빠가 오랜만에 아들 몸에 있는 때를 싹싹 밀어줄 거니까 지금 순서가 좋은 것 같아. 그러니 앞에서 물놀이를 하고 있어. 아빠가 뒤에서 때를 빡빡 제거해 줄 테니"라고 답했다. 그렇게 때를 조금 밀다가 다시 또 조금 쉬다가 문득 생각났다. '그런데… 내가 언제까지 아이와 집 욕조에서 함께 할 수 있을까?' 하고 싶은 것은 많은데 또박또박 시간은 잘도 간다.

어린이집! 안녕!!

아이는 더 이상 어린이집을 가지 않는다. 졸업식 이후에 그나마 며칠은 더 갔는데 그것마저 모두 끝났다. 이제 조용히 그리고 차분히 초등학교 입학식을 기다리면 된다. 지난 시간들을 돌아보니 '정작 내가' 아이의 어린이집에서 많은 것을 배웠다. 아빠라는 이름으로 해야 하는 것들과 할 수 있는 일들. 그 과정에서 경험하게 되는 다양한 감정들까지. 많은 분들이 생각난다. 원장 선생님, 원감 선생님(이런 자리가 있다는 것도 처음 알았다), 만3세, 만4세, 만5세 담임 선생님들(5세, 6세, 7세 담임 선생님이라 부르지 않는 것은 여전히 낯설다), 양호 선생님. 모두 고맙고, 감사하다. 그리고 아이의 같은 반 친구들과 그들의 부모님들까지. 모든 인연이 그렇듯 좋은 선생님들, 좋은 친구들 덕분에 아이는 기쁜 마음으로 어린이집을 졸업했고 이제 더 큰 세상으로 나아가려 한다. 마지막으로 아내에게 정말 고맙다. 주관이 뚜렷한 아이가 밝고, 맑게, 무엇보다 건강하게 자랄 수 있도록 마음을 다한 것을 잘 알고 있다. 엄마라고 모두 다 그렇게 하지는 못한다. 내게 지난 일들은 아름다웠고 다가올 일들도 아름다울 것이다.

3월의 아빠

아이들이 친구를

만드는 방법

초등학교 입학 전날

내일, 그러니까 3월 2일(화) 10시에 아이의 초등학교 입학식이 열린다. 딱히 무엇을 하는 것 같지는 않지만 그래도 아이가 학교를 간다니 조금 설레기도 조금 긴장되기도 한다. 지난 금요일에 아이가 일 년 동안 지낼 반도 정해졌고 담임 선생님도 결정됐다. 다행히 아이와 어린이집을 함께 다닌 친구들이 두 명이나 같은 반이었고 아이도 꽤나 좋아하는 눈치였다. 주말 동안 아이의 초등학교 입학 전에 무엇을 할까 고민했다. 학교 건물이라도 조금 더 익숙하게 해주려고 아이가 다니게 될 교실을 한 번 더 확인하기로 했다. 다행히 아이는 "여기 전에 엄마랑 아빠랑 와 봤어"라고 말했고, 집으로 돌아오는 길에 교실 앞 놀이터에서 아주 잠깐 미끄럼틀을 탔고, 학교 운동장에서 꽤 오랜 시간 축구도 했다. 아무래도 지난 몇 달 동안 아이와 틈틈이 학교 주변을 산책하고 학교 운동장에서 공놀이를 했던 것이 아이가 학교를 낯설지 않게 생각할 수 있는 계기를 만든 것 같았다. 당분간 많은 것을 욕심내기보다 주말에는 짧게라도 아이와 함께 학교에서 놀아야겠다. 그렇게 조금씩, 조금씩 적응하면 좋겠다.

치킨을 먹기 전에는?

　　주말 저녁, 동네를 한 바퀴 걸었다. 아이는 집 안에서는 나오기 싫다고 하더니 집 밖에서는 나와서 좋다고 했다. 이유가 있었다. 아내가 집으로 돌아오는 길에 치킨을 사 주기로 했기 때문이었다. 아마 나라도 그랬을 것이다. 치킨은 언제나 맛있고 아이는 그것을 좋아하니까. 아이는 신이 난 듯 "아빠, 내가 문제 하나 내볼까?"라고 물었고 나는 "응, 어려운 거 내도 괜찮아"라고 답했다. 아이는 잠시 고민하는 듯하더니 "아빠, 치킨을 먹기 전에는?"이라고 물었다. 예상 밖의 문제였기에 나와 아내는 생각나는 대로 이것저것 답했다. 나는 '메뉴를 고른다', '주문을 한다', '가게를 간다'라고 답했고 아내는 '배가 고프다', '밥을 먹는다', '손을 씻는다'라고 더했다. 그랬더니 아이는 "히히, 그건 모두 다 정답이 아니야. 정답은 바로 '군침이 돈다'야"라고 받았다. 생각해보니 그랬다. 맛있는 음식을 먹기 전에 또는 먹기 위해서 반드시 해야 할 일들이 있겠지만 그런 것들을 모두 뒤로하고 본능에 가장 충실한 반응이라면 '군침이 돌아야' 한다. 이리저리 고민하지 말고 솔직하게 생각나는 대로, 가끔은 그게 정답이다.

학교운영위원회

아침부터 꽤나 진지한 회의를 하고 있는데 '무사히 첫 등교!!'라는 문자와 함께 학교 운동장에서 V 표시를 하고 있는 아이의 사진이 도착했다. 아침에 잠시 본 아내는 아이의 초등학교 첫 등교에 긴장했는지 "밤에 잠을 영 못 잤어"라고 말했다. 나도 걱정되긴 마찬가지였지만 아무렇지 않은 듯 "잘 할 거니까 걱정 말고 조금 더 자"라고 말하고 집을 나섰다. 점심시간에 아이의 초등학교를 인터넷으로 검색해서 홈페이지 이곳저곳을 확인했다. 그러다 공지사항 중 '학교운영위원회 선출' 안내글을 보게 됐다. 그동안 아이들 교육과 관련된 일에 관심은 많았지만 직접 참여해야겠다는 생각까지는 하지 못했다. 그런데 내 아이가 학생이 되니 직접 참여해보는 것도 괜찮지 않을까 생각했고, 학교운영위원회와 관련된 초·중등교육법과 그 시행령을 찾아 꼼꼼히 읽어봤다. 점심시간이 끝나자마자 해당 교육지원청 담당자에게 보다 궁금한 사항들을 문의했고 덕분에 많은 것을 알게 됐다. 아직 신청서를 제출한 것도, 선출된 것도 아니지만 학교운영위원회 활동은 나름 의미 있는 일이 될 것이라 생각했다.

태극기

버스 정류장이었다. 눈앞에서 버스를 놓쳤으니 다음 버스를 타려면 꽤나 오랜 시간을 기다려야 했다. 정류장 의자에 앉아 책을 읽을까 하다가 아내와 아이도 심심할 것 같아 주변을 쓰윽 둘러봤다. 일요일 오후 4시, 지나가는 사람도 차도 없었다. 그때, 도로 주변에 잔뜩 걸려 있는 태극기가 눈에 들어왔다. 삼일절을 하루 앞두고 미리 준비해둔 것이었다. 아이에게 "아들, 길가에 태극기를 많이 걸어 두었지? 그런데 왜 이렇게 많이 걸어 뒀는지 알아?"라고 물었다. 아이는 잠시 고민하더니 "응, 내 생각엔 '대한민국 사람이니까'"라고 답했다. 딱히 틀린 말은 아니지만 "그것도 이유가 될 것 같은데 다른 이유는 없을까?"라고 다시 물었다. 아이는 "그렇다면… '다른 사람들 구경하라고' 그런 것 아닐까"라고 더했다. 이번에도 맞는 말이긴 해서 "좀 더 다른 이유는 없을까?"라고 물었더니, 아이는 "'화려해서' 아니면 '심심해서'"라고 보탰다. 더 이상 나올 대답이 없을 것 같아 아이에게 삼일절의 의미를 간단히 설명해줬다. 아이 덕분에 오랜만에 태극기의 의미를 찬찬히 생각해 봤다.

이런 학생이 되었으면 좋겠다

아들! 아빠는 아들이 '이런 학생이 됐으면 좋겠다'라고 생각하니 한 번 들어볼래? 이제 겨우 일주일 지났지만 어쨌든 너는 '학생'이 됐어. 그리고 앞으로 꽤나 오랜 시간을 '학생'이란 이름으로 살아가게 될 거야. 그 출발점에서 첫 발을 뗀 것이지. 그럼, '학생'이란 무엇일까? 먼저 부탁하고 싶은 것은 '학생'이란 이름에 너무 부담을 가지거나 너무 힘겹게 생각하진 말았으면 해. '학생'이 무엇인가 배우는 사람이라면 그것은 부담스러운 일도 힘겨운 일도 아니기 때문이지. 세상을 살다 보면 다양한 사람들을 만나고 다양한 일들을 경험하게 될 거야. 그때, '이건 왜 이럴까?', '이건 어째서 이렇지?', '앞으로 어떻게 될까?' 등과 같은 수많은 궁금함 또는 호기심 앞에 놓이게 될 거야. 그때, 막연히 답답해하거나 포기하지 않고 차근차근 그 답을 찾아서 해결해보려 하는 사람, 아빠는 그렇게 할 수 있는 사람이 '학생'이라 생각해. 물론, 때론 실수하거나 잘못되기도 하지. 그때, 다시 또 할 수 있는 마음만 있다면 크게 걱정할 것은 없어. 그러니 아들! 이거 하나만 기억하면 좋겠어. 포기하지 않고 차근차근.

쉼표

몇 달 전, 아이의 할아버지·할머니가 계시는 영주에 가는 길이었다. 안동 근처에 다다랐을 무렵, 반대편 도로 옆으로 우뚝 솟은 '삶의 쉼표, 당신을 기다립니다'라는 문구가 눈에 들어왔다. 아마도 '한국 정신문화의 수도'라는 안동에서 잠시 쉬어 가라는 의미라고 생각했다. 그때, '쉼표'라는 단어가 마음에 오래 머물렀다. '쉼표가 나를 기다린다'라는 의미는 뭘까? 지친 몸과 마음을 조금 쉬어가라는 의미 같은데 내게도 쉼표가 필요할까? 평균수명을 생각하면 딱 중간 정도 산 것 같기도 하고, 마음 같아서는 오십 대 중반까지가 앞으로 꿈을 펼칠 수 있는 한계 시간 같기도 하다. 조금 더 짧게 생각하면 정부부처에 파견을 나와 있는 올해가 미처 못다 한 일들을 할 수 있는 아주 좋은 시간 같기도 하다. 나는 언제나 시간 앞에 조바심이 있었다. 무엇을 '할' 생각이 먼저였고 '쉴' 생각은 다음이었다. 아이에게 삶은 마침표도, 느낌표도, 쉼표도 있다고 말하면서 정작 나 자신은 그렇지 못했다. 어쩌면 마침표(일)와 느낌표(성과)에 집중하는 삶이었다. 그것도 충분히 좋았지만 이제 가끔은 쉼표(여유)도 찾아 나서야겠다.

기억은 없다

아직 아이의 초등학교 등교를 함께 하지 못했다. 아내는 어린이집 등원과는 또 다른 '엄청 귀엽고, 많이 대견하고, 뭔가 짠한' 복합적 느낌의 감동이 있다고 말한다. 나는 대부분 7시가 조금 지나면 출근하니 휴가를 내지 않는 이상 당분간은 아내에게 그 느낌과 그 감동을 전해 듣는 것에 만족할 수밖에 없다. 그러다 문득, '35년 전의 나도 누군가와 함께 등교했을 텐데'라는 생각이 들었다. 그렇다면 그 '누군가'는 할머니, 엄마, 작은누나, 형 중에 있겠다 짐작했다. 내가 한 일이지만 내 기억에 없으니 먼저 아이의 큰아빠에게 전화했다. 나와는 세 살, 학년으로는 4학년 차이(영재는 아니었지만 일곱 살에 학교를 갔다)가 나는 아이의 큰아빠는 "사실은 나도 초등학교 때 기억이 거의 없어. 놀다가 다리를 다쳤을 때 큰누나가 나를 업고 학교에 갔던 기억 정도뿐"이라 답했다. 다음으로 아이의 할머니에게 전화하니 "초반에는 나랑 같이 갔고 이후에는 작은누나랑 형이랑 갔지. 그리고 또…"라며 한참을 얘기했다. 내게 기억은 없지만 누군가 나를 대신해 기억해 줬으니 됐다. 내가, 기억하지 못한다 해도 누군가, 기억하면 됐다.

학교운영위원회 입후보

　　지난주, 입후보자 등록서를 작성하며 동료에게 혼잣말처럼 얘기했다. "정치외교학과를 졸업했고 재학 중 국회에서 일해봤다. 정책학 전공으로 행정학 박사학위를 받았고 어릴 때부터 선출직(시장)에 관심이 많았다. 그런데 설마 이런 일에 처음으로 입후보 소견을 쓸 것이라고는 생각지도 못했다." 딱히 입후보 소견이라 할 것까지도 없는 '기쁨이 넘치는 행복한 학교를 위해 최선을 다하겠습니다'라는 한 문장에 두 줄의 경력사항과 한 단어의 직업을 보탰다. 이후, 몇 가지 간단한 자격 확인사항을 살펴봤고 개인정보 수집·이용 동의서, 행정정보 공동이용 사전동의서도 작성했다. 마지막으로 몇 년은 지난 듯한 증명사진 한 장까지 더했다. 월요일 아침, 아이의 등교 시간에 맞춰 담당 선생님께 입후보자 등록 서류를 제출했다. 학교마다 조금씩 다르겠지만 이번에 아이 학교는 해당 학교에 자녀를 둔 학부모 위원 1명, 감사·법률 등 전문가 또는 학교 운영에 기여하고자 하는 지역 위원 2명을 선출한다. 혹시 선거가 있을 수도 있겠지만 앞으로 열심히 할 일만 남았다. 내 아이와 더 많은 아이들을 위해.

삶에 활기를 한 숟가락 더한다

　이런 경우 조금 '뭣'하다. 그제, 아직 아이의 등교 모습을 보지 못했다고 말했다. 그리고 어제, 겨우 아이의 학교운영위원회 학부모 위원에 입후보했다고 말했다. 등교 모습은 당분간 어려울 것이라고, 학부모 위원은 혹시나 선거를 할 수도 있다고 얘기했다. 그런데, 아이의 등교 모습도 봤고 학교운영위원회 위원으로도 선출됐다. 정확히 말하면, 등교 모습은 아이가 집을 나서 같은 반 친구 두 명(어린이집을 함께 다녔던 아이와 이번에 새롭게 알게 된 아이)과 만나 학교를 향해 나란히 걸어가거나 뛰어가는 모습이었다. 집에서 그리 멀지 않은 거리였지만 아이들이 올망졸망 함께 하는 모습이 보기 좋았다. 그리고 학부모 위원은 입후보 서류를 제출했던 날 오후에 '감사·법률 등 전문가 또는 기타 학교 운영에 기여하고자 하는 자 등'에 해당하는 지역 위원으로 선출됐음을 안내받았다. 어떤 이름으로 불리던 학교 운영에 참여할 수 있는 자리면 된다고 생각했다. 3월이라는 달이 원래 그랬던 것 같지만 이래저래 분주하게, 바쁘게 움직이고 있다. 그렇게, 삶에 활기를 한 숟가락 더한다.

괜한 걱정이었다!

　조금 더 지켜봐야겠지만, 지금의 느낌을 그대로 옮기면 이 말이 적당하겠다. '괜한 걱정이었다!' 아이의 초등학교 입학을 앞두고 여느 엄마·아빠들처럼 이런저런 걱정이 많았다. '어린이집을 딱 일 년만 더 다녔으면 좋겠다'라고 아내에게 농담 반, 진담 반으로 말하기도 했다. 아이는 엄마와 많은 시간을 함께 하고 또래 아이들보다 한참 늦은 다섯 살이 끝나갈 무렵부터 어린이집을 다녔다. 당연히 초반에는 많은 것들을 낯설어 했다. 이후 여섯 살에는 조금 더 익숙해했고, 일곱 살에는 완전히 적응한 듯 보였다. 그런 아이를 지켜보며 다시 낯선 환경으로 보내기가 쉽지 않았다. 누구나 당연히 경험해야 할 일이지만 '잘 해낼 거야!'라는 기대와 '잘 해낼 수 있을까?'라는 걱정이 교차했다. 이제 겨우 2주가 지났지만 걱정과 달리 아이는 아침에도 잘 일어나고, 밥도 잘 먹고, 학교도 즐겁게 가고, 선생님 말씀도 잘 따르고, 방과후활동도 재밌다고 한다. 무엇보다 엄마와의 약속, 그리고 자신과의 약속도 잘 지킨다. 아이도 제 딴에는 최선을 다해 적응하고 있다. 그 모습을, 아빠와 엄마도 최선을 다해 응원한다.

셋 다 피곤한 날

"오늘은 일찍 자야겠어"라고 말하니 아내가 "응, 나도 세상 피곤해"라고 답했다. 곁에서 엄마와 아빠의 대화를 듣고 있던 아이의 반응이 궁금했지만 아이는 별다른 말이 없었다. 보통 때라면 "나는 안 잘 거야. 책 더 보고 싶어"라고 답했을 텐데. 그러면 나도 아내도 피곤한 몸과 마음으로 아이와 몇 권의 책을 더 읽고 "이제 진짜 자러 가자"라고 말했을 텐데. 오늘따라 아빠, 엄마의 마음을 알아주는 아이가 고마웠다. 어쩌면 아이가 더 피곤했을 수도 있었겠지만. 겨울이 끝나고 봄이 시작되니 이래저래 머리는 분주했고 팔·다리는 늘어졌다. 이럴 땐 선을 그어야 했다. 미련 없이 과감하게. 그것이 삶이 내게 알려준 지혜였다. 몸은 쉬라고 하고 마음은 쉬지 말라고 할 때, 몸이 아니라 마음에 중심을 두면 오래지 않아 몸도 마음도 아팠다. 마음도 돌봐야 하지만 몸도 돌봐야 했다. 꼼꼼히 지극 정성으로. 밤 9시가 조금 넘은 시간, 침대에 나란히 누웠고 채 5분도 지나지 않아 잠이 들었다. 새벽 3시가 지나 아이의 코피로 잠시 깨기도 했지만. 그렇게, 초저녁부터 셋 다 피곤한 날은 어김없이, 새벽까지 셋 다 피곤했다.

엄마 마음

　　정말 다행히도 초등학교 1학년인 아이는 매일 등교한다. 작년에는 그렇지 않았기에 생각할수록 다행이다. 아이는 오전까지만 수업을 하고 오후에는 방과후활동을 한다. 아직 학원을 다니지는 않고 학교에서 방과후에 진행하는 몇 가지 활동들만 한다. 하루에 하나 정도로 생명과학, 창의미술, 로봇과학, 축구 이렇게 네 가지를 한다. 아직은 재밌다고 하니 그 또한 다행이다. 방과후활동으로 축구를 처음 하는 날, 모든 것이 그렇듯 누가, 언제, 어디서, 무엇을, 어떻게 하는지 정확히 알지 못한다. 아내가 보내준 문자로 짐작해보면 아이는 수업이 끝나고 주변 놀이터에서 친구와 놀다가 다시 학교 운동장으로 간다. 그곳에서 함께 축구를 하게 될 방과후활동 선생님, 또래 친구들, 2학년, 3학년 형들과 만난다. 축구가 끝날 때쯤, 다시 운동장을 찾은 아내의 걱정 가득한 문자가 온다. '골키퍼 시켰나 봐. 지루하게 혼자 서 있어.' 너무 걱정하지 말라고 답을 하려는데 다시 또 문자가 온다. '골키퍼 아니네. 혼자 있어서 골키퍼라 생각했어.' 그리고 연이어 문자가 온다. '공 한 번 뻥 찼어. 속이 다 시원해.' 역시, 엄마 마음이다.

아이들이 친구를 만드는 방법

아이의 초등학교 1학년 생활은 어린이집을 함께 다닌 친구가 있어 시작부터 낯설지 않았다. 첫날부터 아이는 같은 단지에 사는 어린이집 친구와 아파트 입구에서 만나 학교까지 신나게 뛰어갔고 삼일 째 되는 날부터는 친구 한 명이 더 늘어 셋이 됐다. 아내에게 전해 들으니 둘째 날, 아이와 어린이집 친구가 나란히 학교를 가는데 어떤 아이가 "같은 반 친구다!"라고 외치면서 그 아이와도 어찌어찌 어색하게 함께 걸어가게 됐다고 했다. 아이들 등교 시간이 비슷하니 다음날도 서로 얼굴을 보게 됐고 엄마들끼리 연락처를 주고받으면서 그 이후부터는 자연스럽게 아침마다 셋이서 함께 한다고 했다. 아이에게 이미 친구가 있었으니 걱정은 덜했지만 그래도 빠른 시간에 또 다른 친구도 생겨서 정말 잘 됐다. 문득, 그 아이가 몇 번이나 봤다고 그렇게 했을까 싶다가도 한편으론 그래도 몇 번은 봤으니까 그렇게 했겠다 싶었다. 아이들이 친구를 만드는 방법은 아주 간단했다. 누군가 먼저 '친구'라고 말하면 얼마 지나지 않아 진짜 서로 '친구'가 됐다. 그렇게 쉽게, 쉽게 세상을 사는 것도 나름 괜찮겠다 생각했다.

장난감을 좋아하는 이유

　가끔, 그런 것이 있다. 어른들의 눈, 어른들의 마음으로는 보이지도 않고 느껴지지도 않는 것이. 주말 아침, 혼자 조용히 일어나 책을 읽고 있는데 얼마 지나지 않아 아이도 깼다. 무엇을 할까 잠시 생각했지만 오늘은 그냥 각자 시간을 보내기로 했다. 물론, 엄마가 일어날 때까지만. 나는 보던 책을 마저 읽고 있지만 자꾸만 아이에게 눈이 갔다. 어쩔 수 없는 아빠 마음으로. 아이는 로봇 장난감 세 개를 가져왔다. '설마, 나랑 같이 놀자는 것은 아니겠지?'라고 생각하며 아이를 슬쩍 쳐다봤다. 아이는 아빠의 머릿속에 잠시 들어갔다 나온 것처럼 "나는 이거 가지고 놀 거니까 아빠는 보던 책 계속 봐도 돼"라고 말했다. 조금 민망한 기분으로 "아들, 그런데 장난감 놀이가 왜 재밌는 거야? 장난감은 말도 할 수 없는데?"라고 물었다. 아이가 혹시나 '그럼, 아빠랑 나랑 같이 놀까?'라고 받으면 어쩌나 했지만 아이는 "응, 그건 말이지… 장난감은 내가 움직이면 되니까. 내 마음대로 할 수 있으니까. 그래서 재밌어"라고 답했다. 여덟 살 아이가 장난감을 좋아하는 이유는 '내 마음대로 할 수 있으니까', 그것이었다.

오락가락

　속으로는 '이건 뭐 X개 훈련도 아니고… 몇 번을 물어봤는데… 어이구… 내가 참는다 참아'라고 말하고 겉으로는 "그럼, 다시 아빠 차에 가서 다른 공 가져올까? 이번에는 아들이 직접 골라 볼래? 거기 갔다가 오면 시간이 조금 걸릴 것 같은데 괜찮겠어?"라고 말했다. 주말 오후, 산책을 나갔다 돌아오는 길에 밥시간까지 조금 여유가 있어 아내는 집으로 들어가고 아이와 공놀이를 하기로 했다. 차 트렁크에 보관해 둔 축구공을 가지고 아이의 초등학교로 향했다. 중간쯤 갔을까 싶은데 아이가 "아빠, 그 공은 나한테 조금 딱딱할 것 같은데"라고 말했다. 그럴 수 있겠다 싶어 "아들, 그럼 저기 문방구에 가서 물렁물렁한 공으로 하나 사서 갈까?"라고 물었다. 그랬더니 아이는 "아냐. 그냥 아빠가 가지고 있는 공으로 하자"라고 답했다. 혹시나 하는 마음에 "아들, 문방구를 지나기 전에 마음이 변하면 꼭 얘기해"라고 더했다. 그렇게 몇 번이나 물어봤는데 아이는 초등학교 운동장에 도착하자마자 "아빠, 우리 다른 공으로 축구하자"라고 말했다. 모처럼 볕이 좋은 날, 몸도 마음도 이리저리 오락가락했다.

출근 그리고 등교

2006년 8월부터 시작된 일이니 이제 제법 됐다. 2021년 3월부터 시작된 일이니 아직 오래지 않았다. 나의 출근과 아들의 등교. 오늘도 그렇지만 아침마다 대부분 비슷한 시간에 비슷한 일들(씻기, 밥먹기 등)을 하고 출근을 위해 집을 나선다. 아이가 일어나기엔 많이 이른 시간이니 조용히 어쩌면 은밀하게. 언제나 그렇듯 별다를 것 없는 회사 가는 일. 돌아보니 2006년 8월에는 많이 낯설고 어색했다. '내가 이 회사를 잘 다닐 수 있을까? 내 적성에 맞는 일일까? 오늘은 또 무슨 일을 해야 할까?'라는 생각들만 가득했다. 3개월 정도 지나니 '이 일은 나와 맞지 않는 것 같아. 이 정도 했으면 최선을 다한 거야. 더 늦기 전에 다른 일을 찾아야겠어'라는 생각까지 하게 됐다. 그랬던 하루하루가 어찌어찌 시간이 흘러 1년이 지나, 3년이 되고, 5년이 흘러, 10년이 넘고, 마침내 15년이란 시간에 닿았다. 지금은 아무렇지 않은 일들이 그때는 왜 그렇게 힘들었을까. 그렇게 생각하니 아이에게 2021년 3월은 어떤 날들로 기억될까. 아마도 다양한 일들이, 더 다양한 감정들이 스치겠다. 힘내라. 아들. 그 마음 안다.

그럼에도 불구하고

아이의 할머니와 할아버지가 계신 시골집(경상북도 영주)에 다녀왔다. 두 분 모두 3월에 생신이시니 이래저래, 겸사겸사. 언제나 그렇듯 시골집은 몇 가지 불편한 것들이 있었다. 첫 번째는 아이의 장난감이었다. 물론 이미 그것을 알고 갔으니 굳이 찾으려면 있겠고 또 익숙하지 않은 것들로 놀면 되겠고 바깥으로 나가면 흥미로운 것들도 많겠지만 아무래도 집 안에서 함께 놀만한 것들은 부족했다. 두 번째는 나의 잠자리였다. 내가 대학생이 되기 전에 혼자 썼던 방을 아내와 아이와 함께 써야 했기 때문이었다. 이 또한 오붓이, 정겹게 잤다고 생각할 수도 있겠지만 솔직히 편안히 잤다고 말하지는 못하겠다. 세 번째는… 네 번째는… 다섯 번째는… 이렇게 계속 얘기할 수 있겠지만 그럼에도 불구하고 나는 아버지, 어머니와 그러니 아이는 할아버지, 할머니와 짧은 시간이라도 함께 할 수 있었던 것에 충분히 만족한다. 평균 수명을 생각한다면 칠십이 훌쩍 넘은 두 분과 앞으로 얼마나 더 함께 할 수 있을까. 영원히 함께 하고 싶지만 어쩌면 20번? 30번? 40번? 부지런히, 전화라도 자주 해야겠다.

배운 대로 해봤다

아이가 "아빠, 기분이 이상해. 잠이 안 올 거 같아. 지금이라도 집(대전)에 가면 안 될까?"라고 말했다. 밤 11시가 지난 시간에 경상북도 영주(아이의 할아버지·할머니가 계신 곳)의 작은방에 아이와 나란히 누웠는데 이런 말을 들었다면 어떻게 반응해야 할까? 아마도 과거의 나라면 "아들, 일단 자야지. 아침에 일어나면 우린 다시 집으로 돌아갈 거야. 그러니까 눈을 꼭 감고 자려고 노력해봐. 아빠는 먼저 잔다"라고 말했을 것이다. 그런데 최근에 <요즘 육아 금쪽같은 내 새끼(CHANNEL A)>를 전편 '다시보기'하면서 생각이 많이 바뀌었다. 다양한 아이들을 보면서 느낀 것이 많았다. 배운 것을 실천하는 마음으로 아이를 꼭 안아주고 "아들, 시골집에서 자려니까 많이 낯설지? 잠도 잘 안 올 거 같고? 사실 아빠도 그래. 아빠도 대전집에서 훨씬 잠이 잘 와. 그런데 지금은 밤이 너무 늦었고 우리는 내일 아침이면 집으로 돌아갈 거야. 그러니까 우리 자려고 노력해 볼까? 혹시 계속 잠이 안 오면 아빠랑 얘기를 조금 더 하다 자도 돼"라고 배운 대로 해봤다. 다행히, 아이는 10분 정도 지나 쿨쿨 코를 골며 잠들었다.

학교운영위원회 부위원장 당선

평일 오후 3시 30분, 아이 학교의 첫 학교운영위원회가 열렸다. 회사는 조퇴 처리를 하고 아내와 함께 조금 이른 시간에 학교로 갔다. 마침 아이가 방과후활동으로 운동장에서 축구를 하고 있어 얼떨결에 담당 선생님과 인사도 나눴다. 이후 회의 장소에 도착하니 나를 제외한 교장, 교감 선생님 이하 교원위원, 학부모 위원, 지역 위원들은 모두 자리한 상태였다. 오늘은 위원장 및 부위원장 선출, 소위원회 구성, 학교운영위원회 운영 교육이 예정되어 있었다. 이런저런 고민 끝에 위원장에 출마했지만 작년에 위원장이 재선출 됐다. 1차 투표 결과는 내가 5표, 작년 위원장이 4표, 또 다른 위원이 1표가 나와 누구도 과반을 획득하지 못하고 2차 투표 결과는 내가 3표, 작년 위원장이 7표를 받았기 때문이었다. 이후 부위원장 선거는 내가 7표, 작년 부위원장이 3표를 받아 2차 투표 없이 부위원장에 당선됐다. 변호사인 위원장은 재판 일정으로 오늘 회의에 참석하지 못했기에 부위원장 자격으로 교장 선생님으로부터 학교 현안에 대한 설명을 들었다. 학교 이곳저곳을 살펴보며 '앞으로 열심히 해야겠다'라고 다짐했다.

흑돌 그리고 백돌

시골집(영주)에서 알까기를 했다. 딱히 놀거리가 없으니 대전집에서 미리 준비해 갔다. 대전집을 출발하기 전, 아이에게 "영주에 가면 알까기 실력을 보여 줘. 할머니, 할아버지는 나이가 한참 많은 어른이니까 작은고모랑 한판 승부를 겨뤄봐. 그동안 연습했던 것 맘껏 보여주는 거야"라고 말했다. 아이는 "알았어. 내가 얼마나 알까기를 잘하는지 보여줄게"라고 답했다. 그렇게 아이가 한껏 의기양양했던 알까기였는데 생각지도 못한 서울에 살고 있는 아이의 큰아빠가 등장했다. 아직 아이가 없는 큰아빠는 눈치 없이 "나 알까기 잘하는데"라고 말하더니 아이와의 대결에서 진짜 실력을 발휘했다. 곁에서 지켜보며 '적당히 해도 되는데'라고 생각했지만 게임은 또 게임이니그대로 뒀다. 게임에 진 아이는 분한 듯 자신의 머리를 바둑판으로 들이밀며 "내 머리도 흑돌이다. 아직 하나 남았다"라고 말했고 엄마, 아빠, 작은고모를 가리키며 "여기도 온통 흑돌이다. 다 내 편이다"라고 더했다. 그러다 멈칫하더니 "할아버지만 백돌이다"라고 보탰다. 순간, 그 얘기가 재밌기도 하고 짠하기도했다. 흑돌 그리고 백돌.

다시 1,000권의 책을 읽었다

1,000권의 책을 읽었고 책 속에 좋았던 글귀를 짧게 기록했다. 2018년 4월 21일 정운찬의 『야구예찬(문학동네, 2015)』을 시작으로 2021년 3월 18일 윤정은의 『여행이거나 사랑이거나(부크럼, 2020)』까지. 아직 3년이 되자면 시간이 조금 더 남았지만 숫자를 좋아하는 사람들처럼 '1,000'이라는 숫자에 신경이 쓰였던 것도 사실이다. 990권이 넘어가면서 어떤 책이 1,000번째 책으로 적당할까 잠시 고민하기도 했다. 그러다 '그냥 손에 잡히는 책, 마침 손에 들어온 책'을 읽기로 했다. 지금 글을 쓰고 있는 네이버 블로그에 기록된 책들만으로 '1,000'이라는 숫자를 채우게 될 것이라 생각하진 못했다. 내가 대학생일 때 유행했던 '싸이월드 미니홈피'에도 1,000권 이상의 책을 기록했었지만 그때는 책을 무한정 읽어도 될 것 같은 학생이라는 자유로움이 있었다. 앞으로도 책과 함께 하는 삶은 계속될 것 같은데 요즘 들어 고민 아닌 고민도 있다. 이제 겨우 여덟 살이 된 아이가 책을 좋아해도 너무 좋아하기 때문이다. 어쩌면 아빠보다. 책은 물론 좋지만 아직은 다양한 경험이 더 필요하다 생각한다.

땅꾸라지와 미꾸리

출근 후 아내에게 전화가 왔다. "가족회의를 할 일이 생겼어. 오늘, 아들 방과후활동으로 생명과학 하는 날인데 수업 끝나면 미꾸라지를 준대. 그런데 엄마, 아빠들 중에 집에서 키우기 싫어하는 경우도 있어서 먼저 확인하고 와야 한대. 우리는 어떻게 해?" 이미 장수풍뎅이 두 마리를 키워봤고 그 애벌레 네 마리를 키우고 있다. 거기에 사슴벌레 한 마리까지 잘 키우고 있으니 곤충이 아닌 물고기를 키워보는 것도 괜찮겠다 싶었다. 아내에게 "좋을 거 같아. 아들한테 아빠는 찬성에 한 표라고 전해 줘"라고 말했다. 잠시 후 아내는 "아들이 '얏호' 하면서 엄청 신났어"라고 답했다. 퇴근 후 집에 돌아오니 거실 책상 위의 작은 어항에 미꾸라지 한 마리가 헤엄치고 있었다. 아이는 "물고기 이름은 '미꾸리'라고 지었어"라고 말했다. 미꾸리? 미꾸라지를 귀엽게 부른 건가? 그렇게 잊고 지내다 아이의 수업 교재를 보니 진짜 미꾸라지와 미꾸리를 비교해서 자세히 설명하고 있었다. 미꾸리는 내가 어릴 적 시골에서 '땅꾸라지'라고 부르던 어종이었다. 그 땅꾸라지가 사실은 미꾸리였다. 미꾸리, 이름 한 번 재밌다.

마음이 강해지는 방법

요즘, 아이는 한자놀이에 푹 빠져 있다. 초등학교에 입학하기 전부터 조금씩 관심을 보이더니 하루에 한 권 이상은 『마법천자문』을 읽고 거기에 나온 한자를 따라 쓴다. 아직은 한자가 익숙해 보이진 않지만 그래도 제 딴에는 한 획, 한 획 최선을 다한다. 그렇게 아이가 스스로 만든 한자책을 보고 있으면 '아이와 함께 하는 것은 참 재밌다'라고 생각한다. 오늘도 곁에서 한자책을 만들고 있는 아이가 "힘 력(力), 큰 대(大), 강할 강(強)"이라 크게 외친다. 그러더니 "아빠, 나는 '큰 대'라고 말하고 '강할 강'이라 말하면 힘이 나는 것 같아"라고 더한다. 그 말에 "응, 아빠도 가끔은 혼잣말처럼 그렇게 크게 말하면 힘이 나거나 자신감이 생기는 것 같기도 해"라고 답한다. 아이가 힘이 조금 부족하다고 생각될 때면 '힘 력(力)'을, 마음이 조금 약해진다고 생각될 때면 '강할 강(強)'을 떠올리면 좋겠다. 아이가 그렇게 자신의 마음을 스스로 챙길 수 있다면 얼마나 좋을까. 한자놀이에서 아이가 가장 좋아하는 말, 이런저런 한자를 얘기하다 말문이 막히거나 상대가 더 강한 한자를 얘기하면 받아치는 말, '초강력'처럼.

우리집 행복밥상

부지런히 저금하는 이유

나는 "500원은 28개, 100원은 56개, 50원은 2개야. 그러니까 19,700원이야"라고 답한다. 아이는 조금 실망한 듯 "그럼, 아직 300원 부족한 거야?"라고 묻고 "며칠 전에도 300원 부족했었는데… 빨리 20,000원 됐으면 좋겠다. 그래야 '컬렉타 피규어' 살 수 있는데"라고 보탠다. 아이에게 "그래도 지금까지 부지런히 모았으니까 조금만 더 모으면 될 것 같아. 지금까지 잘 참고 잘 하고 있어"라고 답한다. 몇 달 전, 아이는 TV에서 곤충 컬렉타 피규어 장난감을 보았다. 이런저런 곤충을 너무 좋아하는 아이는 당연하게 그 장난감이 갖고 싶다 말했다. 곁에 있던 아내는 "아들, 저거 사려면 20,000원 있어야 돼. 아들이 부지런히 모으면 살 수 있을 것 같아. 그러면 당분간은 뽑기(500~3,000원) 하지 말고 그 돈을 차곡차곡 저금하면 될 것 같아"라고 말했다. 그렇게 몇 달간, 아이는 그 좋아하던 뽑기도 꾹 참았고 할머니가 조금씩 보태주신 동전도 모으고 또 모았다. 실망한 아이의 모습에 '그깟 300원'하며 채워주고 싶은 마음도 있었지만 조금 더 참고, 조금 더 기다려 보기로 한다. 곧 맞이할 더 큰 기쁨을 위해.

학교운영위원회 첫 활동

첫 활동을 아니 첫 임무를 마쳤다. 지난주 아이 학교의 학교운영위원회 부위원장에 선출되고 이제 겨우 일주일 밖에 지나지 않았는데 부랴부랴 대전 교육감을 면담했다. 아이들 교육과 교육 환경에 관심이 많은 교장 선생님의 제안으로 운영위원회 위원장 및 부위원장, 학부모회 회장 및 부회장 이렇게 네 명이 교육감과 마주 앉았다. 주어진 시간은 많지 않지만 경험이 많은 위원장을 중심으로 나름 최선을 다해 교육감에게 학교 급식실 내 시설의 노후화를 설명하고 이에 대한 개선이 시급함을 토로했다. 다행히 교육감도 조속한 시일 내에 개선을 약속했고 이후 자신의 교육철학도 짧게나마 소개했다. 사실 운영위원회 위원이 되면 일 년에 네다섯 번 정도의 회의만 참석하면 되는 줄 알았다. 그런데 가만히 생각해보니 학교운영위원회의 역할 자체가 '학교운영에 관한 주요사항에 대한 자문'이었다. 앞으로 자문을 하려면 몸도, 마음도 부지런히 학교운영을 쫓아다녀야겠다. 집으로 돌아오는 길, 교장 선생님의 '오늘 수고 많으셨습니다'라는 문자가 유독 뿌듯한 하루였다.

다시 출장이다

오늘부터 다시 출장이다. 앞으로 2주 동안 계속된다. 작년과 다를 것은 없다. 단 하나, 이번 출장은 집에서 왔다 갔다 하면 된다. 물론 호텔에서 출장지로 이동하는 사람들도 있다. 그곳에서 출장지까지는 30분 내외, 집에서 출장지까지는 1시간 내외. 그래서 그냥 집에서 다닐 생각이다. 몸은 조금 피곤하겠지만 마음은 훨씬 편안할 것이라 생각한다. 아이가 초등학교에 입학한 지 이제 겨우 한 달이 지났기에 출장지에 대한 걱정이 있었다. 혹시나 지난번처럼 너무 먼 곳으로 가게 된다면 일요일에 미리 이동해야 하고, 무엇보다 금요일에 출장을 마치고 집으로 돌아오면 토요일 새벽이 되기 때문이다. 출장 전날 몇 가지 간단한 자료들과 필요한 물건들을 확인하고 있는데 아이가 물었다. "아빠, 어디 가?" 나는 답했다. "출장 가는데 필요한 것들을 잘 챙겼는지 확인하는 거야." 아이는 "나는 아이라 출장을 못 가. 대신 아이들은 학교를 가는 거야. 나는 내가 할 수 있는 일을 열심히 할 테니 아빠도 아빠가 할 수 있는 일을 잘 하고 와"라고 더했다. 그렇게 아빠와 아들은 자신이 할 수 있는 일에 최선을 다한다.

여전히… 쉽지… 않다…

아내에게 '어떡하지. 미꾸리 죽었나 봐. 무서워'라는 문자가 왔다. 아이가 지난주 방과후활동 수업시간에 받아온 물고기인 미꾸리. 어항도 먹이도 샀는데. 주말에 공주까지 가서 모래도 돌도 가져왔는데. 물도 부지런히 갈아줬는데. 아이가 아침에 일어나자마자 한 번, 저녁밥을 먹기 전에 한 번 먹이도 꼬박꼬박 챙겨줬는데. 이렇게 빨리, 일주일도 지나지 않아 죽다니. 아내에게 '내가 집에 가서 얘기할 테니 기다리고 있어'라고 문자를 보냈다. 퇴근 후, 여느 때처럼 아이는 저녁밥을 먹기 전에 미꾸리에게 정성스레 먹이를 줬다. 미꾸리의 상태를 알지 못하는 아이가 이미 죽은 물고기에게 먹이를 주는 모습은 더없이 짠했다. 그 마음으로 밥을 먹고, 양치를 하고, 나머지 할 것들을 모두 마무리했다. 그리고 아이에게 "아들, 우리가 최선을 다해 미꾸리가 잘 살 수 있도록 노력했잖아… 그런데 미꾸리가 많이 아파서 죽었어… 아빠도 많이 슬픈데 아들은 더 슬프지? 미꾸리 묻어 주러 갈까?"라고 얘기했다. 작년에 몇 달을 함께 했던 장수풍뎅이를 떠나보낼 때도 마음이 아팠는데 여전히… 쉽지… 않다….

잠깐, 본다

아이에게 "안녕~ 오늘도 잘 자~"라고 말하면 하루가 끝난다. 그렇게 잠깐, 본다. 출장이 시작되면서 아이와 저녁밥을 함께 먹지 못한다. 처음에는 '그래도 하루에 한 번, 얼굴이라도 보는 게 어디야'라고 생각했다. 늦은 저녁, 혼자 밥을 먹으며 아이에게 이것저것 묻는다. 함께 하는 시간이 줄어들면서 궁금한 것도 하고 싶은 것도 다음으로 미뤄둘 뿐이다. 아침에는 아이의 자는 모습을 볼 뿐이고 저녁에만 겨우 잠깐, 같이 놀고 다시 잠깐, 함께 책을 읽는다. 사람이 욕심이 많으면 안 된다지만 월·화·수·목·금 하루에 한 번은 같이 밥을 먹어야 하는데 그렇게 못하니 아쉽다. 내 나이 또래 대부분의 아빠들과 비교하면 아이와 함께 하는 시간이 많은 편이지만 그래도 더 많은 시간을 함께 하고 싶다. 이미 잘 안다. 앞으로 몇 년이 지나면 아이도 자신의 시간을 필요로 하고, 자신의 친구를 찾게 될 것임을. 그때가 되면 또 다른 것들을 함께 할 수도 있겠지만 그건 그때 생각할 일이다. 지금 더 많은 시간을 아이와 아내와 같이 하며 가족이란 이름으로 서로 보듬어 안으면 좋겠다. 주말에는 왕창, 봐야겠다.

태어나면서부터 늙는 것은?

『퀴즈 과학상식』이라는 어린이책에서 아이가 문제를 내면 나는 답을 말했다. 문제: 우리나라에서 가장 김이 많이 나는 곳은? 정답: 목욕탕, 문제: 앞을 막아야 잘 보이는 것은? 정답: 안경, 문제: 말은 말인데 타지 못하는 말은? 정답: 거짓말⋯ 이렇게 쉼 없이 문제와 정답을 주고받았다. 그렇게 한참을 놀다가 서로의 역할을 바꿔보기로 했다. 내가 문제를 내면 아이가 정답을 맞히는 것으로. 문제: 햇볕만 쬐면 죽는 사람은? 정답: 눈사람, 문제: 고양이를 봐도 도망가지 않는 쥐는? 정답: 박쥐, 문제: 자기 마음대로 걸어 다니는 북은? 정답: 거북⋯ 아이는 이미 몇 번이나 읽었던 책이었기 때문에 대부분 문제가 끝나기도 전에 정답을 얘기했다. 문제가 거의 끝나갈 때였다. 나는 '태어나면서부터 늙는 것은?'이라 문제를 냈고 아이는 당연히 '할미꽃'이라 말할 줄 알았는데 엉뚱하게 "할머니"라고 외쳤다. 어쩌면 단순한 착각이었겠지만 달리 생각하니 아이의 눈에 할머니는 이미 늙어 있었다. 할머니도 태어나면서부터 늙지는 않았을 텐데⋯ 야속하게도 시간은 참 빨랐다. 내게는 언제나 엄마일 뿐인데⋯.

가수가 되려면

아이와 <너의 목소리가 보여 8(tvN)>을 보고 있었다. 아니 어쩌면 나만 듣고 있었다. 아이는 TV보다 장난감을 가지고 놀거나 중간중간 책을 읽었다. 한창 재밌게 시간을 보내고 있는데 아이가 말했다. 뜬금없이. "아빠, 가수가 되려면 노래를 고등학생이 아니라 초등학생 때부터 해야 돼!" 그 이유가 궁금했다. "아들, 그런데 왜 그렇게 해야 돼?" 아이는 태연하게 답했다. "그래야 더 잘할 수 있어." 맞는 말이긴 하지만 또 그렇지 않은 말이기도 해서 "그렇긴 하지만 자기가 뭘 잘하는지 모르고 있다가 어른이 돼서 자신의 꿈을 찾게 되는 경우도 있어"라고 받았다. "그리고 꿈이라는 건 일찍 찾으면 좋겠지만 혹시나 일찍 찾은 꿈이 진짜 꿈이 아니라면 중간에 바꿔도 되는 거야. 사람은, 특히나 아이들은 이런저런 실수도 하고 시행착오도 거치며 조금씩 성장하는 거니까"라고 더했다. 나도 지금의 내 모습을 꿈이라 생각하며 살아오지 않았다. 어찌어찌 이래저래 살다 보니 지금에 이르렀고 다행히 그 모습이 '나름 괜찮다'라고 생각하며 살고 더 괜찮아지려 노력하며 산다. 아이의 꿈, 그게 살짝 궁금하기도 하다.

꽤나, 오랜만인데…

꽤나, 오랜만인데… 기분이 이상했다. 조금 편안하고 여유로운 시간이 될 것이라 생각했다. 주말 오전 11시부터 아이는 아내와 함께 아파트 놀이터에 갔다. 같은 반 친구들과 놀기로 약속했기 때문이었다. 점심이 가까운 시간이니 곧 돌아올 것이라 생각하고 짧은 글을 썼고 별다른 연락이 없어 책을 읽었다. 1시가 넘어 배가 슬슬 고파 아내에게 연락해 볼까 생각하는데 문자가 왔다. 아이의 친구 엄마와 피자를 시켜 놀이터에서 함께 먹고 있다고. 혼자 점심을 먹고 다시 책을 읽는데 이상하리만큼 시간은 더디게 흘렀다. 쓰레기 분리수거나 해야겠다 생각하고 집 밖으로 나섰다. 아파트 분리수거장에서 돌아오는 길에 놀이터에 있는 아내와 아이를 만났다. 오후 3시가 넘은 시간이었기에 곧 돌아오겠지 생각하고 혼자 집으로 향했다. 그렇게 5시가 지나 아내의 전화가 왔다. 아이의 친구 집에서 더 놀기로 했으니 혼자 밥을 먹어야겠다고. 아파트 상가에서 짜장라면 하나를 사서 텔레비전을 보며 휘휘 저어 한 입 먹으려는데 순간 비릿했다. 젓가락을 멈췄고 더 이상 먹지 못했다. 주말, 혼자 있는 시간은 낯설고 어색했다.

아기 울음소리

아이와 나란히 누웠다. 아이는 이내 잘 것 같은 표정이었기에 5분 정도쯤 시간이 흘러 이제는 자겠지 생각했는데 아이가 말했다. "아빠, 옆집 아기가 우나 봐." 아이가 잠들면 방에서 나와 조용히 글을 쓸 생각이었기에 사실은 나도 목이 터져라 우는 옆집 아기의 울음소리가 꽤나 신경 쓰이던 참이었다. 나는 아이에게 "응, 태어난 지 얼마 되지 않은 아기는 말을 할 수가 없거든. 그래서 엄마나 아빠에게 하고 싶은 얘기가 있으면 저렇게 크게 우는 거야. 예를 들면, 배가 고파서 그럴 수도 있고 응가를 해서 그럴 수도 있고 그것도 아니면 어디가 아파서 그럴 수도 있는 거야"라고 말하고 "아빠는 아기 울음소리를 들으니까 문득 아들이 어릴 때가 생각나"라고 더했다. 조용히 듣고 있던 아이는 "응, 그럼 나도 그냥 기다려야겠다. 아기가 엄마나 아빠한테 무슨 하고 싶은 말이 많나 봐. 저러다 조금 있으면 조용해질 것 같아"라고 받았다. 혹시나 했는데 역시나 옆집 아기의 울음소리는 거짓말처럼 잠잠해졌다. "진짜네. 아들 말이 맞았네"라고 말하고 아이의 머리를 쓱 쓰다듬어 줬다. 아이는 다시 눈을 꼭 감았다.

워킹맘, 그리고 '엄마'라는 자리

　　아내가 아이의 친구 엄마와 전화 통화를 하고 있기에 나는 설거지를 했고 아이는 오늘 새로 산 책을 읽었다. 설거지가 끝나 갈 때쯤 아내가 워킹맘인 아이의 친구 엄마와의 통화 내용을 전해 줬다. 오늘 놀이터에서 워킹맘의 아들이 혼자 놀고 있을 때 어떤 아이가 계속 놀렸다고 했다. 아내도 워킹맘의 아들에게 그 얘기를 들었다고 했다. 그리고 각자 집으로 돌아갔는데 워킹맘의 아들은 자신의 엄마, 아빠에게 어떤 아이가 자신을 계속 놀려서 너무나 속상했다고 말했다고 했다. 그 시간에 일을 하고 있었을 워킹맘은 정확한 상황 파악이 어려웠다. 아들의 말에 많이 놀랐겠지만 어쩌겠는가. 직접 보고 직접 들은 것이 없는데. 맞벌이 부부였기에 아이를 돌봐주시는 분을 구했고 그분이 그 자리에 있었지만 아이의 입장에서 아이의 감정까지 공감하지는 못했을 것이다. 아내는 자신이 보고 느낀 것을 꽤 오랜 시간 전해 줬다고 말했다. 아마도 워킹맘은 '엄마'라는 자리에 대해 많이 고민할 것이다. 다들 이렇게 사는데… 다들 이렇게 살지는 않는데… 나는 어떻게 살아야 할까… 이리저리 휘청휘청하면서…

우리집 행복밥상

　다른 학교에서도 이런 것을 하는지 잘 모르겠지만 아이의 학교에서는 '우리집 행복밥상'이라는 프로그램을 운영한다. 밥상머리 교육이라고 해서 가족이 모여 함께 식사하면서 대화를 통해 가족사랑과 인성을 키우는 시간을 마련한다는 취지다. 매월 첫째 주에 가족이 함께 모여 식사하는 모습을 아이의 학교 홈페이지 게시판에 올리면 된다. 그렇게 해서 한 학기에 4회 이상 '우리집 행복밥상'을 실천하고 사진을 게시한 학생에게는 학기 말에 학교장상을 수여한다. 학교에서 하는 일이고 무엇보다 그 의도가 좋아 열심히 참여할 계획이다. 안내된 자료를 보니 하버드대학교 캐서린 스노우 박사팀의 연구결과에 따르면 밥상머리 교육은 아이들이 똑똑해지고, 안정감을 느낄 수 있으며, 예의 바른 행동을 하고, 그 결과 가족이 모두 행복해진다고 한다. 오랜 시간 누군가와 반복적으로 함께 밥을 먹는다는 것은 단순히 허기진 배를 채운다는 의미가 아니다. 그것은 본능에 가장 충실한 순간에도 서로가 서로의 정서를 공유하며 언제나 함께 한다는 의사의 표현이라 생각한다. 그런 까닭에 밥은 행복이어야 한다.

나쁜 말

'풋'하고 웃음이 났다. '그게 무슨'이라 생각했다. 아내가 얘기했다. "아들이 오늘 해 준 말이 있는데 너무 재밌어. 나한테 쪼르르 와서 귓속말로 '오늘 학교에서 친구가 나쁜 말 하는 걸 들었어'라고 말하는 거야. 무슨 말일까 궁금했는데 '이녀석'이라 말했대." 그러더니 "그 말을 듣는데 우리 아들이 너무 온실 속의 화초처럼 자란 건 아닐까 걱정되기도 했어"라고 더했다. 나도 아내의 말에 어느 정도 공감한다. 아이가 엄마, 아빠의 성향을 닮는 것은 당연하겠지만 가끔은 '조금 더 외향적이면 좋을 텐데'라고 생각한다. 내가 어릴 때와 비교하는 것은 적당하지 않겠지만 '그래도'라는 단서를 붙이면 나도 놀기에 바빴고 아내도 놀기에 바빴다는데 아이는 아직까지는 그저 조용히 자신만의 시간에 집중하는 것을 좋아한다. 지극히 이기적인 마음이겠지만 아이가 너무 놀기만 좋아한다면 '집에서 책도 좀 읽으면 좋을 텐데'라고 생각하겠지만 부모 마음이 그런 걸 어쩌겠는가. 나와 아내가 그렇듯 아이도 하루아침에 바뀌진 않겠지만 앞으로 험한 세상 살아가려면 이래저래 단단한 몸과 단단한 마음이라면 좋겠다.

아직은 키가 좀 작다

아내에게 전해 들으니 '1번'이라고 한다. 이름의 가나다 순으로는 '8번'이지만 키순서로는 제일 앞이다. 그러니 아직은 키가 좀 작다. 키가 얼른 더 컸으면 하는 바람도 있지만 여유를 가지고 '내년에는 조금 더 자라겠지'라는 마음으로 기다리며 지켜볼 뿐이다. 키가 큰 아이의 외할아버지는 항상 그 '키'가 마음에 걸린다. 어쩌다 보니 아이가 친하게 지내는 같은 반 친구는 또래보다 한참 크다. 아내가 그 친구와 같이 놀고 있는 사진이나 영상을 보내드리면 '우리 손자는 다 좋은데 키가 더 커야할 텐데. 어릴 때부터 먹는데 욕심이 없어서 그래. 무엇이든지 잘 먹어야 잘 클 텐데'라고 더하신다. 그 마음이 백 번, 천 번 이해된다. 부모 마음도 그런데 하나뿐인 손자를 바라보는 외할아버지의 마음이야 오죽하랴 싶다. 그럴 때마다 결론은 똑같다. '그래도 별 탈 없이 잘 자라고 있어서 다행입니다. 담임 선생님께서도 집중력도 좋고 의사표현도 분명하다고 칭찬 많이 해 주십니다. 엄마가 맛있는 것도 많이 해주니 앞으로는 많이 클 겁니다.' 이제 겨우 여덟 살이니 더디더라도 조금씩 조금씩 쉼 없이 자라면 된다.

학교운영위원회 첫 회의

　　지난주 아이 학교의 첫 번째 학교운영위원회가 열렸다. 비가 조금 내리던 날 출장으로 충북 금산군에 있었기에 회의 시간에 맞춰 조퇴를 하고 학교로 향했다. 집에 잠시 들러 회의 자료를 확인하는데 아이가 물었다. "아빠, 그런데 오늘 어디서 무슨 회의를 한다는 거야?" 운영위원회를 자세히 설명할 수 없기에 "오늘은 아빠가 아들이 다니는 학교에 가서 교장 선생님이랑 다른 아이들 아빠, 엄마를 만나서 회의를 할 거야. 그래서 학교가 조금이라도 더 좋아질 수 있도록 머리를 맞대고 얘기할 거야"라고 답했다. 학교에 도착하니 교장 선생님과 운영위원회 위원장님이 얘기를 나누고 있었고 이후 위원들이 연이어 도착하면서 첫 회의가 시작됐다. 사실, 어떻게 회의가 진행될까 궁금했는데 운영위원회에 상정된 11개의 심의 안건을 안건별로 상정하면 담당 선생님 또는 행정실장의 제안 설명이 있었다. 이후 안건에 대한 질의와 답변이 이뤄졌고 최종적으로 안건에 대한 찬반을 표결로 확인했다. 다른 학교는 잘 모르겠지만 아이의 학교는 꽤나 진지하게 회의가 진행됐기에 살짝 기분이 좋았다.

태몽(胎夢)

정확히 기억나지 않았고 자세히 물어보지 않았다. 아니 몇 번은 물어봤다. 그런데도 잘 알지 못한다. 관심이 없어서 그럴 수도 있겠고 관심이 있는데 그럴 수도 있겠다. 어쨌든 나는 지금, 현재, 나의 태몽을 얘기할 수 없다. 아이의 할머니를 통해 몇 번 정도는 들었던 것 같은데 그때마다 조금씩 달랐던 것 같기도 또 그렇지 않았던 것 같기도 하다. 여느 사람들처럼 동물이 나왔던 것 같기도 또 과일이 나왔던 것 같기도 하다. 분명한 것은 어느 유명인처럼 왕이 될 꿈이라거나 듣도 보도 못한 신비스러운 그 무엇인가가 나타나는 꿈은 아니었다는 사실이다. 아내와 아이의 태몽을 얘기하다가 어찌어찌해서 나의 태몽으로 대화 주제가 옮겨졌고 그래서 또 생각해보니 나는 내 태몽을 정확히 알지 못하고 있었다. 아직 아이의 할머니도, 할아버지도, 그리고 큰고모, 작은고모, 큰아빠도 모두 함께 하고 있으니 다시 한 번 물어보면 될 일이지만 딱히 궁금하지는 않다. 그러다 또 생각해보니 나는 아이의 사촌 누나의 태몽도 꾸었지만 태몽도 그저, 꿈이라 생각하고 그냥, 현실에 집중하며 잘 살아야겠다 다짐한다.

하나 더 읽어줘!!

    주말 오후, 지난 일 년간 작성한 원고를 살펴보고 있었다. 혹시나 맞춤법에 어긋나거나 표현이 어색한 부분은 없는지. 며칠 후 출판사 대표와의 만남을 앞두고 마지막 점검 또는 확인이라 생각하고 집중에 집중을 했다. 이번에 수정하지 못하면 책이 인쇄되었을 때 아쉬움이 남을 것 같아 나름 최선을 다해 읽고 또 읽었다. 400페이지 정도 되는 분량이라 서재에서 조용히 혼자 보려다 거실에서 놀고 있는 아이가 신경 쓰여 거실 책상에 노트북을 옮기고 한 장 한 장 확인했다. 이제 겨우 일 년이 지났거나 아직 몇 달도 지나지 않은 일들인데 오래전 일기를 읽는 것처럼 잠시 그때를 추억할 수 있었다. 장난감 놀이를 하던 아이가 곁으로 다가와 원고를 슬쩍 슬쩍 읽더니 자신의 이야기라는 것을 알고는 "아빠, 이거 읽어줘!!"라고 말했다. 그 말에 아이가 나오는 이야기 하나를 읽었더니 아이는 "아빠, 하나 더 읽어줘!!"라고 더했다. 그렇게 몇 개의 원고를 함께 읽었고, 잠시 '아이와의 하루하루를 글로 남겨두길 참 잘했네'라는 생각이 머물렀다. 이런 기쁨, 흐뭇함, 보람이라면 앞으로도 계속 써야겠다.

더하기, 곱하기
그리고 구구단 외우기

언제, 어떻게 배웠는지 기억나지 않았지만 어디서 배웠는지는 정확히 대답할 수 있었다. 집에서 배운 적은 없고 학원을 다닌 적도 없으니 그때그때 학교에서 선생님을 통해 배웠을 것이다. 그렇게 학년이 바뀔 때마다 또 다른 선생님을 통해 더 많은 것들을 알게 됐고 그것을 바탕으로 끊임없이 새로운 것들을 익힐 수 있었다. 내 나이 또래 대부분의 시골 아이들이 그렇듯 배움은 학교라는 공간에 한정됐다. 아이가 산수를 궁금해하기에 더하기와 곱하기, 정확히는 구구단을 알려 줬다. 거실 칠판에 2단을 써서 함께 읽어 봤다. 아이가 이해하기 쉽도록 한쪽에는 그림을 그렸고 다른 쪽에는 그것과 일치하는 구구단을 썼다. 아이가 오가며 눈으로 보고 입으로 따라 할 수 있도록. 더하기를 어떻게 하면 조금 더 쉽게 계산할 수 있는지, 구구단은 왜 외우는 것인지 이래저래 다양한 방법으로 설명해 보지만 졸음이 쏟아지는 아이는 한 번에 쏙 알아듣지 못하는 눈치였다. '이게 어렵나?' 싶다가도 '이게 어렵겠구나!' 싶었다. 앞으로 마음에 여유를 가지고 차근차근 함께 해 봐야겠다. 때가 되면 알겠지!!

아기 코끼리

아이가 외쳤다. "아빠! 무거워! 무겁다고!! 진짜 무겁다니까!! 나 이러다 온몸이 아주 납작해져 버리겠어!!" 이미 팔과 다리로 체중을 분산하고 있었지만 진짜 그런가 싶어 몸을 살짝 더 들었다. 아이는 "아빠! 나 완전히 숨도 못 쉴 뻔했어! 아빠는 나한테 코끼리만큼 무거워!!"라고 더했다. 그 말에 "아들! 우리 전에 동물원에 갔을 때, 사육사 아저씨가 아시아 코끼리는 몸무게가 5t 정도 나간다고 설명하셨잖아! 아빠는 5t에는 어림도 없고 100kg에도 한참 부족해!!"라고 답했다. 아이는 지고 싶지 않다는 듯 "아빠! 그럼 아기 코끼리만큼 무거워!! 내 말이 맞을 거야!!"라고 보챘다. 궁금했다. 무겁기로 소문난 코끼리의 아기는 몸무게가 얼마나 나가는지. 아이와 함께 인터넷 검색창에 '아기 코끼리 몸무게'라고 입력했다. 그랬더니 90kg이라 나왔다. 아이에게 정확히 알려 줘야겠다고 생각했다. "아들, 아빠가 아기 코끼리 몸무게 알려 줄게"라고 말하고 체중계에 나란히 올랐다. 내가 72kg, 아이가 21kg이니 우리 둘이 합하면 대략 아기 코끼리 정도 됐다. 그렇게 생각하니 아기 코끼리도 나름 귀여웠다.

네 개만 있으면 될 것 같아

친구 집에서 놀다 저녁까지 먹었다는 아이는 피곤해 보였다. 학교 수업을 마치고 8시간 이상을 계속 놀았으니 그 누구라도 졸음이 쏟아졌을 것이다. 그때 아내가 "아들, 아까 밥 많이 안 먹었지? 배고프겠다. 뭐라도 해 줄까?"라고 물었다. 아이는 잠시 망설이더니 "이거 먹으면 될 것 같아"라고 답하며 작은 빵을 먹기 시작했다. 그 모습에 '친구 집에서도 씩씩하게 잘 먹으면 좋을 텐데'라는 생각과 '그래도 뭐라도 조금 먹었다니 다행이네'라는 생각이 교차했다. 작은 손으로 더 작은 빵 하나를 움켜지고 야금야금 먹고 있는 아이는 귀엽고 사랑스러웠다. 그러다 아이가 좋아하는 과자가 생각나 귓속말로 살짝 "○○○○ 먹을 거야?"라고 물었고 아이는 "좋아"라고 짧게 말했다. "얼마나?"라고 물으니 "네 개만 있으면 될 것 같아"라고 답했다. 의외의 대답이라 "진짜?"라고 다시 물으니 "응, 그럼 네 개 더… 아니, 그냥 네 개면 돼"라고 받았다. 그렇게 접시에 수북했던 과자는 네 개로 줄었다. 제일 좋아하는 과자를 '네 개만'이라며 먼저 숫자를 정해가며 끝내 마다했다. 아이의 마음이 궁금했다.

초등국어사전

생각지도 못했는데 『초등국어사전』이 생겼다. 주말에 친구를 만날 일이 있었다. 친구의 아들은 중2라 초1인 아이와 함께 놀거나 대화를 나누기에는 한계가 분명했다. 그렇게 각자의 시간을 보내고 있었는데 중학생 아이의 엄마가 사전을 하나 들고 나오더니 선물이라며 아이에게 건넸다. 아마 큰 기대 없이 혹시나 하는 마음이었을 것이다. 그렇지만 단어 놀이를 좋아하는 아이는 국어사전 선물에 신났다. 아니 사실은 내가 더 기뻤다. 그동안 아이에게 초등학생용 국어사전을 사 주려고 몇 번이나 서점을 두리번거렸지만 끝내 적당한 것을 찾지 못했기 때문이다. 인터넷 사전으로 궁금한 단어의 뜻을 쉽게 찾을 수 있지만 그래도 나는 종이 사전의 힘을 믿는다. 단어의 초성, 중성, 종성까지 하나하나 순서를 더해가며 마침내 목적지를 찾아내는 여행. 목적지 중간중간 낯설고 재미난 것들이 가득한 여행. 가끔은 목적지보다 과정이 더 재밌는 여행. 아이는 자신이 좋아하는 곤충을 찾기 위해 사전을 이리저리 살피기 시작했다. 정확한 단어를 적절하게 그리고 효율적으로 사용할 수 있는 아이가 되길 바란다.

오늘은, '잘 자겠지'라고 희망한다

흔히 이야기한다. '잠이 보약'이라고. 요 며칠 그 말을 절실히 체감한다. 조금 늦게 잔 것은 있지만 그렇다고 많이 늦게 잔 것도 아닌데 세상 피곤하다. 회사에서 근무 중에 졸음이 쏟아지기도 하고 '아, 오늘은 그냥 조퇴라도 하고 집에 가서 잠을 푹~ 자고 싶다'라는 생각까지 든다. 이유가 있다. 아이가 며칠째 자다가 코피가 나기 때문이다. 아홉 시 삼십 분 정도에 잠이 들어 새벽 두 시나 세 시가 되면 코피가 난다. 어른들도 그럴 수 있을까 싶은데 잘 자다가 중간에 깨서 "엄마, 코피가 나"라고 말한다. 눈을 떠 확인해보면 작은 손에 피가 조금 묻어 있고 다행히 피가 흐르지는 않는다. 혹시나 이불은 어떤가 확인해보면 피 한 방울 보이지 않는다. 잠결에 아이의 코를 막고 놀란 마음까지 달래면 잠이 깬 것 같기도 그렇지 않은 것 같기도 하다. 그저, 그냥 '성장통이겠지'라고 생각하지만 조금 걱정되는 것도 사실이다. 아이들은 잘 먹고, 잘 놀고, 잘 자야 하는데 그렇지 못하니 조금 안쓰럽다. 아마도 엄마, 아빠만큼이나 아이도 잠이 부족할 것이다. 오늘은, '잘 자겠지'라고 희망한다. 소박하게.

사남매

　나는 사남매다. 나를 제외하면 세 명의 형제자매가 있다. 위에서부터 누나, 누나 그리고 형. 누나 두 명을 구분해야 하니 '큰누나', '작은누나'라고 부른다. 한 부모가 낳았지만 같은 점보다는 다른 점이 더 많다. 주변을 둘러보면 형제, 자매, 남매끼리 외모가 너무나 비슷해서 누가 봐도 '같은 핏줄이구나'라고 말하는 이들도 많지만 나의 경우는 전혀 그렇지 않다. 아주 조금씩 닮은 부분은 있지만 대충 봐서는 '남매'로 보이지 않는다. 성격 또는 기질을 짧은 글로 정확히 나타낼 수는 없겠지만 그동안의 경험으로 본 큰누나는 활동적이다. 그에 반해 작은누나는 비활동적, 그러니 내향적이다. 그리고 형은 자기 주관이 강하다. 마지막으로 나는 활동적이기도, 비활동적이기도, 주관적이기도, 그렇지 않기도 하다. 아마 누나들도 그리고 형도 그럴 수 있겠다. 수 십 년을 같이 살았고 누구보다 잘 알 것이라 생각했는데 막상 짧게나마 글로 쓰려니 세상 난감하고 어렵다. 아이의 인생을, 아내를 제외하고, 가장 많이 곁에서 지켜본 나는, 아이를 짧은 글로 어떻게 설명할 수 있을까?

학교가 재밌어!

책표지 고르기

준비 중인 책의 표지시안이 나왔다. 지난 미팅에서 출판사 대표에게 책을 쓰게 된 이유와 책에 담고 싶은 내용이 무엇인지 자세히 얘기했고 그때 제일 강조했던 것은 책이(책표지가) 따뜻한 느낌이면 좋겠다는 것이었다. 아무래도 아이의 얘기를 담은 책이라 포근한 기운이 전달되는 것이 중요하다고 생각했다. 그런 얘기 때문이었는지, 비슷비슷한 느낌의 여섯 개의 표지시안을 받았다. 그중에 세 개 정도가 마음에 들었고 주변 사람들에게도 의견을 구했다. 퇴근 후 아내와 상의해서 최종적으로 하나의 시안을 골랐다. 아빠와 아이가 마주 보며 웃고 있는 모습과 책 제목의 글씨체가 마음에 들었다. 출판사 대표에게 선택한 표지시안과 몇 가지 수정 의견을 얘기했다. 아이와 아빠가 서로 눈높이를 맞췄으면, 아이가 좋아하는 장수풍뎅이와 사슴벌레가 더해졌으면, 색감이 조금 더 따뜻했으면, 책 소개 문구를 새롭게 작성했으면, 책 제목과 내용에 어울리지 않는 말들은 삭제했으면 좋겠다고. 수정 의견이 잘 반영된 조금 더 따뜻한 느낌의 표지 시안을 설레는 마음으로 기다려본다.

어느 보통의 하루

퇴근길에 하늘이 거뭇거뭇해지더니 비도 한두 방울 떨어지기 시작했다. 자동차에 먼지가 가득했던 터라 '쏴~아~'하고 소나기라도 내리길 바랐지만 기대와는 달리 차창에 몇 개의 점만 생기는 정도였다. 혹시 새벽에라도 비가 올까 하는 기대에 차는 지상에 주차했다. 여느 때처럼 친구들과 놀이터에서 신나게 놀고 온 아이를 씻기고 밥을 먹는데 아이는 졸음이 쏟아지는 얼굴이었다. 아이와 더하기, 빼기, 곱하기 연습만 몇 번 하고 다른 날보다 조금 일찍 자기로 했다. 나도 며칠째 잠을 제대로 자지 못해 머리가 아팠기 때문이었다. 아이와 아홉 시에 침대에 나란히 누워 초등학교 생활에 대해 잠시 얘기를 나눴다. 아이는 몇 마디 하더니 "아빠, 나는 그냥 잘게"라고 답했고 잠시 후 깊은 잠에 빠졌다. 예상 밖으로 아이가 너무 일찍 잠들어 밖으로 나왔다. 무엇을 할까 잠시 망설이다 거실에서 글을 쓰고 있는 아내에게 "오늘은 음악이나 실컷 들으면서 쉬어야겠어"라고 말했다. 그렇게 서재에서 두 시간 이상 음악을 들었다. 그랬더니 몸도 마음도 한결 편안해졌다. 어느 회사원 아빠의 어느 보통의 하루였다.

어린이날 선물

며칠 전, 아니 지난달부터 아이가 손꼽아 기다렸던 '어린이날'이다. 아이는 몇 번이나 반복해서 말했다. "내가 좋아하는 날이 세 개가 있어. 첫 번째는 어린이날, 두 번째는 내 생일, 세 번째는 크리스마스야." 그 얘기를 들으며 '설날은 왜 빠졌지?'라고 잠깐 생각했지만 아이 입장에서 다시 또 생각해보니 설날에는 딱히 선물을 받지 않았다. 할아버지·할머니, 외할아버지·외할머니 등에게 세뱃돈을 받지만 아직은 돈보다 선물이 마냥 더 좋은 어린이다. 올해의 어린이날 선물은 이미 4월에 결정됐다. 그것은 바로 즉석카메라! 처음에는 왜 즉석카메라일까 궁금했지만 이유를 들어보니 이해됐다. 곤충을 좋아하는 아이는 이래저래 호기심도 많다. 그래서 엄마나 아빠의 스마트폰으로 사진을 찍는 것을 좋아하는데 자신이 탐구해서 찍은 사진을 그 자리에서 바로 출력까지 할 수 있다면 얼마나 좋을까. 스마트폰과는 비교할 수 없는 즉석카메라가 주는 독특한 재미도 있겠다. 그나저나 내년 어린이날에는 또 어떤 선물을 준비해야 할까? 아마 그것도 내년 4월이면 결정되겠지. 아이는 좋겠다. 신물 받는 날이 많아서.

각자의 시간

조금의 여유가 필요했기에 새로운 규칙을 정했다. 아이도 이제 초등학생이 되었으니 충분히 이해할 것이라 생각했다. 주말 오전에는 '각자의 시간'을 보내기로. 그렇다고 혼자서 밖으로 나가는 것은 아니고 집 안에서 각자 하고 싶은 것을 하기로 했다. 토요일 아침밥을 먹고 나서 열두 시까지. 일요일에도 똑같은 시간 동안. 다만 몇 가지 조건을 정했다. 아침에 늦게 일어나는 것은 각자의 선택이지만 아이가 일어나면 아침밥은 무조건 먹기로 했다. 그리고 어디에 가거나 꼭 해야 할 일이 있으면 그때는 다 함께 하기로 했다. 그렇게 처음으로 맞이하는 각자의 시간, 아내는 거실의 큰 책상에서 동영상 강의를 들으며 공부했고 나는 거실의 작은 책상에서 책을 읽었다. 아이는 책을 읽기도 했고 장난감 놀이를 하기도 했다. 그러다 중간중간 풍선을 불기도 했다. 비록 두 시간 정도였지만 주말의 여유를 느끼기에 충분했다. 각자의 시간이니 조용히 서재에서 책을 읽을 수도 있었지만 가족의 곁에서 함께 하고 싶었다. 아이도 책을 읽으며 이것저것 물었고 그 정도는 충분히 차분하고 여유롭게 답해 줄 수 있었다.

어버이날 선물

아이와 어린이날 선물 얘기를 하다 그냥 아무런 생각 없이 그저 재미로 물었다. "아들, 그런데 아빠랑 엄마는 어린이날 선물을 준비했는데 아들도 엄마랑 아빠한테 어버이날 선물을 줘야 하는 것 아냐?" 그랬더니 아이는 잠시 잠깐 생각하더니 답했다. "아빠, 그렇긴 한데… 아빠랑 엄마는 둘이고 나는 혼자니까… 나는 선물을 두 개 준비해야 할 것 같은데… 그런데 나는 돈이 없어… 그러니까 선물을 못 하는 거야." 그 얘기에 "아들, 선물은 꼭 돈으로 사야 하는 것은 아냐. 마음을 가득 담아서 무엇인가를 전하면 상대방이 그 정성에 감동할 수도 있는 거야"라고 답했다. 그 말에 아이는 "응, 알았어"라고 짧게 받았다. 그렇게 생각하니 나도 '어버이날'이라고 딱히 마음에서 우러나온 정성이 가득한 선물을 해 본 기억은 없다. 언제부턴가 그저, 그냥 용돈을 건네고 있다. 서로에게 제일 무난한 것이 용돈을 전하는 것이라 생각했는데 솔직히 용돈을 전하는 짧은 순간을 제외하면 '어버이날'이라고 더 신경을 쓰거나 더 마음을 다하는 것도 아니다. 정성과 감동. 아이에게는 쉽게 말했는데 어른인 나는…

간단히 생각해보자

    몇 번을 얘기해 줬으니 쉽게 이해했을 것이라 생각하지만 또 생각처럼 쉽지만은 않았을 것이라 생각한다. 어른이 되어 어른의 눈으로 보면 세상 쉬운 것들이 아이의 입장에서 생각해보면 이걸 도대체 어떻게 이해할 수 있을까 싶다. 아이에게 구구단을 설명하며 나는 도대체 얼마나 많은 시간을 노력해서 이걸 외우게 되었을까 궁금했다. 지난 몇 주 동안 구구단에 대해 생각해봤다. 원리는 쉽다. 원리는 간단하다. 이걸 굳이 외워야 할까 생각한다. 구구단, 그러니 서로 곱해서 나오는 수를 외우는 것 같지만 사실, 같은 수를 정해진 횟수만큼 더하면 되는데, 아이에게는 이게 생각처럼 쉽지도 간단하지도 않다. 3×1=3, 3×2=6, 3×3=9까지는 잘 되는데 3×4에서 잠시 생각이 필요하다. 일의 자리에서 십의 자리로의 변화가 간단치 않다. 손가락을 여러 번 폈다 굽혔다 하더니 12라 하고 다시 3×5=15, 3×6=18까지는 잘 되는데 3×7에서 '간단히 생각해보자'라며 멈칫한다. 별다른 방법이 없으니 그 모습을 지켜보며 잠시 기다린다. 그저, '간단히 생각해 봐'라고 얘기할 뿐이다. 그렇게 어찌어찌해서 6단까지 왔다.

전셋집 구하기

아이의 사촌형이 큰고모와 함께 전셋집을 구하러 대전에 왔다. 제대한지 겨우 며칠이 지났지만 코로나19로 지난 3월부터 원주에 있었다고 했다. 가을 학기에 복학을 한다고, 그 사이에 학교 주변에서 아르바이트를 할 것이라고 말했다. 집에서 간단히 점심으로 라면과 김밥을 먹고 학교 근처로 전셋집을 구하러 갔다. 개강 직전에는 적당한 집을 구할 수 없으니 조금 여유가 있을 때로 서둘렀다는데 부동산 대표의 설명을 들으니 학생들이 졸업하는 12월에 물량이 많다고 했다. 당연한 얘기겠지만 대학교 주변이니 학생들의 입학과 졸업, 휴학과 복학, 개강과 종강 등을 생각하면 그럴 수밖에 없었다. 전세로 나온 몇 집을 보고 다시 또 다른 부동산에서 몇 집을 구경했다. 대부분의 세상 일이 그렇듯 답은 하나였다. 돈을 조금 더 내면 조금 더 좋은 집을 구할 수 있었다. 올해 초등학생이 된 아이에게 웃으며 "아들, 오늘 또 새삼 느끼는 거지만 사람은 돈을 열심히 부지런히 벌어야 하나 봐. 보기에 좋은 집들은 다 이유가 있는 것 같아"라고 말했다. 다행히 적당한 범위에서 모두가 만족하는 집을 구했다.

주말 도서관 나들이

　주말 오후, 아내는 낮잠을 잤다. 어린이날과 어버이날을 연이어 보냈으니 꽤나 피곤했을 것이다. 아이와 무엇을 할까 잠시 고민하다 새로 리모델링한 동네 도서관에 가기로 했다. 지난주에 한 번 가 봤는데 꽤나 깔끔하게 변해 있었다. 아직 익숙하지 않아 책을 어디서 찾아야 하는지 조금 낯설었지만 그 또한 나름 흥미로웠다. 중간중간 재밌을 것 같은 책들도 눈에 띄었다. 거실에서 자고 있는 아내가 깨지 않도록 아이는 "아빠, 엄마가 자니까 조용히 나가자. 나도 옷을 갈아입을 테니까 아빠도 혼자 준비하고 만나"라고 말했다. 그렇게 비밀스럽게 준비를 마치고 더 비밀스럽게 집을 나섰다. 각자 좋아하는 책을 골라 도서관 의자에 앉아 제법 긴 시간을 읽었다. 아이가 어렸을 때는 책을 선택하기 바쁘게 서둘러 나왔었는데 이제는 책도 천천히 고르고 또 고른 책을 그 자리에서 읽을 만큼의 여유도 생겼다. 아이가 책을 읽는 동안 얇은 책 한 권을 절반가량 읽었다. 도서관 입구에 있는 의자에 앉아 볕을 쬐며 다시 나머지 반을 읽었다. 기분 좋게 도서관으로 다시 들어가 책을 반납하고 다른 책 한 권을 대여했다.

엄마한테 얘기했어?

지난번에도 그러더니 이번에도 그랬다. 도서관에 갔다가 집으로 돌아오는 길, 햄버거를 먹으려는데 아이가 말했다. "아빠, 그런데 엄마한테 얘기했어?" 나는 답했다. "아들, 혼자 먹는 것도 아니고 아빠랑 둘이 먹는 거니까 괜찮아. 엄마도 '괜찮아'라고 할 거야." 햄버거를 주문하고 매장에서 잠시 기다리며 아이에게 물었다. "아들, 그런데 햄버거 먹는 거 엄마한테 꼭 얘기하고 먹어야 하는 거야?" 아이는 답했다. "응, 왜냐면 엄마는 햄버거 먹는 거 별로 안 좋아하거든. 전에 엄마가 햄버거는 몸에 안 좋은 거라고 했어. 그래서 엄마한테 물어보고 먹어야 할 것 같아서." 나도 그렇지만 아이도 피자, 햄버거 이런 종류의 패스트푸드를 많아야 한 달에 한 번 정도 먹는다. 그것도 진짜 어쩌다가. 대부분의 아이들이 좋아한다는 짜장면도 그다지 좋아하지 않는다. 2년 전에 이사한 날, 유일하게 짜장면을 시켜 먹었다. 그 이후로는 그 어떤 배달 음식도 시켜 먹지 않았다. 그러니 아이에게 '음식=엄마가 해주는 것'이다. 매번 음식을 하는 아내를 보면 참 대단한 엄마라는 생각이 든다. 아니, 참 훌륭한 엄마라 해야겠다.

쉽게 해 봐!

출장이 있는 날, 평소와 달리 여유롭다. 알람 소리가 아닌 그저, 그냥 눈이 떠질 때쯤 일어난다. 옆을 보니 아내와 아이는 단잠을 잔다. 오늘 일정을 머릿속에 그려보고 하나 둘 준비한다. 그렇게 달콤한 시간을 보내려는데 아이와 아내가 일어난다. 아이의 등교까지 한 시간 정도가 주어진다. 아내가 아침밥을 준비하는 동안 거실 한편에서 운동을 하려는데 '으아악~' 소리가 절로 난다. 어제저녁에 처음으로 했던 스트레칭을 다시 하려니 간단치 않다. 아내가 주문한 기구를 이용해 스트레칭을 하려니 유연성이 부족한 내게는 험난한 도전이다. 아내의 "허리랑 목이랑 몸의 균형을 잡아주는 거니까 앞으로 아침, 저녁으로 열심히 해 봐"라는 말에 꾹 참아본다. 여전한 '으아악~' 소리에, 그 모습을 지켜보던 아이는 "아빠, 쉽게 해 봐! 모양을 반대로 해 보던가!"라고 말한다. 그러더니 "자, 내가 시범을 보일 테니까 나 하는 거 잘 보고 따라 해!"라며 기구 위에 가볍게 누워 스트레칭을 한다. 예상처럼 유연한 아이를 보며 "아빠도 어릴 때는 잘 했을 거야!"라고 답하며 다시 시작하지만, '으아악~' 소리는 계속된다.

뭘 사야 할까?

이리저리 돌아다녔다. 이것저것 찾아보았다. 딱히 눈에 띄는 것은 없었다. 그렇게 두 바퀴 정도를 부지런히 걸었다. 버스가 출발하려면 10분 정도 남았다. 그러면 뭐라도 결정해야 했기에 난감했다. 그러다 집 근처에서는 보지 못했던 도너츠 가게를 찾았다. 다행이라 생각했고 뭘 사야 할까 잠시 고민했다. 가장 기본적인 도너츠 하나, 치즈가 들어있는 도너츠 하나, 누텔라가 가득한 도너츠 하나까지. 우리 가족은 세 명이니까 세 개를 샀다. 물론 나는 단 것을 좋아하지 않아 도너츠를 먹지 않겠지만, 그래도 언제나 세 개다. 아내가 먹거나 아이가 먹거나 둘이 나눠 먹으면 되니까. 도너츠 세 개를 들고 편안한 마음으로 버스에 올랐다. 아침부터 시작된 오늘 하루는 정말 길었다. 버스로 시작해, 고속버스를 다시 타고, 지하철을 두 번 환승해 두 시간 이상 회의를 하고 다시 지하철, 고속버스, 시내버스를 거쳐 집에 도착했다. 물론 중간중간 많이 걸었다. 날은 더웠고, 배는 고팠고, 머리는 아팠다. 샤워를 하고 늦은 저녁을 먹는데 아내가 말했다. "아들! 아빠가 출장 갔다 오시면서 맛있는 도너츠를 사 오셨어! 같이 먹을까?"

기다려야 해

　　저녁을 먹으며 아내와 이런저런 얘기를 나눈다. 딱히 급할 것은 없지만 하루 중에 그나마 편하게 대화를 할 수 있는 시간이니 아주 사소한 것부터 나름 중요한 것까지 서로가 서로에게 할 말이 많다. 나는 회사에서 있었던 얘기를, 아내는 아이와 함께 했던 얘기를 나눈다. 매번 반복되지만 조금 비슷한 듯 또 조금 다르다. 오늘도 여느 때처럼 아내가 아이와 놀이터에서 있었던 일을, 그리고 아이 친구 엄마의 얘기를 하려는데 아이가 중간에 끼어든다. 밥을 먹다가 학교에서 배운 것이 생각난 듯하다. "아빠, 그런데 고슴도치가 왜 몸을 웅크리고 있는 줄 알아? 그리고 고슴도치는 공격을 할 때 어떻게 하는 줄 알아?"라며 이것저것 문제를 내기 시작한다. 아이의 물음에 바로 답을 할까 생각하다 "아들, 궁금하거나 할 말이 있으면 얘기를 해야 하는데, 다른 사람이 다른 일이나 대화를 하고 있으면 잠시 기다려야 해. 만일 아주 급한 얘기라면 '내가 뭐하나 말해도 될까?'라고 상대방에게 양해나 동의를 구해야 하는 거야"라고 말한다. 아이니까, 아이라서, 하나하나 배워가며 조금씩 성장한다.

친구를 만났다

만난 기간으로만 보면 그렇게 오래되지 않았다. 하지만 '시간의 질'을 생각하면 그 어떤 만남보다 의미 있고 소중하다. 아이가 산후조리원에서 처음 알게 된 친구를 만났다. 아이보다 하루 먼저 태어난 여자 아이다. 여덟 살 아이도 그동안 많은 친구들을 만났고 또 많이 헤어졌지만 그중에 꽤나 성향이 잘 맞는 아이다. 나 또한 아이의 친구를 아주 어릴 때부터 봐서 그런지 새삼 반갑다. 얼굴을 보지 못한지 꽤 돼서 그런지 아니면 이제 초등학생이 돼서 그런지 몸도 훌쩍 큰 것 같다. 남자와 여자라는 성별의 차이가 조금씩 나타나긴 하지만 아이는 친구와 잘 논다. 그리고 그보다 아내가 아이 친구의 엄마와 더 반갑게 인사한다. 아주 오랜 친구를 만난 것처럼 시간 가는 줄 모르고 이야기꽃을 피운다. 나도 아이 친구의 아빠와 그동안 몇 번 봤기에 별다른 낯설음 없이 아이 키우는 이야기를 주고받는다. 아내는 '산후조리원'이라는 매우 특수한 곳에서의 만남 때문인지 아이 친구 엄마와의 대화가 세상 더없이 편안해 보인다. 아이에게도 친구가 중요하지만 아내에게도 이런 친구가 필요하겠다.

'부처님 오신 날', 자비로움의 의미

그냥 집에서 하루 종일 쉬려다 왠지 그러면 안 될 것 같아 길을 나섰다. '부처님 오신 날'이니 그 의미에 맞게 가까운 절을 생각해봤다. 대전에는 동학사나 갑사가 있고 공주에는 마곡사가 있었다. 그리고 지난주에 다녀온 수덕사는 예산에 있었다. 거기에 아늑함이 좋았던 청양의 장곡사도 괜찮겠다 생각했다. 잠깐의 고민 끝에 가까운 곳이 좋겠다는 생각에 대전의 동학사로 목적지를 설정했고 부지런히 달리는데 아내가 "옥천에 있는 용암사도 좋은 것 같아"라고 말했다. 아내가 좋다니 망설임 없이 목적지를 바꿨고 기쁜 마음으로 고속도로를 달렸다. 저녁이 가까워지는 오후라 그런지 방문객은 많지 않았고 부처님과 용왕님(용암사에는 특이하게 용왕님이 있다)께 각자 이런저런 소원도 빌었다. 아이에게 '부처님 오신 날'의 의미를 아는 범위에서 짧게나마 부지런히 설명했다. 비록 '자비', '해탈', '윤회'까지는 아니더라도. 그러다 문득 생각해보니 모든 엄마·아빠들 그리고 아이들에게까지 오늘 하루 휴가를 주셨으니 그것만으로도 부처님은 이미 세상 훌륭하신 분이었고 그 자비로움이 넘치는 하루였다.

학교가 재밌어!

그것 참 신기하고 그것 참 대견하다. 초등학생이 된 지 2 달이 지난 아이가 말했다. "아빠, 나는 학교가 재밌어!" 어린이 집을 생각하면 "학교가기 싫어!!"라고 몇 번은 말했을 것 같은 데 아직까지 한 번도 그렇게 말하지 않았다. 아침에 엄마와 함 께 학교도 잘 가고 저녁에 다음날 준비물이나 해야 할 것들은 혼자서도 미리미리 확인했다. 입학을 앞두고 그리고 또 입학 을 하고 나서도 혹시나 학교에 가지 않으려 하면, 학교생활이 재미없다고 하면 '어떻게 해야 할까?'라는 걱정도 했었다. 내가 읽은 육아책에도 그리고 신문기사에도 '아이들이 환경의 변화 에 적응하기 쉽지 않으니 부모의 도움이 절대적으로 필요하다' 라는 내용이 언급되어 있었다. 그런데 다행히도 학교가 재밌다 니, 이렇게 기쁘고 뿌듯할 수가 없다. 아이에게 "아들, 교외체 험학습 갔다 온 친구들 있어?"라고 물으니 "응, OO이랑 또 한 명 갔다 왔어. 월요일에 안 나왔어"라고 답했다. 아이의 마음이 궁금해 "우리 가족도 체험학습 다녀올까?"라고 다시 물으니 아 이는 잠시 고민하더니 "아니, 나는 학교가 좋아. 재밌는 거 같 아!"라고 답했다.

그걸 몰라서 물어!

　너무 뻔해서 그런가? 그렇게 뻔하지는 않은 것 같은데? 그래도 궁금하면 물어볼 수 있는 것 아닌가? 그냥 답해주면 될 텐데? 비가 오는 날, 퇴근을 하고 집에 들어서니 아내는 고기가 듬뿍 들어간 김치찌개를 끓이고 있었다. 안 그래도 배가 출출하던 차에 "냄새가 너무 좋아. 배가 진짜 고팠는데 잘 됐어!"라고 말했다. 그랬더니 아내는 "그리고 좋아하는 고기도 굽고 있어! 돼지고기랑 소고기, 둘 다 굽고 있으니 오늘은 많이 먹어!"라고 답했다. 그 말에 "응, 오늘은 완전히 고기 파티야. 그런데 왜 돼지고기랑 소고기를 동시에 굽는 거야?"라고 물으니 아내는 "응, 아들이 아침에 학교 가는 길에 '엄마, 나 오늘 돼지고기랑 소고기 구워 줘!'라고 얘기했어"라고 받았다. 아이의 뜬금없는 입맛이 궁금해 "아들, 그런데 오늘은 왜 고기가 먹고 싶은 거야?"라고 물으니 아이는 심드렁하게 "아빠! 그걸 몰라서 물어!"라며 답하고 "그거야 맛있으니까 그렇지! 아빠도 고기 먹는 거 엄청 좋아하면서 뭐 그렇게 뻔한 걸 물어!!"라고 더했다. 생각해보니 그랬다. 맛있으니까, 당연히 먹고 싶겠지!!

다섯 번째 책 작업

몇 주 있으면 나올 다섯 번째 책 작업을 마무리하고 있는데 옆에서 잘 놀던 아이가 갑자기 키득키득 웃었다. 출판사에서 건넨 표지와 내지를 주말을 이용해 꼼꼼히 검토하려니 아무래도 아이와 함께할 시간은 부족했다. 별다른 불만 없이 잘 논다 싶었는데 갑작스러운 웃음에 순간 당황했다. "아들, 뭐 신나는 일 있어?"라고 물으니 아이는 "응, 갑자기 꿈 생각이 나서. 꿈에 손가락 끝에서 버섯처럼 생긴 열매가 막 자랐거든. 그게 너무 웃겨서"라고 답했다. 이유가 있다니 다행이었다. 회사 일을 하며 출근 전이나 퇴근 후에 마무리 책 작업을 하려니 아무래도 힘에 부쳤다. 내가 좋아서 한 일이지만 제목, 표지, 내지 등 신경 쓸 것들이 정말 많았다. 물론 출판사에서 초안, 그리고 수정안을 끊임없이 보내주지만 조금이라도 더 만족스러운 책을 위해서라면 한 번 더 봐야 하기 때문이다. 2006년부터 4년마다 한 권씩 책을 썼는데 이제 그 주기도 2년으로 짧아졌다. 매번 느끼는 것이지만 회사원이 책을 출간하는 것은 정말 힘들지만 그것을 넘어서는 묘한 재미와 기쁨이 있다. 아마 여섯 번째 책도 2년 안에는 쓸 것 같다.

엄마가 꼭 안아줄게

아이가 "무서웠어!!"라고 말하며 한참을 엉엉 울었다. 새벽 두 시가 지난 시간, 잠이 번쩍 깼다. 책작업을 마무리한다고 평소보다 아이를 일찍 재우고 아내와 함께 새벽 한 시가 지나서야 겨우 잘 수 있었는데 한 시간도 채 지나지 않아 다시 깼다. 아이는 저녁밥도 잘 먹고, 이후에 수학 놀이도 잘 했다. 그래서 잠도 잘 잤으면 했는데 너무 무서운 꿈을 꿨다고 했다. 아내는 울고 있는 아이를 꼭 안으며 "아들, 무서운 꿈 꿨나 봐. 엄마가 꼭 안아줄게. 그리고 엄마는 항상 옆에 있어"라고 말했다. 나는 잠시 그 모습을 지켜봤다. 별달리 무엇을 해야겠다는 생각을 할 수 없을 만큼 아이는 엄마 품에서 마음에 안정을 찾고 있었다. 비몽사몽 정신은 없었지만 문득 아이의 할머니가 생각났다. 지금의 아이만큼 아니 어쩌면 아이보다 조금 더 컸을 때까지 아이 할머니의 품이 좋았다. 생각해보니 항상 내 곁에 있었다. 지금의 아내처럼 '엄마가 꼭 안아줄게'라고 말하지는 않았지만(내 기억에는 없지만) 그냥 그 느낌이 좋았다. 생각해보니 너무 좋은 말이다. 엄마가 꼭 안아줄게…

지우개 따먹기

　　이미 사라진 놀이라 생각했다. 요즘 아이들이 이런 놀이를 한다고 예상하지 못했다. 아이가 "아빠, 저녁밥 먹고 엄마랑 지우개 놀이하기로 했어"라고 말했다. 나는 '지우개 놀이'라는 말이 낯설어 아이에게 "아들, 무슨 놀이를 한다고? 지우개 놀이? 그건 또 뭐야? 학교에서 배운 거야?"라고 물었다. 아이는 "이따가 엄마랑 하기로 했어. 그러니까 그때 잘 봐. 그리고 아빠도 나랑 한 판 해"라고 답했다. 고등학교를 졸업한 이후에 지우개를 써 본 기억도 그다지 없었다. 그러니 '지우개 놀이'가 무엇인지 예측할 수 없었다. 궁금했지만 기다렸다. 저녁밥을 먹고 아이는 아내와 거실 책상에 앉았다. 아이는 지우개 두 개만 가져왔다. 그밖에 별다른 준비물은 없었다. 아이는 책상 위에서 두 개의 지우개를 가지고 연습을 한다며 지우개를 교대로 움직였다. 그제야 알았다. 내가 어릴 때 자주 했던 '지우개 따먹기'가 아이가 말하는 '지우개 놀이'였다. 한 사람의 지우개가 다른 사람의 지우개 위에 올라가면 위쪽 지우개의 주인이 승리하는 게임. 내가 초등학교 때 자주했던 놀이였는데 잊고 있었다. 문득, 그때가 생각났다.

골리앗 개구리

아이와 이런저런 놀이를 하다 어쩌다 보니 '동물이름 말하기'가 시작됐다. 동물이라고 하면 너무나도 자연스럽게 생각나는 것들이 있다. 사자, 호랑이, 기린, 하마, 코끼리 등등. 동물원이나 텔레비전 또는 책에서 봤던 무수히 많은 동물들이 떠올랐다. 그래서 여유롭게 하나씩 얘기하고 있는데 아이가 뜬금없이 "아빠, 그런데 세상에서 가장 큰 개구리가 뭔지 알아?"라고 물었다. '세상에서 가장 큰'이라는 수식어는 코끼리나 고래 등에 어울리는 말이라 생각하는데 겨우 '개구리' 정도에 사용됐기에 "아들, 개구리는 손바닥 정도밖에 되지 않을 것 같은데. 그게 커봐야 얼마나 크겠어"라고 말했다. 그랬더니 아이는 "아냐. 내가 봤어. 골리앗 개구리는 진짜, 진짜, 진짜 커"라고 받았다. 개구리 앞에 '골리앗'이라는 말이 조금 우스꽝스러워 "그럼 인터넷으로 검색해보자"라고 답했다. 검색결과 '골리앗 개구리는 세상에서 가장 큰 개구리로 몸길이 17~32cm, 몸무게 약 0.6~3.3kg이다(출처 : 두산백과)'라고, 관련 기사에서는 '상상뛰어 넘는 경이로운 생물', '덩치가 아기만하네'라고 소개되어 있었다. 깜짝 놀랐다.

모르는 사람

자동차 수리를 위해 꽤나 오랜만에 휴가를 냈다. 전문가의 점검결과, 생각했던 것만큼 수리를 해야 했고 생각보다 수리비가 많이 나왔다. 수리가 진행되는 동안 아내와 주변 대학교를 산책했다. 그렇게 여유로운 시간을 보내는데 갑자기 장대비가 내려 비를 적당히(?) 맞고 집으로 돌아왔다. 아이의 하교 시간에 맞춰 장화와 우산을 챙겨 집을 나섰다. 혹시 갑자기 내린 비에 우산이 없어 당황하고 있을 아이들을 생각해 몇 개의 우산을 더 준비했다. 아이에게 기분 좋게 우산과 장화를 건네며 아내는 "아들, OO 우산 있나 물어봐"라고 말했고 아이는 "OO 안 보이는데"라고 답했다. 마침 그때 비를 맞으며 걸어가는 또 다른 아이가 보였고 아내는 여분의 우산을 건네며 "우산 줄까?"라고 말했다. 아이는 잠시 돌아보더니 "안돼요. 모르는 사람이니까요"라고 답했다. 생각해보니 그랬다. 요즘 아이들은 모르는 사람이 건네면 그 무엇도 받으려 하지 않는다. 아내 곁에 나도 아이도 있었지만 어쨌든 우리는 모르는 사람, 정확히는 모르는 어른이니까. 맞는 것 같기도 하고 그렇지 않은 것 같기도 하다.

6월의 아빠

친구와의 이별

다시, 만리포해수욕장

창밖으로 바라본 맑은 아침 하늘이 좋았다. 문득 태안의 바다가 생각났다. 아이와 아내에게 "만리포해수욕장 가자!"라고 충동적(?)으로 얘기했고 다행히 모두 좋아했다. 작년에 몇 차례 방문했던 펜션에 전화했고 마침 하나 남은 익숙한 방을 예약할 수 있었다. 사장님은 "아, 작년에 남자아이랑 같이 오셨던 가족분이시죠?"라고 물었고 나는 "네, 작년에 너무 좋아서 올해도 많이 갈 것 같아요. 여섯 시 전에는 도착할 것 같네요"라고 답했다. 몇 가지 짐들을 챙겨 집을 나섰고 펜션에 도착해 저녁밥을 먹기 전 간단히(?) 모래놀이를 했다. 아이는 신나했고 숙소로 돌아와 집에서 준비해 간 음식들로 맛있게 밥을 먹었다. 이후 아이가 꼭 한 번 타고 싶다던 깡통기차를 탔고 바다를 바라보며 폭죽도 신나게 터트렸다. 깡통기차는 아슬아슬 속도감이 대단했고 폭죽은 언제나처럼 밤하늘을 반짝반짝 밝혔다. 조금은 늦은 저녁, 간단히(?) 간식도 먹었다. 만리포의 모든 것이 좋았지만 오늘 하루가 익숙한 일상처럼 느껴져 마음이 편안해 더 좋았다. 올해도 만리포를 찾을 일 많겠다. 다시, 만리포해수욕장이다!!

질긴 것들

며칠 전에도 그러더니 다시 또 그랬다. 아이는 "아빠, 이 거 질겨서 더 이상 못 먹겠어"라고 말했다. 생각해보니 아이는 꽤나 오랫동안 나름 부지런히 씹고 있었다. 아이에게 "안 되겠 다 싶으면 뱉어. 아빠 생각에도 이번 고기는 좀 질긴 것 같았어. 그리고 또 오리고기는 원래 조금 질기긴 해"라고 답했다. 아이 가 뱉어낸 고기를 보니 정말 열심히 씹은 흔적이 가득했다. 입 안 가득했던 고기를 뱉은 아이는 편안해진 마음으로 "아빠, 나 그냥 돈가스 먹을래. 이건 그냥 냠냠 몇 번 하면 되거든"이라 더했다. 그렇게 돈가스를 먹고 있는 아이를 보며 우리의 삶도 비슷하다 생각했다. '질긴 것'이라는 말이 주는 묘한 느낌들. 살 다 보면 가끔은 아주 '질긴' 일을 마주하기도 한다. 그럴 때 긍 정적인 의미로 최선을 다해 이리저리 씹고, 뜯으며 견뎌본다. 그러다 보면 방법을 찾기도 하고 조금은 알 것 같기도 하다. 또 개중에는 정말 안되겠다 싶은 불가능한 일들도 있다. 그때는 뱉어내야 한다. 꾸역꾸역 삼키지 말고 미련 없이 '퉤!'하며. 앞 으로 아이가 살아가다 보면 삼킬 일도 뱉을 일도 고루고루 있 겠다.

주연과 조연 그리고 단역

아이와 볼만한 영화가 뭐가 있을까 찾아보다 우연찮게 <제41회 청룡영화제(2021)> 수상자들을 확인했다. 최우수작품상 우민호(남산의 부장들), 감독상 임대형(윤희에게), 남우주연상 유아인(소리도 없이), 여우주연상 라미란(정직한 후보), 남우조연상 박정민(다만 악에서 구하소서), 여우조연상 이솜(삼진그룹 영어토익반), 신인남우상 유태오(버티고), 신인여우상 강말금(찬실이는 복도많지), 신인감독상 홍의정(소리도 없이), 음악상 달파란(삼진그룹 영어토익반), 미술상 배정윤(삼진그룹 영어토익반), 기술상 진종현(백두산), 각본상 임대형(윤희에게), 인기스타상 정유미·유아인까지. 처음에는 이렇게 장황하게 모든 수상자들이 궁금한 것은 아니었다. 그저 어떤 영화가 최우수작품상인지 또 어떤 배우가 남우주연상과 여우주연상을 받았는지 정도만 궁금했다. 그런데 처음 들어보는 <삼진그룹 영어토익반>이라는 영화와 '임대형'이라는 감독이 눈에 띄어 나라도 옮겨보고 싶었다. 누군가는 최선을 다해 영화를 찍고 또 누군가는 최고의 노력으로 영화를 만들었을 텐데. 무엇보다 수많은 단역들도 있었을 텐데.

지금보다 앞으로를 생각해서

오후에 참석해야 할 회의가 있어 휴가를 냈다. 아침에 아이의 등교를 위해 집을 나섰다. 나는 아이의 손을 잡고 같이 걸었고 아내는 아이의 친구 엄마들과 얘기를 나누며 함께했다. 얼마 지나지 않아 아이가 걸음을 멈췄다. "학교에서 (쉬는 시간에) 읽을 책 챙겨왔나?"라고 혼잣말하듯 책가방을 확인했고 안타깝게도 책은 없었다. 순간 고민했다. 집과 학교의 거리가 얼마 되지 않고 아직 집을 나선지 오래되지 않았기 때문이었다. 조금 서두르면 충분히 등교 전까지 책을 가져올 수 있는 시간이었다. 그렇지만 아내는 "아들, 엄마도 아들이 책 좋아하는 거 아니까 안타깝기는 해. 그런데 준비물은 스스로 미리미리 챙겨서 학교에 가는 거야. 그리고 책을 다시 가져오기 위해 집으로 돌아가면 학교에 늦을 수도 있어. 엄마 생각에 오늘은 친구들 책을 같이 보면 될 거 같아"라고 말했다. 그 모습을 지켜보며 나도 생각을 달리했다. 이번 한번이면 내가 얼른 뛰어갔다 오겠지만 매번 그렇게 할 수는 없을 것이다. 아쉬운 것은 아쉬운 대로 그렇게 하루를 보내는 것도 괜찮겠다 생각했다. 지금보다 앞으로를 생각해서.

학교운영위원회를 진행하면서

오늘은 위원장을 대신해 부위원장인 내가 학교운영위원회를 진행했다. 간사 선생님이 준비한 회의진행 참고자료도 있었고 직장생활을 하며 그동안 다양한 회의를 운영해 보았기에 그리 낯설지는 않았다. 몇 가지 차이라면 학교운영위원회는 회의 진행에 있어 국회 또는 지방의회를 연상하게 하는 단어들(개의, 산회, 의안, 의결 등)이 많았다. 다소 딱딱한 느낌이 강했지만 관례대로 기존에 사용하던 단어들로 진행했다. 회의는 국민의례와 교장 선생님의 인사말씀으로 시작됐다. 이후 회의를 진행했는데 간단한 소개 후 참석 위원들께 감사 인사를 전했다. 오늘 다루게 될 안건을 안내하고 전체 참석자를 확인하여 개의를 선포했다. 이때 의사봉을 '땅땅땅' 두드렸다. 전체 안건에 대한 간사 선생님의 보고가 있었고 회기를 결정했다. 이 또한 가결 선포가 필요했다. '땅땅땅.' 심의안건별로 안건을 상정하고 위원들의 의견을 확인해 표결을 거쳐 가결 여부를 선포했다. '땅땅땅.' 이렇게 모든 안건을 다루고 산회를 선포한 뒤 비로소 회의는 종료됐다. 앞으로 학교운영위원회가 형식만큼 그 내용도 알찼으면 좋겠다.

친구와의 이별

　아이는 마스크를 내리고 콧물을 닦고 있었다. 그러더니 잠시 마스크를 올렸다가 다시 마스크를 내려 한 번 더 콧물을 닦았다. 그 모습을 바라보며 '감기에 걸렸나? 아침에는 괜찮았는데… 겨우 4시간 정도밖에 지나지 않았는데… 그 사이에 친구들한테 감기가 옮은 건가?'라고 생각했다. 교문을 지나 내 곁에 바짝 다가선 아이에게 "아들, 감기 걸렸어?"라고 물었고 아이는 "아니, 방금 전에 쫌 울었어. OO이가 수업 끝나고 갔거든. 그래서 쫌 슬펐어"라고 답했다. 그제야 이해됐다. 아이가 왜 코를 훌쩍였는지. 어제저녁, 아이는 같은 반 친구가 전학을 간다며 작은 선물을 준비했다. 초등학생이 된지 이제 겨우 세 달이 지났는데 벌써 이별을 해야만 하는 친구가 있었다. 아이는 선물과 함께 편지도 정성스레 썼다. 나도 아내도 편지까지는 생각하지 못했는데 아이는 잠시 고민하더니 'OO아 잘 가. 좋은 친구 만나. OOO이가'라고 한 자 한 자 꾹꾹 눌러썼다. 친구와의 이별, 여덟 살 아이는 어떤 마음일까. 앞으로 많은 친구를 만나고 또 많은 친구와 이별하겠다. 그렇게 크겠지만 여덟 살의 이별이라니 왠지 조금 짠하다.

어린이 치과진료

아이의 치과진료가 있었다. 혹시나 했는데 역시나 많았다. 의사 선생님은 구석구석 살펴보며 "이곳저곳에 충치가 많네요"라고 말했다. 그리고 한참을 설명했다. 나도 아이도 처음이었다. 아내는 아이가 네 살 때 치과치료를 받은 적이 있었다고, 그리고 작년에 한 번 더 있었다고 말했다. 아이는 네 살 때 치과치료를 기억하지 못했고 작년에는 치아의 상태만 확인했으니 아이가 기억하는 치과치료는 없었다. 며칠 전, 아이가 이를 닦고 아내가 치간 칫솔로 마무리를 하다가 알게 됐다. 아이의 위쪽 어금니에 충치가 있음을. 그래서 그것 하나만 치료하면 될 것이라 생각했는데 너무 순진했다. 아이가 두려워할 수 있으니 바로 치료하지는 않았고 의사 선생님은 앞으로 어떤 치료를 할지 자세하게 설명했다. 아이에게 치과에서 사용하는 기구들은 소리가 많이 난다는 것, 작은 바늘에서 치약 같은 액체가 나오기도 한다는 것 등을 하나하나 아이의 눈높이에서 친절하게 말했다. 다음 주, 그다음 주까지 진료를 예약하며 '그래도 다행이다'라고 생각했다. 병원에서 해결할 수 있는 것들이니. 그럼, 됐다.

조금 찡했고 완전 감동했다

옥천 용암사를 다녀왔다. 주말 아침, 아내가 "딱히 할 것 없으면 용암사 다녀오자. 나는 거기가 그냥 좋아"라고 말했다. 집에서 40분 거리니 편안한 마음으로 갔는데 안타깝게도 아침부터 꽤나 더웠다. 그래도 이왕 갔으니 경치가 좋은 전망대까지는 다녀와야겠기에 아이와 땀을 뻘뻘 흘리며 부지런히 산을 올랐다. 그렇게 잠시 경치를 구경하고 집으로 돌아왔다. 점심으로 시원한 콩국수까지 먹었는데 더위를 먹은 듯 지치고 나른했다. 아이에게 "아들, 엄마랑 아빠는 낮잠 잘 거니까 같이 자던가, 그렇지 않으면 놀던가 해"라고 말하고 진짜 잤다. 그러다 잠결에 거실과 다용도실을 왔다갔다 하는 아이의 발걸음이 느껴졌고 "아유~ 땀이 난다. 힘들다 힘들어. 그래도 내가 열심히 해야지"라는 소리도 들렸다. 잠시 후 아이가 나를 살짝 깨웠고 거실에 나가보고 알았다. 아이는 혼자서 건조기의 빨래를 꺼내고 그것을 차곡차곡 개어 뒀다. 아이의 솜씨(?)가 느껴지는 수건, 양말 등을 보는 것만으로도 찡했는데 아이가 말했다. "이거, 엄마가 일어나면 힘들 것 같아서 내가 그냥 했어!"라고. 그말에 완전 감동했다.

왼손에 살짝 더 힘을 줬다

양치를 하다가 문득 이런 생각이 들었다. 거울에 비친 내 모습, 한결같은 듯하면서 또 그렇지는 않구나. 어제와 비교하면 별다를 것은 없지만 한 달 전과 비교하면 또 세 달 전과 비교하면 조금은 달라졌겠구나 생각했다. 내 의지대로 할 수 있는 것이 무엇이 있을까 살펴봤다. 눈도 내 마음대로 움직일 수 없고 코도 그렇고 입도 그랬다. 귀는 말할 것도 없고. 그저 주어진 범위에서 눈동자를 이리저리, 콧구멍을 벌렁벌렁, 입을 하품하듯, 귀는 씰룩씰룩 움직여 볼 뿐이었다. 그러다 알게 됐다. 딱 하나 손은 내 마음대로 할 수 있겠다고. 그래서 다짐했다. 별 것 아니지만 앞으로 딱 6개월은 왼손으로 양치를 하겠다고. 오늘이 시작이라는 마음으로 오른손은 차렷 자세로 두고 왼손으로 칫솔을 움켜잡았다. 그렇게 슥슥슥 양치를 하는데 세상 불편했다. 아주 간단한 동작 하나도 마음처럼 되지 않았다. 앞니부터 쉽지 않았고 어금니, 윗니는 더 힘들었다. 그렇게 끙끙대다가 아이가 처음 양치를 시작했을 때 마주 보며 아이의 이를 살살살 닦아줬던 때가 생각났다. 피식 웃음이 났고 왼손에 살짝 더 힘을 줬다.

컸다. 또 조금

아내는 아이와 함께 집으로 들어서며 "오늘 얼마나 신기한 일이 있었는지 알아? 아마 깜짝 놀랄 거야!"라고 말했다. 퇴근 후 텅 빈 집에서 아이 학교의 지난 학교운영위원회 회의록을 확인하고 있는데 정말 뜬금없는 소리였다. 보통 때처럼 아파트 놀이터에서 신나게 놀고 왔겠거니 했는데 그게 아니었다. 아내는 "우리 아들 진짜 씩씩해"라고 하더니 "오늘 혹시나 해서 동네 치과에 갔었는데 글쎄 무섭다는 얘기 한 번 안 하고 치료받은 거 있지"라며 보탰다. 그러더니 "내가 옆에서 계속 지켜보고 있었는데 너무 의젓한 거야. 손에 힘이 들어가지도 않고 세상 편안한 표정이었어"라고 더했다. 그 얘기에 나도 마음이 편해졌다. 지난 치과진료에서 아이는 충치가 많아 이런저런 치료를 해야 한다고, 그것도 한 번에 할 수 없으니 여러 번으로 나눠서 해야 한다는 얘기를 들었다. 그런데 혹시나 해서 방문한 동네 치과의 의사 선생님은 "충치가 있지만 아이들 이는 곧 빠지니 꼭 필요한 치료에만 집중하자"라고 말했고 실제 간단한 치료만 했다. 비전문가인 나는 무엇이 정답인지 모르겠지만 어쨌든 아이는 컸다. 또 조금.

유튜브 스타

"구독! 좋아요! 많이 눌러 주세요~" 생각지도 못했는데 아이는 화면을 바라보고 있었고 나는 그것을 하나하나 도와주고 있었다. 여느 때처럼 이런저런 놀이를 하려는데 아이가 "아빠, 오늘은 우리 유튜브 촬영해 볼까?"라고 말했다. 책읽기를 좋아하는 아이는 이미 책에서 '4차 산업혁명'이나 '유튜브 크리에이터'라는 말을 자주 접했다. 물론 곤충이나 동물이 나오는 아이들 유튜브 영상도 가끔 봤다. 그게 뭐 그리 재미있을까 싶었는데 자기도 한 번 만들어 보고 싶었구나 생각했다. 아이에게 "그래 좋아. 그런데 유튜브 영상을 찍으려면 그전에 콘텐츠는 무엇으로 할지, 그리고 역할 분담은 어떻게 할지 정해야 하지 않을까?"라고 말했다. 아이는 "맞아. 나도 알고 있어. 콘텐츠는 내가 곤충을 좋아하니까 우리 집에서 키우는 사슴벌레랑 장수풍뎅이 애벌레로 하면 될 것 같아. 그리고 내가 말하고 아빠는 촬영, 엄마는 감독 이렇게 하자"라고 답했다. 그렇게 나름 부지런히 그렇지만 꽤나 진지하게 촬영에 촬영에 촬영을 반복했다. '유튜브 스타까지는 아니어도 아이들 발표 연습에는 좋겠구나'라고 생각하며.

조카 녀석이 이사하는 날

생각보다 할 일도, 살 것도 많았다. 이렇게까지 오랜 시간이 걸릴지는 몰랐다. 그저, 그냥 가벼운 마음으로 함께 하려 했는데 꽤나 부지런히 '열'과 '성'을 다해 움직였다. 아이에게 단한 명뿐인 남자 사촌형제. 그러니 내게는 조카 녀석이 이사하는 날이었다. 지난달에 제대해서 9월에 복학을 예정하고 있다고 했다. 그전에 학교 주변에 방을 구해서 몇 달간의 아르바이트를 계획하고 있다고 했다. 내가 그 나이 때에도 그랬지만 남자는 군대를 갔다 오면 왠지 모르게 조금 더 성장한 것 같은 느낌이 들었고 또 주변에서도 그렇게 인정 또는 대우를 해줬다. 내가 보는 조카 녀석도 어딘지 모르게 조금 달라 보였다. 물론 긍정적인 의미로. 조카 녀석의 작은방을 이리저리 살펴봤고 조금이라도 생활하기 편하게 이것저것 손봤다. 이후 대형 마트로 가서 생활에 필요한 최소한의 물품들을 구입했다. 쌀, 계란, 고추장, 된장, 샴푸, 밥상 등등. 집정리를 마무리하고 작은방에서 함께 수박을 먹으며 생각했다. 곁에 있는 여덟 살 아이가 독립을 한다고 이삿짐을 나른다면 그때는 또 어떤 생각이 들까?

역할놀이

아내가 말해줬다. 하굣길에 만난 아이는 시무룩했다고. 보통의 경우라면 환한 얼굴로 엄마를 맞이했을 아이는 왠지 모르게 침울했다고. 학교에서 무슨 일이 있었나 싶었던 아내는 아이에게 "아들, 오늘 무슨 기분 안 좋은 일 있었어? 엄마가 보기에 마음이 불편해 보이는데?"라고 물었다. 아이는 속상한 일이 있었다는 듯 "응, 오늘 학교에서 역할놀이했는데 기분이 별로였어"라고 답했다. 아이의 말에 아내는 "무슨 악당이나 이상한 역할을 하게 된 거야? 아니면 친한 친구들이랑 같이 못해서 그런 거야?"라고 다시 물었다. 아이는 "아니, 수업 시간에 가족 역할놀이를 했는데 나는 고모부였어"라고 답했다. 그 말에 아내는 "그럼, 고모가 있었겠네? 고모는 누구야?"라고 물었고 'OO'이라는 답을 들었다고 했다. 아이는 '고모'라는 단어는 알았지만 '고모부'라는 단어는 몰랐다. 아이가 생각하는 가족 역할놀이는 엄마, 아빠, 아이들 정도였다. 아이가 좋아하는 친구가 고모 역할이었다면 고모부를 한 아이는 당연히 기쁘고 즐겁고 신나야 했는데, 고모부를 몰랐으니 그저 엉뚱한 역할로 생각한 것이었다. 엄마와 아빠나, 고모와 고모부나 똑같은데.

'아빠육아' 원고의뢰
그리고 강연의뢰

　　지난주 두 번째 육아책인 『가장 보통의 육아』를 출간하고 몇 차례 언론보도가 있었고 또 육아 관련 웹진에 게재될 원고도 작성했다. 전업 작가가 아니기에 근무시작 전, 점심시간, 근무종료 후까지 세 번의 시간을 활용해 이런저런 글을 썼고 의뢰받은 원고를 회신했다. 그러다 평소 잘 사용하지 않는 메일에 백화점 문화아카데미 담당자의 메일이 수신됐음을 확인했다. 함께 수신된 스팸 메일들을 삭제하며 '이것도 스팸이겠지?'라고 잠시 생각했고 혹시나 하는 마음에 확인하니 '아빠육아' 강연의뢰 메일이었다. 아직 세부적인 내용을 조율한 것도 아니고 강연장소, 강연시간 대비 강연금액이 많지 않았지만(교통비, 식비로 쓰기도 빠듯한 금액이었다) 의미 있는 일이라 생각했다. 몇 년 전 『독서사락』이라는 책을 출간하고 경북 영천의 작은 마을에서 소규모 인원을 대상으로 독서강연을 했었다. 늦은 밤, 대전집으로 돌아오려는데 조심스레 직접 준비한 '포도즙'과 '벌꿀'을 건네는 분들이 있었다. 순간 뿌듯했고 왠지 흐뭇했다. 그때의 기억으로 강연의뢰가 들어오면 최대한 수락한다. 앞으로 또 어떤 보람이 있겠다.

어린이 신문읽기, 신문활용교육
(NIE·Newspaper In Education)

신문읽기, 내가 좋아하는 것이기에 아이도 함께 하면 좋겠다고 생각했다. 나는 책을 읽는 것만큼 신문읽기도 좋아한다. 초등학교 때 신문을 읽기 시작했고 중학교 때 독자투고를 쓰기 시작했다. 그러니 신문을 통해 읽기와 쓰기를 배웠다고 해도 지나친 말은 아니다. 다행히(?) 요즘은 아이도 신문읽기를 꽤나 즐긴다. 어느 정도 습관이 되어 하루에 한 번은 꼭 읽는다. 자연스레 신문활용교육(NIE·Newspaper In Education)을 하고 있다. 나는 회사에서 이미 읽은 신문도 아이 곁에서 다시 한 번 읽었다. 처음에는 내가 신문 읽는, 그 모습만 계속 보여줬다. 그러다 아이가 좋아하는 자동차나 동물 등이 나오는 커다란 광고지면을 바닥에 펼쳐 뒀다. 그렇게 신문에도 그림책처럼 아이가 좋아하는 것들이 많이 나온다는 것을 알려 줬다. 이후 사진기사 중에 아이가 알만한 것들로 딱 한 개만 보여 줬다. 그 단계가 지나면 보도기사 중에 재밌고 신기한 것을 읽어 줬다. 그다음에는 아이와 신문을 펼쳐가며 아이가 알만한 단어 또는 문장을 찾아 봤다. 어제, 나는 아이와 신문의 헤드라인 기사를 함께 읽고 간단한 생각을 나눴다.

빈 병 팔기(빈병보증금 받기)

지난 몇 주간 미루고 또 미뤘던 일을 마침내 처리했다. 보통의 경우라면 해야 할 일은 그때그때 바로 처리하는데 어쩌다 보니 그렇게 됐다. 이유는 단순했다. 빈 병을 팔 수 있는 목요일이라는 사실을 깜빡했거나 너무 늦게 알았거나 알고 있었더라도 비가 많이 왔거나 아이가 집에 있자고 강하게 얘기했기 때문이었다. 그사이 세탁기와 건조기를 오가며 다용도실에 모아 둔 빈 병을 볼 때마다 '얼른 갖다 줘야 하는데'라는 생각만 반복했다. 다시 찾아온 목요일, 잊지 않고 빈 병을 챙겨 마트로 향했다. 아이에게 "아들, 보증금 받으면 다 줄 테니까 빈 병이 몇 개인지 세어 봐"라고 말하고 "그거 하나에 130원(맥주병)이니까 잘 계산해봐"라고 보탰다. 아이에게 자원의 재활용도 알려주고 작지만 용돈도 건넬 수 있고 집도 조금 정리되니 이래저래 좋았다. 빈 병은 총 10개였기에 보증금으로 1,300원을 받았다. 아이에게 "이걸로 뭐 할 거야?"라고 물으니 아이는 "이거 저금통에 있는 거에 보태서 나중에 내가 사고 싶은 장난감 살 거야!"라고 답하며 천 원짜리 지폐 한 장과 백 원짜리 동전 세 개를 꼭 쥐었다.

참, 어렵다

이제 조금만 있으면 집을 떠나 출장지로 가야 하는데 아이가 "진드기들이 풍뎅이를 먹고 있잖아!!"라며 울먹이기 시작했다. 사실 알고 있었다. 성충이 된 직후에 죽은 것 같았던, 아니 이미 죽어 있었던 아기 장수풍뎅이의 꼬리에 작은 진드기들이 몇 마리 있다는 것을. 이미 며칠 전부터 꼼짝도 하지 않던 풍뎅이였지만 혹시나 하는 마음에 그저 지켜보고 있었다. 풍뎅이에 대한 정확한 지식이 없으니 이렇게 죽은 것처럼 가만히 있다 어쩌면 살아날 수도 있지 않을까 하는 생각에. 아이의 슬픔만큼은 아니지만 솔직히 나도 마음이 아팠다. 작년에, 죽은 풍뎅이의 엄마, 아빠인 이쁜이(암컷 장수풍뎅이)와 멋찐이(수컷 장수풍뎅이)가 죽었을 때 아이가 없었다면 나도 흐느끼며 크게 울었을 것이다. 그때도 아이가 너무 크게 울어서 그 슬픔을 달래야겠기에 내 슬픔은 꾹 참았다. 일요일 저녁, 이번 출장지는 서울이라 하루 전에 출발해야 했고 그 시간이 다 되어갔지만 풍뎅이를 잘 묻어줘야 했다. 아이와 아내와 아파트 놀이터 한편의 작은 나무 옆에 조금의 땅을 정성스레 팠다. '풍뎅아, 안녕! 잘 자라서 우리 가족이랑 함께 했으면 좋았을 텐데… 그래도 그동안 고마웠어!' 풍뎅이 키우기. 참, 어렵다.

지금 아빠는 뭘 하고 있을까?

지금 나는 뭘 하고 있냐면 출장지 근처의 호텔방에서 글을 쓰고 있다. 잠시 전까지는 출장지에서 열심히 내게 주어진 일을 했다. 아마도 이번 한 주 동안은 계속 그렇게 지낼 것이다. 집을 떠나 출장지와 호텔을 왔다갔다 하는 생활. 한 달에 절반은 그렇게 보냈다. 작년에도 그랬고 올해도 그렇다. 며칠 전 아이의 잠꼬대가 생각난다. 새벽 4시, 모기에 물려 가렵다며 잠시 깬 아이는 잠에 취한 목소리로, 모기약을 발라주고 있는 아내에게 말했다. "엄마, 지금 아빠는 뭘 하고 있을까?" 그 말에 아내는 "아들, 아빠 지금 옆에서 자고 있어. 아직 출장 가려면 며칠 더 남았어"라고 답했다. 그 말들을 곁에서 들으며 '내가 출장으로 한 주 동안 집을 비우면 아내가 부담을 많이 느낀다고 하더니 아이도 그 마음이 비슷하구나'라고 생각했다. 내가 출장을 간다며 커다란 여행 가방을 끌고 집을 나설 때면 아이는 매번 "아빠, 잘 다녀와! 나는 잘 놀고 있을게!"라고 씩씩하게 얘기했다. 그런데 아이도 이래저래 조금은 신경이 쓰였나 보다. 아들! 아빠는 일 열심히 하고 잘 돌아갈 테니 그때 또 신나게 놀자!! 엄마랑 잘 지내고 있어!!

아빠육아 책,
몇 권 더 써도 좋겠다

2006년, 대학교 졸업을 앞두고 주변 분들께 감사 인사를 전할 작은 선물로 첫 번째 책을 썼다. 2010년, 갑작스런 회사의 지방 이전으로 주말 부부로 지내며 주중의 무료함을 달래고자 두 번째 책을 썼다. 잊고 지내던 2014년, 아내의 임신으로 많은 시간을 함께 산책하며 이러저런 생각을 정리한 것이 세 번째 책이었다. 세 권의 책은 모두 읽기와 쓰기에 관한 것이었다. 내가 좋아하는 분야였기에 비교적 짧은 시간에 어렵지 않게 쓸 수 있었다. 그때부터 올림픽, 월드컵처럼 4년에 한 번씩 책을 써야겠다고 생각했다. 기간이 달라지긴 했지만 다행히 2019년 『아빠의 육아휴직은 위대하다』와 2021년 『가장 보통의 육아』라는 두 권의 책을 추가할 수 있었다. 처음의 계획처럼 읽기와 쓰기를 주제로 한 것은 아니었다. 아이가 태어나고 아이와 함께 하니 자연스레 아이의 이야기가 많아졌고 육아휴직까지 하면서 두 권 모두 아빠육아 책이 됐다. 앞으로는 글쓰기 책을 쓰고 싶은데, 솔직히 잘 모르겠다. 아빠육아도 나름 재밌으니까. 몇 권 더 써도 좋겠다.

강연 콘텐츠

아빠육아 강연의뢰가 있었다. 그래서 한 번 생각해봤다. 무엇을 준비해야 할까? 무엇을 말해야 할까? 머릿속에 떠오르는 것들을 하나씩 옮겨봤다. 자유롭게 써놓고 그중에 강연 콘텐츠로 쓸 만한 것들만 정리해야겠다 생각했다. 아이와 함께하고 있으니 '아빠육아'는 당연했고 대학생 때 국회공모전에서 제안했던 '산모카드 발급'과 '육아수당 지급'도 떠올랐다. 2018년, 1년간 '육아휴직'을 했으니 그것도 좋겠다 생각했다. 또, 지금까지 1,000편 이상의 '육아일기'를 썼으니 그것을 쓰게 된 이유와 그 과정과 그것을 통한 나의 생각을 얘기하는 것도 나쁘지 않겠다 생각했다. 그렇게 이것저것 써보니 이번에는 몇 가지 낱말들이 기억났다. 그동안 아이가 하는 엉뚱하지만 재미있는 말들을 틈틈이 기록했고 몇몇 회사 동료들에게 나 자신을 '낱말수집가', '문장수집가'라고 얘기했다. 제법 많은 메모들을 아내에게 얘기했더니 "하고 싶은 것 말고, 듣고 싶은 것을 얘기해야지!!"라는 답이 돌아왔다. 마음이 급했다. 천천히 다시 고민해봐야겠다.

장수풍뎅이와 함께 하는 날들

끝없는 반복이다. 작년 여름에 시작된 일이 아직 지속되고 있으니 신기할 뿐이다. 곤충을 좋아하는 아이는 암컷 장수풍뎅이 한 마리를 샀고, 이후 혼자면 외롭다는 아이 할머니의 얘기에 수컷 장수풍뎅이 한 마리를 더했다. 그랬더니 얼마 지나지 않아 12개의 좁쌀만 한 새끼(풍뎅이 알)가 생겼다. 며칠이 지나 암컷 풍뎅이가 죽었고, 또 몇 달이 지나 수컷 풍뎅이도 생명을 다했다. 작은 알이 정말 풍뎅이가 될 것이라고는 생각지도 못했는데 어느 순간 꼬물꼬물 애벌레 네 마리가 되어 있었다. 그중에 유독 작았던 한 마리는 중간에 죽었고 세 마리는 겨울을 지나 봄이 될 때까지 잘 자랐다. 나와 아내와 아이가 한 일은 고작(?) 부지런히 발효 톱밥을 갈아주고 작은 스프레이로 물을 뿌려주는 정도였다. 지난주 번데기 한 마리가 암컷 풍뎅이가 되기 직전에 죽어서 안타까웠는데, 며칠 전 번데기 한 마리가 날개까지 모두 변해서 마침내 수컷 풍뎅이가 됐다. 그리고 마지막 한 마리도 수컷으로 나타났다. 올해도 장수풍뎅이와 함께 하는 날들이겠다.

국립생태원, 아쉽고 안타깝다

주말, 불볕더위에 '국립생태원'을 다녀왔다. 토요일에 가려고 했지만 여러 가지 이유로 일요일에 움직였다. 대전에서 충남 서천까지 차로 1시간 거리니 그리 먼 곳은 아니었다. 가벼운 마음에 룰루랄라 부지런히 달려 생태원에 도착했다. 그때부터 조금 아쉽고, 조금 안타까운 마음이었다. 무엇보다 미운영 시설이 너무 많았다. 코로나 19라는 특수한 상황임을 이해하지만 실내 전시구역은 미디리움, 에코케어센터, 4D영상관, 어린이 생태글방 등을 이용할 수 없었고 야외도 밀접 접촉이 우려되는 전기차, 하다람 놀이터, 생태 놀이터 등은 운영하지 않았다. 관람객으로서 특수한 상황임을 충분히 이해하지만 생태원의 배려는 부족했다. 미운영 시설이 매우 많았음에도 입장료 할인 등은 없었고 전기차를 이용할 수 없음에도 불구하고 장거리 실외 이동 구간에 대한 대비도 없었다. 꽤나 먼 지역에서 온 관람객들도 많았을 텐데 마치 '코로나19 상황이니 어쩔 수 없어요. 제한된 시설을 관람하든 말든 알아서 하세요'라고 말하는 것 같았다. '국립'이라는 기관명을 다시 한 번 생각해 봤으면 좋겠다.

매미야, 더 신나게
맘껏 울어라!

어쩌면 특별한 날이었고
어쩌면 보통의 하루였다

　지난주는 서울 출장이었다. 그러니 주중에는 집에 없었다. 조금 더 정확히는 일요일 저녁부터 금요일 늦은 밤까지. 한 주가 정신없이 지나갔다. 그래서 결심했다. 조금 쉬어야겠다고. 이것저것 밀린 일들도 처리하고 무엇보다 몸과 마음에 여유를 찾아야겠다고. 딱히 무엇을 계획한 것은 아니었다. 그저 평범한, 그냥 보통의 하루면 충분했다. 월요일 아침, 여느 때와 달리 알람 소리없이 푹 잤고 아이가 깨기를 기다렸다. 아내가 말했던 것처럼 아이도 충분히 잤고 자연스레 일어났다. 아이와 아침을 먹었고 학교 가는 길도 함께 했다. 이후 아내와 함께 마스크를 쓰고 반신욕을 했고 원적외선 사우나도 했다. 아내는 피트니스센터를 운영하는 친한 동네 언니에게 사전에 양해를 구했고 덕분에 땀을 흠뻑 흘렸다. 몇 차례 땀을 쏟아냈고 아내와 잠시 기분 좋게 걸었다. 집으로 돌아와 점심밥을 먹었고 다시 아이의 학교로 향했다. 아이를 만나 서점을 방문했고 언제나처럼 아이가 좋아하는 몇 권의 책을 샀다. 저녁밥을 먹었고 몇 권의 책을 읽었다. 어쩌면 특별한 날이었고 어쩌면 보통의 하루였다.

\<2TV 생생정보\>,
당신의 저녁을 더 행복하게 해 주는

　그렇게까지 좋아하는지 몰랐다. 며칠 전, 아이는 "아빠, \<생생정보\> 끝났어?"라고 물었고 나는 별 생각 없이 "응, 7시 40분이면 끝나!"라고 답했다. 아이는 다시 "아빠, 그럼 오늘은 못 보는 거야?"라고 더했고 나는 덤덤하게 "응, 그거 보고 싶으면 다음에는 조금 더 서둘러야 할 것 같아!"라고 짧게 받았다. 잊고 있었는데 아파트 놀이터에서 친구들과 놀고 싶다며 집을 나서는 아이가 말했다. "엄마, 오늘은 \<생생정보\> 꼭 봐야 하니까 진짜 조금만 놀아야겠어!" 시계를 보니 이미 6시가 지났기에 '지금 나가서 놀고 다시 돌아오려면 10분도 못 놀 텐데'라고 생각하며 "아들, 잘 놀다 와. \<생생정보\> 6시 30분에 시작하니까 잊지 말고 잘 기억해!"라고 강조했다. 그렇게 말은 하면서도 설마 했다. 밖에 나가서 10분 놀려고 옷 갈아입고 마스크까지 하기에는 너무 덥고 너무 습했기 때문이었다. 그런데 거짓말처럼 아이는 딱 시간을 맞춰서 "\<생생정보\> 시작했어"라고 말하며 집으로 돌아왔다. 적어도 아이에게는 '당신의 저녁을 더 행복하게 해 주는 생방송 저녁 정보!'라는 프로그램 기획의도가 100% 맞았다.

누에 키우기
(애벌레-고치짓기-번데기-나방)

아이는 지난 몇 주 동안 집에서 키운 누에를 학교에 가져 갔다. 정확히 말하면 '생명과학'이라는 방과후활동을 운영하는 담당 선생님께 돌려줬다. 나방이 되려는 누에를 더 이상은 집에서 키울 수 없기 때문이었다. 시골에서 자란 나도 누에를 실제로는 처음 봤다. 가만히 살펴보니 누에가 애벌레 때는 쉼 없이 뽕잎만 먹었다. 가끔은 뽕잎을 아삭아삭 갉아먹는 소리가 너무 좋아 나도 한참을 머물렀다. 그 모습이 '너무 복스럽다', 또 어떨 때는 '정말 열심히 산다'라고 생각됐다. 그렇게 뽕잎을 먹은 애벌레들은 20일 정도 지나 토실토실 살이 올랐고 고치를 만들기 시작했다. 동그란 솜뭉치 같은 작은 집을 만들어 그 속에서 번데기가 되고 나방으로 변한다고 했다. 이번에 누에 두 마리를 키우며 아이의 할머니가 제일 신났다. 40여 년 전, 시골집에서 누에를 직접 키웠던 얘기도 많이 들려줬다. '누에는 먹고 자고, 먹고 자고, 그렇게 한 잠, 두 잠, 석 잠을 자면 고치를 짓고 번데기에서 나방이 된다'라고, '그걸 보는 게 얼마나 재밌는지 모른다'라며. 직접 딴 신선한 뽕잎도 한 박스 가득 택배로 보냈다.

별걸 다 키웠다

장수풍뎅이 먹이를 주다가 문득 생각했다. '내가 참 별걸 다 키웠구나'라고. 아이가 여섯 살 때, 어린이집에서 토마토 묘종 하나를 가져왔다. 순간 '이건 뭐지?'라고, '이걸 앞으로 집에서 키워야 하는 건가?'라고 생각했다. 한번도 집에서 무엇인가를 기르거나 키워 본 경험이 없었기에 처음엔 낯설었다. 하루이틀 시간이 지나며 다른 흥미로운 것들이 많은 아이보다 내가 토마토를 돌보는 시간이 많아졌다. 아니 내가 거의 다 키웠다. 그러면서 자연스레 정이 들었다. 하루하루 커가는 모습이 너무 신났고 너무 행복했다. 이후 장수풍뎅이 두 마리와 사슴벌레 한 마리를 키웠고, 미꾸리와 올챙이 두 마리를 더했다. 거기에 얼마 전까지 누에 두 마리도 돌봤다. 또 뭐가 있었을까 생각해보니 어제부터는 달팽이도 두 마리 기르고 있다. 그 사이 죽은 녀석들도 있었고 지금까지 잘 자라고 있는 녀석들도 있다. 아직 고양이나 개를 기르는 정도는 아니지만 사람들이 왜 반려동물을 기르는지 이제는 조금 알겠다. 사람이 아닌 또 다른 작은 생명체들과 함께 하는 충만한 느낌, 삶에 그것이 더해진다.

부탁 또는 당부

아이에게 '어떤 일을 해 달라고 청하거나 맡김. 또는 그 일거리'라는 뜻의 '부탁'과 '말로 단단히 부탁함. 또는 그런 부탁'이라는 뜻의 '당부'를 했다. 둘의 정확한 차이는 사전을 봐도 잘 모르겠지만 어쨌든 강조해서 말했다. 보통의 경우라면 아침 출근길에 아이를 볼 수는 없다. 여전히 쿨쿨 자고 있으니. 그러다 아주 가끔, 집을 막 나서려는데 막 잠에서 깬 아이를 볼 때가 있다. 그러면 아이에게 '아들, 오늘도 즐거운 하루 보내! 아빠도 열심히 일하고 올게!'라고 간단히 말한다. 그렇게 아이에게는 즐거운 하루를 부탁 또는 당부하고 나 자신에게는 열심히 일할 것임을 다짐한다. 일요일 저녁, 지방 출장을 위해 짐을 정리하는데 아이에게 전할 부탁 또는 당부가 많다. "아들! 밥 잘 먹고 엄마랑 즐겁게 잘 지내고, 사슴벌레랑 장수풍뎅이 먹이도 잘 갈아주고, 달팽이도 잘 보살펴 줘야 돼. 아침마다 아빠 신문도 잘 챙겨주고, 또 뭐 재밌는 일 있나 신문도 한 번씩 읽어 보고…" 그렇게 이것저것 말하고 "일주일 후에 만나"라고 더한다. 그리고 마무리는 언제나 "화이팅!!"이라 외친다. 잠시 후, 집을 나선다.

아들도 학교를 다니고
남편도 학교를 다니고

　출장지에서 일을 하다가 잠시 쉴 때면 하루 한 번 아내에게 문자를 보낸다. 출장지의 모습을 찍은 사진을 보내기도 하고 이래저래 잘 지내고 있으니 걱정 말라는 하나마나 한 소리를 담은 문자를 더하기도 한다. 그리고 또 문자 보내기 좋은 시간은 아침에 숙소에서 출장지로 이동하는 차 안이다. 직접 운전을 하지 않으니 'OO. 아들은 학교 잘 갔겠구만. 나도 학교로 출발하고 있어. 오늘도 좋은 하루 보내슈♡♡'라는 문자를 보내기도 한다. 그럼 아내는 '아들도 학교를 다니고 남편도 학교를 다니고ㅋㅋ'라는 문자로 받는다. 이번 출장은 출장지로의 출발 시간과 아이의 등교 시간이 같다. 그러니 차 문을 열면서 '아들도 이제 막 학교에 도착했겠네'라고 생각하고 '나도 아내도 아이도 오늘은 좋은 일 가득한 하루가 될 거야!'라고 다짐 아닌 다짐을 한다. 어쩌다 보니 조금 다르긴 하지만 직장인이 돼서도 학교를 다니고 있다. 직장인이 되기 전부터 학교를 둘러싼 대부분의 것들을 좋아했다. 그러니 '나는 행복한 사람이다'라고 생각한다. 일을 시작하기 전, '그래도 좋다'라고 꽤나 자주 생각하니까.

어떻게 말해야 할까?

사실은 나도 잘 모르겠다. 어떻게 말해야 하는지. 지방 출장 중에 아내에게 전화가 왔다. "기쁜 소식이 하나, 슬픈 소식이 하나 있어. 먼저 기쁜 소식은 신문은 어찌어찌해서 구했어 (전날, 내가 쓴 칼럼이 소개된 신문을 구해 달라고 했었다). 그리고 슬픈 소식은 장수풍뎅이가 죽은 것 같아. 아침에 몸이 뒤집혀 있어서 다시 바로잡아 줬는데 몇 번을 확인해 봐도 꼼짝도 하지 않아. 아들은 죽었다고 생각하지는 않는 것 같은데, 오빠가 출장에서 돌아오려면 며칠 더 있어야 하는데 걱정이야 (작년부터 기르기 시작한 장수풍뎅이들은 그동안 몇 번의 죽음이 있었고 그때마다 아이는 세상이 떠나갈 듯 슬피 울었다). 어쨌든 얼른 집으로 돌아오면 좋을 텐데…" 내가 직접 본 것은 아니지만 장수풍뎅이가 죽었음을 직감했다. 아내에게 "혹시, 내가 돌아가기 전에 아들이 알게 되면 아빠랑 무덤 잘 만들어 주자고 말해줘"라고 전하고 잠시 생각했다. 집에 도착하면 아이에게 어떻게 말해야 할까? 무엇을 말해줄 수 있을까? 작은 장수풍뎅이 한 마리에 기쁨과 슬픔이 교차한다. 일단, 이 마음을 함께 해야 겠다.

출장을 다니며 드는 생각들

　　출장을 이유로 집을 떠나 호텔에서 지내면 가끔은 외롭고 쓸쓸하다. 편하고 여유롭다 생각될 때도 많지만 문득 스치는 감정들이 그렇다. 그것을 받아들이는 정도에 따라 다르겠지만 아내와 아이가 있는 남편이자 아빠라는 자리에서 '내가 지금 뭘 하고 있지. 나 혼자 왜 이렇게 있지'라는 생각이 들 때도 많다. 그러다 또 대부분의 경우는 '그래. 이건 내 일이니까. 그래도 덥거나 춥거나 할 때 남들보다 조금 더 편하고 조금 더 여유롭게 일 할 수 있는 게 어디야. 하루하루 열심히 사는 거야'라는 생각으로 마음을 다잡는다. 그렇게 잠시 스치는 감정들은 툭툭 털어내고 오래 가져갈 감정들은 꾹꾹 붙잡는다. 집을 떠나기 전, 호텔방에서 읽을 책도 넉넉하게 준비하고 이런저런 강의를 듣고 글도 쓸 수 있도록 노트북에 키보드까지 따로 챙긴다. 거기에 항상 잊지 않고 베개까지 가져간다. 그러니 동료들의 두 배는 됨직한 출장용 캐리어를 끌게 된다. 집에 있을 때나 출장지 호텔방에 있을 때나 하는 일들은 비슷하다. 사실, 혼자만의 시간도 별로 없다. 이래저래 써 본다. 또 하루가 간다.

다른 세상

정말 '하늘에서 비가 쏟아진다'라는 표현이 딱 맞는 날들이었다. 지난 일주일 동안 하루도 쉬지 않고 내렸다. 그것도 아주 많이. 이럴 때, 사람들은 흔히 '폭우'라고 말한다. 그러니 하루 종일 축축했고 이래저래 몸도 마음도 불편했다. 그냥 쉬었으면 좋았겠지만 일을 하러 왔으니 또 그럴 수는 없었다. 주룩주룩 쏟아지는 비를 보며 아이는 어떻게 지낼까 궁금했다. 아내에게 문자를 보냈다. 마구 들이붓는 비를 담은 사진 한 장과 함께. 그런데 놀랍게도 '여기(대전)는 비가 왔다 갔다 하는데 밤에만 오고 낮에는 쨍쨍해'라는 답이 왔다. 아이가 잔디밭에서 커다란 지렁이를 손에 들고 있는 모습을 찍은 사진 몇 장과 함께. 그렇게 경남 양산과 대전은 전혀 다른 세상이었다. 다른 세상… 곰곰이 생각해보니 요즘은 주변 사람들과 대화를 하다 보면 얼마 지나지 않아 서로 다른 세상에 살고 있음을, 다 그렇지는 않겠지만 내가 특정 분야, 특히 경제 부분에 대한 생각이 보통 사람들과 많이 차이남을 느낀다. 짐작건대 그들도 나를 다른 세상 사람 보듯 하겠다. 이래저래 다른 세상, 다른 삶이다.

'이제 다 읽었다'라는 말

　그동안 몇 권의 책을 썼고 몇몇의 사람들에게 그것들을
전했다. '책을 꼭 건네야 할 인연이라 생각하는 사람들'이라 생
각했기 때문이었다. 그림을 그렸다고 노래를 만들었다고 그것
을 선물하지는 않는다. 그런데 책을 썼다고 하면 그것은 선물
받기를 바란다. 그게 사람 마음이다. 나도 그 마음을 이해하지
만, 내가 그동안 책을 선물했던 사람들 중에 처음부터 끝까지
읽어본 사람은 솔직히 몇이나 될까? 이미 내 손을 떠난 책이니
그것을 읽거나 그렇지 않거나 그 사람의 선택이겠지만 가끔 궁
금하다. 그저, 책의 저자로부터 책을 한 권 받았다는 그 기분이
필요했던 것은 아닐까? 어쩌면, 내가 스스로 그렇게 생각했던
것은 아닐까? 주변 사람들에게 책을 한 권 선물했다는 나 자신
에 대한 작은 만족감 때문에. 지난달에 쓴 『가장 보통의 육아』
부터 『아빠의 육아휴직은 위대하다』, 『독서사락』, 『책 그리고
글을 쓰다』, 『책 그리고 나의 이야기』 거기에 내 박사학위 논
문, 신문의 칼럼들까지. 칠십이 넘은 아이의 할머니는 그 모든
글들의 독자다. 며칠 전 내게 말했다. 이번에 쓴 책도 '이제 다
읽었다'라고.

내 동생, 나름 귀여웠다

그동안 한 번도 생각해 본 적이 없었는데 꿈에서 봤다. 출장을 마치고 몸도 마음도 편안히 잤다. 그야말로 푹 잤다. 꿈을 꿨고, 아이의 할머니와 십 년도 더 전에 돌아가신 아이의 증조할머니(나의 외할머니)가 함께 있었다. 그리고 그 곁에 두 사람과 꼭 닮은, 아니 똑같이 생긴 초등학생 정도 되는 아이가 있었다. 내 동생이었다. 꿈이었지만 동생이라는 아이가 정말 신기했다. 조금 토실토실하고, 조금 포동포동하게 생겼기에 "동생아, 음식을 조금 적게 먹어야 할 것 같아"라고 말했는데 곁에 있던 아이의 할아버지는 동생한테 그런 말을 하면 안 된다며 나를 엄청 꾸짖었다. 비록 꿈이었지만 잠시 동생과 함께 했다. 아침에 일어나 꿈속에서 동생에게 왜 그렇게밖에 말하지 못했을까 아쉬웠다. 다시 못 만날 동생인데 조금 더 따뜻하게 말했으면 좋았을 텐데. 조금 더 재미있게 놀았으면 어땠을까 생각했다. 내게는 누나가 둘, 형이 하나 있다. 그렇게 막내로 자랐다. 마흔세 살의 나는 동생이 생길 일이 없겠지만 어쩌면 여덟 살의 아이는 동생이 생길 일도 있겠다. 내 동생, 나름 귀여웠다.

오늘도 출장 중이니…

출장을 마치고 숙소로 돌아오면 아내와 아이와 영상통화를 한다. 대부분 "오늘 하루도 잘 지냈지?"라는 물음에 "오늘 하루도 잘 지냈어!"라는 답이다. 거기에 "이제 며칠 있으면 돌아가"라고 더하면 "그럼 며칠 있다가 봐"라고 받는 정도다. 그렇게 짧은 통화를 마치고 편안한 마음으로 책을 읽고 있는데 아내가 보낸 몇 통의 문자가 잇달아 들어온다. '아이 사진을 보냈구나'라고 생각하고 문자를 확인한다. 아이의 모습은 보이지 않고 침대 위에 흰색 모래알갱이 같은 것들만 잔뜩 있다. 확대해서 자세히 보니 유리조각이다. 함께 보낸 영상까지 찬찬히 살펴본다. 그제야 전체적인 상황이 이해된다. 큰 방 천장의 전등 덮개가 산산조각 나, 그 조각들이 침대 위에 와르르 쏟아진 것이다. 얼굴도 본 적 없는 임대인에게 출장지 호텔방에서 처음으로 전화한다. 상황을 설명하고 사진과 영상을 보낸다. '보시고 전화 부탁드립니다. 아내와 아이가 많이 놀랐나 봅니다'라는 문자에 명함 한 장을 더해. 임대인은 "서둘러 수리하자"고 한다. 주말에나 가능하겠다. 오늘도 출장 중이니…

신나는 여름방학

아이는 몇 주 전부터 물었다. 아니 정확히는 지난달부터 얘기했다. "아빠, 친구들이 그러는데 여름방학에는 학교를 나오지 않는데. 그게 진짜야?"라고. 처음에는 그것 참 순진한 질문이라 생각했다. 방학에는 당연히 학교를 가지 않으니. 왜 그런지 모르겠지만 내가 어릴 적에도 '여름방학' 앞에는 대부분의 경우 '신나는'이라는 수식어가 함께 했다. 그렇게 '신나는 여름방학'을 처음으로 맞이하게 될 아이에게 "아들, 올해 3월부터 지금까지 초등학생이 돼서 학교를 열심히 다녔잖아. 그래서 잠시 쉬는 거야. 그렇게 한 달 정도 몸도 마음도 즐겁고 재밌게 쉬면서 다시 또 학교 다닐 준비를 하는 거야"라고 답했다. 내가 생각해도 너무 평범한 답이었지만 달리 생각나는 말은 없었다. 이제 며칠 후면 아이의 여름방학이 시작된다. 무엇을 할까? 무엇을 하면 아이가 좋아할까? 아이에게도 이것저것 물어보지만 아이도 딱히 생각해둔 것은 없다. 짧다면 짧고 길다면 긴, 한 달 동안의 첫 여름방학. 진짜 '신나는 여름방학'이 됐으면 좋겠다. 답은 없지만 길은 찾아야 한다.

너무 간절했나?
아니면 너무 절실했나?

잠시, 생각했다. 너무 간절했나? 아니면 너무 절실했나? 다시, 생각했다. 꿈이긴 했지만 나름 괜찮았다고. 몇 가지 아이디어를 얻었으니. 작년부터 지금까지 하고 있는 일, 어제도, 그제도 반복적으로 익숙하게 주어진 일들을 마무리하고 숙소로 돌아와 잠자리에 들었다. 여느 때와 다를 것은 없었다. 그러다 꿈을 꿨고 내가 하고 있는 일을 상대방의 입장에서 경험하게 됐다. 등장인물의 조합은 이상했지만 이해됐고, 내가 처한 상황은 어색했지만 그 또한 이해됐다. 그렇게 복합적인 감정을 느끼며 최선을 다해 다수의 사람들에게 내 의견을 얘기했다. 끝난 것처럼 보이던 일들은 조금의 시간이 지난 후 다시 반복됐고, 진짜 끝난 것 같던 일들은 다시 또 계속됐다. 꿈속에서도 그들이 일을 처리하는 과정과 그 결과에서 몇 가지는 참고할 수 있겠다고 생각했다. 적당한 비교는 아니겠지만 뱀이 똬리를 틀고 있는 꿈에서 DNA의 이중나선 구조 아이디어를 얻었다는 생물학자들이 떠올랐다. 그러다 문득, 아내와 아이를 떠나 이건 또 무슨 청승인가 싶었고 다시, 출장지로 떠날 준비를 했다.

사슴벌레 한 마리

계속되는 폭염에, 끝없는 코로나19 확산에 어쩌면 조금 따분하고 또 어쩌면 조금 여유로운 일요일이었다. 잘 자고, 잘 먹고, 잘 쉬고 있다가 아이에게 "아들, 도서관 가서 책 반납하고 다시 책 빌려올까?"라고 물으니 아이는 예상했던 것처럼 "그래, 좋아"라고 짧게 답했다. 아내는 오랜만에(?) 외출이라며 더 오랜만에(?) 화장도 했다. 도서관은 사람들로 가득했기에 서둘러 책을 반납하고 대출했다. 책을 잔뜩 챙겨 집으로 돌아오려는데 아내가 "가까운 곳에 바람 쐬러 갈까?"라고 말했다. 대전의 동학사와 대청댐, 공주의 마곡사와 공산성, 그리고 옥천의 용암사가 좋겠다고 생각했다. 잠시 고민 끝에 용암사로 결정했고 그곳에서 아내는 용왕님과 부처님께 정성스레 인사했다. 아이와 절 주변을 어슬렁거리고 있는데 아이가 말했다. "아빠! 여기 사슴벌레가 있어!!" 설마 했는데 진짜였다. 작년부터 꼭 한 마리 잡고 싶었는데 이제야 잡았다. 아이는 "아빠, 자세히 보니 사슴벌레가 뒷다리를 다쳤어"라고 말했고 "그러니 우리가 이 녀석을 구해줘야겠어"라고 더했다. 사슴벌레 한 마리, 그렇게 가족이 됐다.

그림일기: 논산

아이와 아내는 아침 일찍 집을 나섰다. 조금 더 정확히는 후다닥. 아이가 주중에 등교도 같이 하고 놀이도 함께 하는 같은 반 친구와 주말 아침부터 함께 놀기로 약속했기 때문이었다. 그것도 친구의 외갓집이 있는 논산에서. 아내는 웃으며 "출장 다녀오느라 고생했으니 내가 선물 주는 거야"라고 말했고 나는 "고마워. 집에서 그동안 못 읽은 신문도 보고 시간 남으면 도서관 다녀올 거야"라고 답했다. 그렇게 선풍기 바람을 쐬며 점심도 거르며 지난 신문을 반복해서 읽었고 일주일 동안의 세상 소식을 늦게나마 접했다. 날은 더웠지만 계획대로 도서관으로 향했고 다시 구독하지 않는 다른 신문들을 순서대로 읽었다. 아내에게 문자가 왔고 아이가 나무그네를 타는 사진, 물놀이를 하는 사진, 곤충을 채집하는 사진도 확인할 수 있었다. 집에서 다시 만난 아이는 "아빠, 오늘 재밌었어!"라고 말했고, 잠자기 전에는 '논산'이라는 제목으로 'OO이와논산에가서 그네도 타고 곤충, 올챙이, 개구리 중 곤충과 올챙이를 가져왔다. 아무튼재미있다(아이의 글을 그대로 옮김)'라는 그림일기도 썼다.

그림일기: 봐 줘!

아내가 "오늘은 아들 독서카드랑 그림일기 쓰는 것 봐 줘!"라고 말했다. 뭐 그 정도야 어려울 것 없는 일이니 "알았어!"라고 답했다. 아이에게 "엄마 얘기 들었지?"라고 말하고 "오늘은 아빠가 봐 줄 거니까 독서카드랑 그림일기 써 봐"라고 더했다. 아이도 익숙한 듯 이내 독서카드와 그림일기장을 가져왔다. 독서카드는 전에도 봤지만 그림일기장은 이번에 처음 봤다. 먼저 독서카드는 초등학교 1학년이 작성하기에 적당했다. 책의 제목과 지은이를 쓰고 자신이 느낀 점을 기록하면 끝이었다. 아이는 "오늘 읽은 책이 많은데… 뭘 써야 할까…"라고 하더니 혼자서도 잘 썼다. 다음은 그림일기였다. 아이는 "아빠, 오늘이 며칠이야?"라고 물었고 잠시 고민하더니 일기도 곧잘 썼다. '내가 할 게 거의 없는데'라고 생각하고 있는데 아내가 말했다. "봐 주라고 했더니 진짜 보고만 있으면 어떡해! 내용까지는 아니더라도 띄어쓰기나 글자 자체를 잘못 쓴 거는 말해 줘야지!" 나는 여덟 살 아이가 꼬박꼬박 일기를 쓴다는 사실만으로도 충분하다 생각했고 그래서 진짜 보고만 있었다. '봐 줘!'라는 말뜻을 뒤늦게 알았다.

서비스 로봇 만들기

아이가 말했다. "아빠, 집에 재활용품 있어?" 나는 답했다. "아니, 어제 재활용 쓰레기 버릴 때 종이박스 같은 것들도 다 내놓았어." 아이가 다시 물었다. "그럼… 로봇을 만들어야하는데 뭘로 만들지? 재활용품이 있으면 지난번에 만들었던 것처럼 만들려고 했는데… 아빠가 재활용품 좀 구해줄 수 있지?" 나는 다시 답했다. "그럼, 구할 수 있지. 그런데 정확히 어떤 로봇을 만들지 알아야 재료를 구할 수 있으니, 먼저 어떤 로봇을 만들고 싶은지 설계도를 그려야 하지 않을까? 그럼, 그걸 보고 집 안에서 활용할 수 있는 물품들을 모아보면 될 것 같아." 아이는 잠시 생각하더니 "응, 맞는 말이야. 아빠, 나는 서비스 로봇을 만들 거야. 왜냐하면 그거 만들어두면 내가 하기 귀찮거나 싫은 일들을 대신 시킬 수 있을 것 같아서"라고 더했다. 아이가 말하는 '귀찮거나 싫은 일'이 무엇일까 궁금해 "그런데 서비스 로봇한테 뭘 시키고 싶은데?"라고 물으니 아이는 "응, 더울 때 부채질도 시키고 쓰레기도 대신 버리게 하고… 시킬 건 많아"라고 답했다. 생각해보니 나도 그런 로봇 하나 있었으면 좋겠다. 이것저것 막 시키게. 흐흐.

도서관, 또 도서관,
다시 도서관이라니

수요일부터 시작된 아이의 첫 여름방학. 앞으로 한 달 동안 무엇을 해야 할까 망설였지만 딱히 떠오르는 것은 없었다. 일단 이번 한 주를 잘 보내야겠다는 생각에, 그러면 남은 날들도 잘 보낼 수 있을 것이라는 막연한 기대에, 아이의 방학에 맞춰 '수·목·금' 3일 동안 휴가를 냈다. '무엇이라도 함께 할 수 있지 않을까'라는 막연한 생각으로. 방학 기분을 내려면 집보다는 밖으로, 무엇보다 시골로 가야 할 것 같아 아이의 할아버지, 할머니, 작은고모가 있는 경북 영주로 향했다. 아내와 내 짐은 간단하게, 아이에게 필요한 것들은 가능하면 많이 챙겨서. 장난감, 물총, 수영복, 그림일기, 동화책, 영양제 등등. 그렇게 시작된 3박 4일은 코로나19의 확산과 계속되는 폭염으로 할 수 있는 일들이 많지 않았지만 나름 재밌었다. 그 중에 아이가 제일 좋아했던 것은 '영주선비도서관' 방문이었다. 하루 한 번, 아니 오전에도, 오후에도 한 번씩, 새롭게 지은 깔끔한 도서관에서 아이는 원하는 만큼 책을 읽었고 나는 신문도, 잡지도 마음껏 읽었다. 도서관, 또 도서관, 다시 도서관이라니, 진짜 휴가 같았다.

'디기 덥다.
디기 더워. 알았어'라는 말

내가 할 수 있는 일, 아니 하고 있는 일은 그렇게 많지 않다. 그저 하루에 한 번, 아니 며칠에 한 번, 아니 어떨 때는 오랜만에 한 번 전화를 한다. 아이의 할아버지와 할머니에게, 그리고 외할아버지와 외할머니에게. 딱 그 정도 하고 있다. 그밖에 이런저런 것들도 했겠지만, 아니 또 하고 있겠지만, 가만히 생각해보니 그렇다. 오전에 전화를 하는 경우도, 오후에 전화를 하는 경우도 통화 내용은 대부분 비슷하다. 비가 오면 비가 온다고, 눈이 오면 눈이 온다고, 바람이 불면 바람이 분다고, 출장을 가면 출장을 간다고, 출장을 안 가면 출장을 안 간다고, 그런 소소한 얘기를 잠시 나누고 아이의 일상으로 마무리한다. '건강 잘 챙기세요'라는 말과 함께. 그렇게 오늘도 고만고만한 대화를 주고받는데 아이 할아버지의 "디기 덥다. 디기 더워. 알았어"라는 짧은 말이 오래 남는다. 시원한 에어컨 바람 아래 창밖을 바라보며, 바람 한 점 없는 폭염에 바깥일을 하고 있는 아이의 할아버지에게 그 말들을 전해 들으니 어째 조금 서글프기도 하다. 돌아보면, 각자 주어진 삶에 최선을 다하고 있을 뿐인데…

매미야,
더 신나게 맘껏 울어라!

'오늘은 또 얼마나 더울까'라고 생각하며 창밖을 슬쩍 보니 커다란 매미 한 마리가 방충망 바깥쪽에 찰싹 붙어 있다. 순간 '이 녀석은 어쩌다 아파트 15층까지 날아와서 여기에 붙어 있게 된 걸까'라는 호기심이 생긴다. 여름을 대표하는 곤충이라는 매미. 아이의 책에서 보니 매미는 '알-유충-우화-성충'의 각 단계를 거쳐 진짜 매미가 되기까지의 시간(5~7년이라는 책도 있고 17년이라는 책도 있는데 아마도 매미의 종류에 따라 차이가 나는 것이라 생각한다)은 길고 상대적으로 성충이 되어 살 수 있는 시간(일주일이라는 책도 있고 한 달이라는 책도 있고 여름 한 철이라는 책도 있는데 이 또한 매미의 종류에 따른 차이라 생각한다)은 짧다. 물론 하루살이라는 이름을 가진 녀석과 비교하면 그래도 여름 한 철은 살 수 있으니 그 또한 짧지 않은 시간이긴 하지만. 그렇게 생각하며 가만히 지켜보는데 매미가 '맴맴맴맴, 맴맴맴맴' 울기 시작한다. 수컷이다. 매미에게 말해본다. 매미야, 이왕 울 거면 더 신나게 맘껏 울어라! 이 세상에서 하고 싶은 일, 다 하고 가거라! 더 신나게 맴맴맴맴 ~~ 더 즐겁게 맴맴맴맴~~

초등학생의 별명짓기

    왜 그런 얘기가 나왔는지 정확히 기억나지 않지만 또 생각해보니 이런 얘기는 별다른 이유 없이 오가기도 했다. 아이에게 "아들, 전에 말했던 친구 중에 '육OO' 있잖아. 그 친구가 정확히 성이 뭐야? '육'이야? 아니면 '유'야?"라고 물으니 아이는 "응, 그 친구는 '유OO'이야"라고 답했다. 옆에서 듣고 있던 아내가 "아들, 아빠가 친구의 정확한 이름을 물어보는 건데 그 친구 성은 '유'가 아니라 '육'이야, '육'"이라 거들었다. 아이는 "맞다. 내 친구 이름이 '육OO'이었지… 그런데 아빠, 내 친구 별명이 뭔지 알아?"라고 물었다. 잠시 생각하고 있는데 아이는 "육개장이야. 육개장"이라 말했고 "그리고 '김OO' 있지. 그 친구는 별명이 뭔지 알아? '김을 먹는 OO'이야"라고 더했다. 아내는 "아들, 혹시 친구가 싫어할 수도 있으니까 별명을 부를 때는 조심해야 돼. 알겠지"라고 말했고 "그런데, 엄마 별명은 뭐였는지 알아? '안성탕면'이었어. 왜냐하면 엄마 이름이 '안'으로 시작하니까"라고 보탰다. 생각해보니 초등학생 별명들은 주로 그랬다. '강'씨면 강아지, '공'씨면 공사장, '석'씨면 석탄, '송'씨면 송아지…

8월의 아빠

처음이

많은 아이

영주에서 있었던 이런저런 일들

생각해보니 많은 일들이 있었다. 그것을 뭉뚱그려 '영주에서 있었던 이런저런 일들'이라 하고 머릿속에 떠오르는 대로 옮겨 보겠다. 먼저 작은고모는 아이를 위해 많은 것들을 준비했다. 그랬기에 아이는 돌아오는 차에서 "아빠, 영주에서 노는 게 재밌었어!"라고 말했다. 무엇이라 부르는지 잘 모르겠지만 아이는 그림을 그리기도, 또 그것을 구경하기도 했다. 다음으로 불꽃놀이를 했다. 뻥뻥 소리 나는 것들은 아니었지만 작은 불꽃이 뿜어져 나오는 폭죽은 아담한 시골 마당과 제법 잘 어울렸다. 첫째 날은 작은고모가, 둘째 날은 할머니가 함께 했다. 돌아오는 날 아침에 했던 물총놀이도 재밌었다. 대전에서 가져간 두 개의 물총으로 짧은 시간이었지만 강렬하게 놀았다. 화려한 나비도 한 마리 잡았고 작은 잠자리도 한 마리 잡았다. 나비는 내가, 잠자리는 할머니가. 중간에 원주에 사는 아이의 큰고모도 잠시 다녀갔고 늦은 점심을 텅 빈 식당에서 여유롭게 먹었다. 그리고 커다란 수박 한 통을 먹었다. 첫째 날부터 마지막 날까지 배가 볼록하도록. 3박 4일, 돌아보니 이래저래 많은 일들이 있었다.

쿨피스, 새우깡, 내 꺼

'잘 하겠지… 같이 갈 걸 그랬나… 이번에 잘 하면 다음엔 문제없을 텐데… 전화기를 줄 걸 그랬나… 명함은 넣어 뒀으니' 라는 생각들이 스쳤다. 저녁밥을 먹고 입이 심심하던 차에 아내가 "아이스크림 사 먹을까?"라고 물었고 나는 "응, 내가 갈까?"라고 답했다. 그랬더니 조용히 책을 읽고 있던 아이가 느닷없이 "내가 갔다 올까?"라고 말했다. 조금 생뚱맞았지만 아이가 스스로 하겠다니 아내는 "그래, 그럼 아들이 다녀와. 아빠는 쿨피스, 엄마는 새우깡, 그리고 네가 좋아하는 과자 하나 사 오면 돼"라고 말했다. 아이는 신이 난 듯 스케치북에 '쿨피스, 새우깡, 내 꺼'라고 썼고 아내는 물건을 담을 봉지 하나와 만 원을 넣은 작은 지갑을 아이에게 건네며 "잘 다녀와. 못 찾는 거 있으면 마트 사장님께 물어보고. 힘들면 돌아와도 돼"라고 더했다. 아이가 처음으로 혼자 집을 나선 날, 걱정과 기대가 교차했다. 오래지 않아 "엄마! 잘 다녀왔어!!"라고 말하며 쿨피스, 새우깡, 오징어집(과자), 영수증, 거스름돈까지 잘 챙겨 돌아온 아이. 씩씩한 그 표정이, 또렷한 그 눈빛이, 뿌듯했다. 아들! 많이 컸다!! 많이 컸어!!

샌드위치를 먹는다는 것

아이와 몇 권의 책을 읽었다. 그렇게 또 하루가 갔다. 곤히 잠든 아이를 보며 지난 출장 중에 있었던 일이 생각났다. 경남 양산, 그곳은 폭우주의보가 내렸고 딱 그만큼 습했다. 그리고 비가 그치면 언제 그랬냐는 듯 무더웠다. 지금까지 전국 곳곳으로 출장을 다녔지만 '양산'이라는 곳은 처음이었다. 그 생소하고 그 낯설었던 느낌만큼이나 습하고 무더운 날씨는 적응되지 않았다. 출장 첫날부터 뭔가 모르게 이상했다. 사람이 아닌 장소가 주는 알 수 없는 묘한 느낌. 지금까지 많은 출장을 다녔지만 '이번 출장은 간단치 않겠는데'라는 생각이 머리를 스쳤다. 이래저래 바쁜 하루 일과를 마치고 숙소로 돌아왔고 '이번 출장을 무사히 마무리하기 위해서 뭐라도 방법을 찾아야겠다'라고 생각했다. 다음날 아침, 숙소에서 제공하는 식빵과 방울토마토, 거기에 바로 곁에서 요리한 계란 프라이를 먹었다. 그게 참 맛있었고, 그게 참 좋았다. 그러다 문득 떠올랐다. '샌드위치를 먹는다는 것, 그래도 하루는 잘 갔다는 말.'

2020 도쿄올림픽

코로나19로 세상이 어수선하니 '이번 올림픽은 그다지 볼 일이 없겠다'라고 생각했다. 그런데 막상 올림픽이 시작되니 자연스레 올림픽만 보고 있다. 아이가 좋아하는 <2TV 생생정보>가 하는 시간에 어김없이 올림픽 경기만 중계하고 있으니. 올림픽 개최지가 일본이라 다른 올림픽과는 다르게 시차도 없다. 그러니 올림픽 경기를 보기에 딱 좋은 조건이기도 하다. 아이는 "아빠, 올림픽이 빨리 끝났으면 좋겠다. 생생정보 보게"라고 하면서도 "아빠, 그래도 우리나라 선수들이 이겼으면 좋겠다"라고 더한다. 나도 딱 그 마음이다. 내가 그동안 만난 적도 없고 앞으로 만날 일도 없는 선수들이지만 그래도 '대한민국'이라는 나라에 함께 살고 있는 사람들이니 노력한 만큼 잘 하길, 그래서 그 결과도 좋았으면 좋겠다. 한 가지 더 바람이 있다면 모든 선수들이 다 잘 하면 좋겠지만 올림픽에서라도 그동안 국민들의 관심에서 조금 멀리 있었던 종목의 선수들이 더 높은 무대에서 더 많은 축하의 박수를 받았으면 좋겠다. 그런 날도 있어야지, 그래야 묵묵히 땀 흘리며 운동한 보람이라도 있지. 화이팅이다!

거실에서 잔다

　　이리저리 뒤척이길 몇 번, 어떻게 해야 할까 잠시 고민하다 방을 나왔다. 땀이 송골송골 맺히고 머리카락이 촉촉하게 젖은 아이와 이제 겨우 잠이 들려고 하는 아내와 함께. 그날 이후, 거실에서 잔다. 그렇게 며칠을 보내니 더위를 지나치게 많이 타는 나와 아이도 불볕더위에 나름 견딜만하다. 거실에서 에어컨을 빵빵 틀어놓고 나란히 누우면 된다. 아이는 "아빠, 시원해서 좋아"라고 말하며 거실 한편에 자리를 잡는다. 엄마와 아빠와 나란히 누우니 기분도 좋다. 아이의 그 모습이 만족스럽지만 세상일이 그렇듯 조금 아쉬운 부분도 있다. 시원한 것까지는 더없이 좋은데 아이가 잠든 이후에 할 수 있는 일들이 아무것도 없다. 텔레비전은 거실에만 하나 있으니 볼 수도 없고, 큰 방이나 작은 방에서 책을 읽거나 노트북으로 영화를 보자니 너무 덥다. 그렇게 생각하니 아무래도 이 더위가 지나갈 때까지는 초저녁부터 잠만 자야 할 것 같다. 아이가 9시 근처에 잠을 자니 강제로라도 잠은 충분히(?) 자게 된다. 이 더위가 얼른 물러가야 다시 책도 읽고 글도 쓰고 아내와 영화도 볼 텐데… 진짜 덥다! 진짜 더워!!

어김없이 나타나는 영웅:
김연경 선수

2020 도쿄 올림픽 축구는 멕시코와 8강전이, 야구는 미국과 B조 조별리그 2차전이, 배구는 일본과 A조 조별리그 4차전이 열렸다. 같은 날 비슷비슷한 시간에. MBC, KBS, SBS에서는 야구와 축구만 보여줬다. 나는 축구, 야구, 배구 순으로, 아내는 축구만 좋아하지만, 이번에는 왠지 배구를 보고 싶었다. 이리저리 확인하니 다행히 배구도 KBS N에서 볼 수 있었다. 아내에게는 "축구가 시작되기 전까지는 배구를 보자"라고, 아이에게는 "오늘 저녁은 혼자서 잠시 놀고 경기 끝나면 같이 책 읽자"라고 말했다. 그렇게 '축구가 시작되기 전'까지만 보기로 했던 배구를, 중간중간 잠시 축구를 보기는 했지만, 끝까지 잘 봤다. 일본과 접전 끝에 5세트에서의 역전승은 짜릿했다. 경기장에는 이소영, 박정아, 염혜선, 오지영, 김희진, 양효진, 김수지 선수도 있었지만 위기 때면 모두가 어김없이 김연경 선수를 찾았다. 그때마다 김연경 선수의 최선을 다하는 모습이 대견하기도, 안타깝기도 했다. 힘들고 지쳐도 어김없이 나타나는 영웅이어야 하니까. 김연경 선수!! 진짜 진짜 화이팅이다!!

아들의 여덟 살 생일

아내의 말처럼 우리 가족의 가장 큰 행사는 설날도, 추석날도, 어린이날도, 크리스마스도 아닌 아들의 생일이다. 그렇다고 아주 거하게 무엇을 준비하는 것은 아니다. 그저 엄마와 아빠라는 이름으로 할 수 있는 것들에 최선을 다해볼 뿐이다. 먼저 정확한 유래는 알지 못하지만, 새벽에 삼신상을 준비해 곤히 잠든 아이의 발을 잡고 무병장수를 기원하는 것으로 이른 하루를 시작한다. 미신이라 말해도 할 말은 없지만 일 년에 딱 하루는 새벽에 아이를 위해 부모의 마음을 다해보는 것도 나쁘지 않다고 답할 수는 있겠다. 이후 잠시 잠깐 잠을 자고 아침에 다시 일어나 아이에게 준비해 둔 선물을 건넨다. 아침, 점심, 저녁밥도 가능하면 아이가 좋아하는 것들로 함께 하고 생일이니 케이크도 빠질 수 없다. 그밖에 이런저런 것들로 하루를 채운다. 처음에는 내 기준에 조금 과한 것은 아닐까 생각했지만, 다시 생각해보니 지금까지 살아오며 내가 오롯이 100% 주인공인 날들은 그렇게 많지 않았다. 그러니 일 년에 하루는 아이가 진짜 주인공인 날도 괜찮겠다. 아들아, 여덟 살 생일 축하한다!

유모차는 돌고 돈다

　　지난번 영주집에 갔을 때, 아이의 할머니가 "혹시 유모차 쓰지 않으면 다음에 내려올 때 가져오면 좋겠다"라고 말했다. 그때 거실에서 책을 읽고 있었기에 잘못 들었다고 생각했다. 칠십이 넘은 할머니에게 유모차라니, 아마도 다른 것을 얘기하려다 말이 엉뚱하게 나온 것이라 추측했다. 나는 "엄마, 유모차? 아이가 어릴 때 타던 그 유모차를 얘기하는 거야?"라고 물었고, 아이의 할머니는 "그래, 창고에 보관 중인 큰 유모차는 불편해서 안 되겠고, 전에 보니까 작은 유모차가 있던데 그거 안 쓰면 다음에 가져오면 좋겠어. 지난번에 허리를 다친 이후로는 아파서 오래 걸을 수가 없으니, 어디 갈 때 유모차라도 끌고 다니려고 그래"라고 답했다. 그제야 이해했다. 아이가 걷기 힘들 때 사용했던 것을, 이제는 아이의 할머니가 걷기 힘들어 사용하려는 것이었다. 그렇게 생각하니 유모차는 돌고 돈다. 아장아장 아들이 사용하던 것을, 느릿느릿 엄마가 사용하려 한다. 아이의 할머니에게 유모차를 건네며 이런저런 생각이 스친다. 시간이 이렇게 빠르구나… 이럴 땐 조금 느려도 되는데…

회사 다녀올게!
회사 다녀왔어!

　꼭 한 번 해보고 싶은 일이 있었다. 가끔 머릿속으로 상상만 해도 기분이 좋았다. 그래서 이번 출장에 행동으로 옮겨봤다. 이번이 아니면 여러 가지 이유로 앞으로는 기회가 주어지지 않을 것이라는 생각에. 몸은 조금 피곤하겠지만 마음은 많이 즐거울 것이라는 들뜬 기대로. 이번 출장지는 충북 제천, 그리고 아이의 할아버지·할머니가 살고 계신 곳은 경북 영주. 그동안 많이 다녔던 길이라 익숙했지만 시간을 계산해보니 1시간 거리였다. 그래서 보름의 출장 기간 중 첫 주는 영주에서 출퇴근하기로 동료들에게 양해를 구했다. 대부분의 경우 출장지에서 함께 움직였기 때문이었다. 그렇게 제천에서 영주로 출퇴근했다. 아이의 할머니에게 영주에 도착해서는 "회사 다녀왔어!"라고, 제천으로 출발할 때면 "회사 다녀올게!"라고 말했다. 고등학교 이후 영주를 떠나 살았으니 아이의 할머니·할아버지에게 이 말을 꼭 한 번 해보고 싶었다. 영주에서 대전에 있는 아내와 아이와 영상통화를 할 때면 아이는 말했다. "아빠 출장 갔는데… 그런데… 할아버지 집에 있지?" 아들아, 이런 날도 있어야지…

서울을 다녀왔다.
마스크를 꽁꽁 쓰고

이런저런 고민을 꽤나 오래 했다. 6월에 결정된 7월의 행사에 '그래도 가지 말아야지'라고 했다가 '그래도 가야지'라고 했다가 마음이 이리저리 휘청거렸다. 아내에게는 "서울이 코로나19 감염자 증가로 매일 방송에 나오니, 우리 둘만이라면 가겠지만 아이를 생각해서 이번에는 가지 말자"라고 말했다. 솔직히 아쉽기는 했지만… 교보문고 광화문점이 초록우산 어린이재단과 '희망을 잇는 세상 아동학대예방 캠페인, 아이들의 신호에 응답하라'라는 행사를 7월 한 달 동안 진행했고 영광스럽게도(?) 내 책이 그곳에 전시됐다. 그러니 서점에 가서 기념사진이라도 한 장 찍고 싶었지만 '코로나19'로 아쉬운 마음을 달래야만 했다. 그러다 '끝끝내, 다시는 이런 기회가 오지 않을지도 모른다는 생각'에 휴가를 이용해 서울을 다녀왔다. 마스크를 꽁꽁 쓰고. '역시 와 보길 잘했네'라는 아내의 말에 200% 동의했고 책 앞에서 사진도 실컷 찍었다. 아이도 기쁜 마음으로 몇 권의 책을 골라 서점을 나섰다. 무더위로 몸은 힘들었지만 마음만은 즐거운 하루였다. 이 말이 적당할지 모르겠지만, 한껏 홀가분했다.

선임병으로 첫 근무를 나갔던 날

문득 생각났다. 아무런 이유 없이. 20년도 더 지난, 군대에서 선임병으로 첫 근무를 나갔던 날이. 입대를 하고 평범한 일상이 쌓여가던 어느 날이었다. 여느 때처럼 야간근무 편성표를 확인하는데 내가 선임병이었다. 지금 생각해보면 어떻게, 왜, 그렇게 되었을까 싶을 만큼 나와, 그리고 함께 근무를 나가게 될 후임병과의 조합은 황당했다. 이유야 어쨌든 행정반에서 그렇게 편성했으니 나름 바짝 긴장을 하며 암구호를 외웠고 같이 근무를 나가게 될 후임병에게도 몇 가지 주의사항과 또 몇 가지 당부사항을 얘기했다. 군생활을 몇 달이라도 더 한 선임병의 입장에서. 후임병은 아직 군기가 바짝 들었을 때였고 나 또한 다를 바 없었지만 그래도 선임병으로서(?) 책임을 다해 무사히 야간근무(정확히는 새벽에 부대 근처 초소에서 경계근무)를 마쳤다. 처음에는 조금 얼떨떨하니 긴장도 많이 했지만 막상 해보니 별것 아니었다. 아이도 그렇겠다. 내년에 2학년이 되면 1학년 동생들이, 그러다 중학생이 되면 초등학생 동생들이 생기겠다. 앞으로 그렇게 성장하겠다. 시간은 그렇게 흘러가겠다.

다시 발길질 한 번,
다시 뒹굴뒹굴 한 번

　　푹푹 찌는 여름이라 온 가족이 거실에 나란히 함께 자니 뜻하지 않게 좋은 것 하나가 있다. 그것은 아이와 아내의 자는 모습을 매일 생생하게 볼 수 있다는 사실. 둘 다, 나름 귀엽고 가끔 재밌다. 특히, 서늘한 에어컨 바람이 신경 쓰여 아이에게 매번 얇은 이불을 덮어 주지만 그럴 때면 얼마 지나지 않아 시작되는 아이의 발길질. 몸에 무엇인가 닿는 느낌이 익숙하지 않은지 그렇지 않으면 그것조차 덥다고 느끼는지, 아이는 번번이 이불을 걷어 내려고 이리저리 몸을 뒤척이며 뒹굴뒹굴한다. 그 모습을 보고 있으면 혹시나 찬 바람에 배탈이라도 날까 싶어 다시 한 번 이불을 덮어 주고 싶은 마음도, 그러다 엉뚱하게 뽀얀 발바닥을 몰래 간질이고 싶은 개구진 마음도 생긴다. 아이 얼굴을 가만히 보니 두 손은 가지런히 쌓아 머리맡에 베개처럼 두고, 입은 닫은 듯 열은 듯 오묘하게 벌리고, 또 입술은 매력적으로 도톰하고, 감고 있는 두 눈의 눈꺼풀은 화장한 듯 하얗다. 오늘은 어떤 꿈을 꾸려나 궁금하던 그때, 다시 발길질 한 번, 다시 뒹굴뒹굴 한 번이다. 아들아, 아무쪼록 푹 자면 좋겠다.

선물 같은 말

공주에 있는 갑사를 다녀왔다. 아이에게 "아들, 지난번에 사슴벌레 발견했던 곳 있지. 오늘 거기 갈까?"라고 말하니 곤충을 좋아하는 아이는 "응, 거기 좋아"라고 답하고 이것저것 준비물을 챙겼다. 40분 정도 차를 타 갑사에 도착했고 이리저리 살피며 숲길을 걸었다. 지난번처럼 사슴벌레를 발견하고 싶은 간절한 마음으로. 하지만 이번에는 죽은 사슴벌레만 열 마리 정도 찾았다. 아쉽고 안타까운 마음으로 숲길을 내려오는데 "엄마, 배고파"라고 아이가 말했다. 숲길 입구에 있는 분위기 좋은 식당에서 먹음직스러운 모둠전을 시켰다. 밤막걸리 한 병까지. 싱글벙글 기분 좋은 얼굴로 손님을 맞이하던 사장님은 모둠전을 건네며 "맛있게 드세요"라고 말했다. 아내는 "네, 고맙습니다. 잘 먹겠습니다"라고 답했고 곁에 있는 아이에게 "아들, 말은 선물이 될 수도, 무기가 될 수도 있는 거야. 그러니 그 상황에 맞는 말을 하면 되는 거야. 엄마는 아들이 선물 같은 말을 많이 했으면 좋겠어"라고 더했다. 아이는 "응, 엄마"라고 답하고 모둠전을 맛있게 먹었다. '선물 같은 말'이라는 표현이 오래 머물렀다.

토요일 아침,
많은 일을 했다

　　2주 동안의 출장을 마무리하고 집으로 돌아오면 대개는 비슷비슷한 토요일 아침을 맞이한다. 금요일 저녁, 아니 늦은 밤에는 아내와 아이와 이런저런 못다 한 얘기를 하고 다른 모든 것들은 미뤄둔다. 그저, 그냥 푹 잔다. 토요일 아침, 기분 좋게 일어나면 그때부터 잡다한(?) 일들을 시작한다. 먼저 쓰레기를 정리한다. 신문을 모으고 플라스틱과 비닐은 구분한다. 아파트 분리수거장까지 두 번 정도 오가면 나름 산책 기분도 난다. 물론 요즘 같은 무더위에는 땀이 조금 날 수도 있지만. 그다음에는 아이가 키우며 돌보는 곤충인 사슴벌레 세 마리와 장수풍뎅이 두 마리를 살핀다. 먹이가 부족하지는 않은지 발효톱밥을 갈아 줘야 하지는 않는지 등등. 그리고 도서관에 반납할 책을 정리한다. 아이에게 "아들, 조금 있다 도서관 갈 거니까 다 읽은 책 모아 둬"라고 말하면 내 책 위에 아이 책도 차곡차곡 쌓인다. 이번에는 화장실 문의 손잡이도 수리한다. 그동안 불편을 참고 그럭저럭 지냈는데 생각난 김에 교체한다. 처음 해보는 일이라 끙끙대지만 마침내 성공한다. 토요일 아침, 많은 일을 했다.

처음이 많은 아이

아이는 방학이 끝나가고 나는 휴가가 시작되니 어디라도 가면 딱 좋겠지만 전 국민, 아니 전 세계가 알고 있는 것처럼 꼼짝 못하고 집에만 있어야 할 처지였다. 아이도 나도 책 읽는 것을 좋아하니 그 또한 나쁘지는 않았지만 그래도 하루 종일 집에만 있으려니 답답했다. 그러다 결국 '전주동물원'을 갔다. 대전에서 가깝기도 하고 무엇보다 야외에서 산책을 할 수 있으니. 아이는 즉석카메라로 동물들의 사진을 신나게 찍었다. 처음에는 생각보다 무더운 날씨에 아이가 지치면 어쩌나 걱정했는데 씩씩하게 잘 돌아다녔다. 이리저리 자세를 바꿔가며 "동물들이 더 가까이 와야 사진이 잘 나오는데 이번에는 멀어서 별로야"라고 말하기도 했다. 그렇게 동물구경 겸 산책을 마무리하고 놀이기구를 탔다. 아이는 지난번과 달리 "아빠, 우리 따로 타자"라고 말하며 청룡열차도, 비행기도 혼자서 탔다. 집으로 돌아오는 길, "엄마, 배고파"라고 하더니 치킨도, 콜라도 내가 본 이래 가장 많이 먹었다. 아이에게 "오늘은 혼자서 잘 하고 잘 먹네"라고 말하니 곁에 있던 아내가 말했다. "처음이 많은 아이야"라고.

동물도감 만들기

시계는 밤 12시를 향하고 있었지만 말을 걸기도 행동을 요구하기도 어려웠다. 그저 지켜볼 뿐이었다. 아이는 저녁 9시 이후부터 3시간 이상을 책상에 딱 붙어 앉아 자신만의 동물도감을 만들고 있었다. 낮에 동물원에서 즉석카메라로 촬영한 동물 사진들을 공책에 하나씩 붙이고 이름, 성별, 서식지, 소감을 채워나갔다. 처음에는 '저렇게 몇 개 만들다 내일 하겠지'라고 생각했지만 가만히 지켜보니 밤을 새워서라도 동물도감 한 권을 완성할 기세였다. 여덟 살 아이라고는 생각하지 못할 만큼 집중에 집중, 그러니 초집중 상태였다. 그 모습에 '내가 최근에 무엇인가에 저렇게 몰두한 적이 있었나'라는 생각까지 들었다. 아내가 "아들, 안 힘들어?"라고 살짝 물어보니 아이는 "중요한 과정을 거치느라 쫌 늦을 것 같아"라고 담담하게 답했다. 사진 한 장 붙이고 글을 쓰고 색칠을 했다. 그 과정을 무던히 반복했다. 아이는 자신의 동물도감 머리말에 '이 책은 엄마랑 동물원에 갔을 때 사람과 생물이 어울려 살아야 한다는 생각에 만들었습니다'라고 썼다. 어른이지만 아이에게 많은 것을 배운 하루였다.

세계기록에 도전할 거야!!

아이와 아내와 집 근처에 있는 운동장에 갔다. 요 며칠 아이가 킥보드 타는 것을 좋아하니 그 흐름을 이어가고 싶었다. 운동을 그다지 즐기지 않는 아이가 운동장에 가자니 들던 중 반가운 소리라 생각했다. 아이는 씽씽 킥보드를 타고 나는 아이의 호흡에 맞춰 조금 걷기도 조금 뛰기도 했다. 아내는 또 다른 킥보드를 타기도, 그러다 가끔 걷기도 했다. 어제까지 그렇게 시간을 잘 보냈는데 오늘은 (왜 그랬는지 모르겠지만) 아이에게는 "아빠는 달리기 세계기록에 도전할 거야!!"라고, 아내에게는 "육상 남자 400M 세계기록이 43초 03이라니 나는 1분 정도 걸리지 않을까?"라고 말했다. 별다른 계산도 않고 겁도 없이. 아내의 시작 소리에 최선을 다해 달리니 1분 45초 89였다. 세계기록 보유자가 한 바퀴를 다 도는 동안 절반도 채 달리지 못한 꼴이었다. 잠시 쉬었다가 한 번 더 죽을 힘을 다하니 1분 35초 92가 나왔다. 세계기록까지는 아니지만 오늘의 기록이었다. 무려 마스크도 썼고 운동화도 달랐고 손에는 스마트폰도 들었고 맞바람도 불었지만. 다음에 또 뛰어야겠다. 세계기록을 향해. 히히.

온 몸이 쑤셨다

아침에 몸을 일으키려니 이곳저곳 온몸이 쑤셨다. 팔, 다리, 허리, 어깨까지. 어젯밤에 아이와 아내와 영화 '라이언 킹'을 중간까지는 겨우겨우 봤는데 끝끝내 '먼저 자야겠어'라는 말을 할 수밖에 없었다. 어제는 꽤나 긴 하루였다. 아이의 방학도 나의 휴가도 끝나가니 그래도 여름 바다는 한번 봐야겠기에 서둘러 짐을 챙겨 '바다'를 떠올릴 때면 어김없이 생각나는 '만리포해수욕장'으로 향했다. 이번에는 코로나19 상황을 고려해서 숙박은 하지 않기로 했다. 그냥 바다에 도착해서 신나게 놀고 다시 집으로 돌아오기로 했다. 그 정도 계획이면 여유롭게 바다를 즐길 수 있을 것이라 생각했는데 만리포에 도착하니 모든 것이 달랐다. 언론 보도에서는 이미 전국 대부분의 해수욕장은 폐장이라는데 만리포는 해변에 파라솔들이 잔뜩 있었고 사람들도 제법 많았다. 사회적 거리를 유지하며 모래성도 쌓고 마스크를 쓰고 물놀이도 했다. 그렇게 몇 차례 반복했다. 모래놀이→물놀이→휴식. 다시 모래놀이→물놀이→휴식. 집으로 돌아오는 길, 아이는 얘기를 하다 곯아떨어졌고 그 모습에 나도 아내도 한참 웃었다.

넌센스 퀴즈

책을 읽고 있던 아이가 쪼르륵 달려왔다. 책 속에 모르는 단어가 있어서 그런가 짐작했는데 그건 아니었다. 아이는 "아빠, 내가 문제 낼 거니까 맞혀 봐. 진짜 쉬운 문제니까 금방 맞힐 수 있을 거야"라고 말했다. 나는 "응, 아빠가 순식간에 맞힐 수 있을 것 같아"라고 답했다. 아이에게 "문제를 내야지"라고 말하니 아이는 색종이 한 장을 건넸다. 그러더니 "아빠, 여기 문제가 있는데 이걸 맞히면 돼. 이거 진짜 쉬운 문제야. 알겠지"라고 보탰다. 아이가 건넨 색종이에는 '이 글에는 틀린 곳이 세 군데 있으니 바르게 고쳐시오. 고양이는 못생겼다'라고 쓰여 있었다. 두 문장이 엉뚱하긴 했지만 어쨌건 문제를 풀어야 하니 열심히 찾았다. '틀닌'과 '고쳐시오'가 잘못된 것은 한눈에 알아볼 수 있었는데 나머지 하나는 끝내 찾지 못했다. 이리저리 살펴봐도 더는 없었다. 아이에게 "아들, 아빠는 두 개 밖에 못 찾겠는데"라고 답하니 아이는 "아빠, 이건 진짜 쉬운 문제라고 했잖아. 아빠가 말한 것처럼 틀린 곳은 두 개야"라고 하더니 문제에서 '세 군데'를 '두 군데'로 고쳤다. 정말 넌센스 퀴즈였다.

여름방학이 끝났다

　　정말 큰일 날 뻔했다. 뒤늦게나마 알아서 다행이었다. 아내는 "우리 아들만 학교 안 가고 천연덕스럽게 집에 있을 뻔했어. 학교운영위원회 부위원장이라며 걱정 말라더니 정작 아이 개학일도 몰랐잖아"라고 웃으며 말했다. 생각해보니 그랬다. 분명 내가 기록해 둔 개학일은 수요일이었다. 저녁밥을 먹고 잘 쉬고 있는데 갑자기 아내가 "OO 엄마가 내일이 개학이라는데?"라고 말했다. 나는 "설마? 모레로 알고 있는데"라고 답하며 서둘러 아이의 학교 홈페이지를 확인했다. 이곳저곳 살펴보다 문득 생각났다. 지난 운영위원회에서 교무부장 선생님이 했던 말이. "대체공휴일법이 통과됨에 따라 학사일정 수업일수는 하루 감축되고 여름방학 개학일은 하루 당겼습니다." 그때 위원장의 개인 일정으로 내가 회의를 진행했고 이런저런 질문까지 했었다. 아내는 아이와 함께 개학일에 가져갈 여름방학 숙제를 차곡차곡 정리했다. 지정과제인 그림일기, 독서기록, EBS 시청소감에 개인과제인 동물도감, 종이접기까지. 아이는 즐거운 표정으로 마지막 그림일기를 썼고 다행히(?) 첫 여름방학은 잘 끝났다.

모기장

아침에 눈을 뜨니 아이의 배가 보였다. 모기장 안의 아이는, 이불은 발길질로 걷어 차버리고 배는 반쯤 내놓은 개구진 모습이었다. 더위를 많이 타는 아이를 위해 밤새 에어컨을 틀어놓고 잤으니 거실은 그렇게 덥지 않았다. 아니 오히려 서늘했다. 아직은 엄마, 아빠의 보살핌이 필요한 아이라 생각하며 모기장 안으로 살금살금 들어갔고 아이의 배를 살짝 덮어 줬다. 예전에 어른들이 "여름에 덥다고 배를 내놓으면 반드시 배탈이 난다"라고 했던 말이 기억났기 때문이었다. 모기장 밖으로 나올까 말까 고민하다 잠시 누웠다. 아이가 자고 있는 모습이 더없이 귀여웠기 때문에. 아이의 곁에 가만히 누워 있는데 아내가 따라 들어왔다. 그렇게 모기장 안에 순서대로 쪼르륵 누웠다. 물론 아이는 아빠와 엄마가 함께 있는지조차 몰랐겠지만. 무엇을 할까 망설일 틈도 없이 눈을 감고 편안히 잤고 다시 눈을 떴을 때는 10시가 지났다. 주말이라고 이렇게까지 늦잠을 자지는 않는데 이유야 어쨌든 '꿀잠'이었다. 모기장, 이제 슬슬 여름도 끝나 가니 조만간 정리가 필요하겠다 생각했다.

O북이

　가만히 생각해보니 그것참 잘 지었다 생각했다. 쉽고 간단해서 부르기에도 적당했다. 나름 센스도 있었다. 출장을 다녀와 아내와 이런저런 못다 한 얘기를 나누는데 느닷없이 아내가 말했다. "맞다. 그거 알아? 아들이 동생 태어나면 뭐라고 부를지 결정했어. 아주 멋진 이름이야!" 동생이 태어날 예정도 아니거니와 동생이 생긴 것도 아닌데 무슨 소린가 했지만 아이가 동생 이름을 뭐라고 지었는지는 궁금했다. 아이에게 "아들, 동생 있으면 좋지 않을까? 엄마나 아빠가 바쁠 때 동생이랑 같이 놀면 재밌고 좋잖아?"라고 물으면 "나는 동생이 없어도 괜찮은데. 동생이 없었으면 좋겠다"라고 말하던 아이였기 때문이었다. 아이에게 "아들, 동생 이름 지었다며? 뭐라고 지었는지 아빠에게 알려 줘야지!"라고 말하니 아이는 "응, 내가 책을 좋아하잖아. 그리고 책은 '북(book)'이잖아. 그래서 'O북'이라고 지었어!"라고 답했다. 동생 이름을 몇 번 따라 해보니 입에 착착 붙었다. 진짜 이름까지는 몰라도 태명 정도로는 충분히 훌륭했다. 아이가 동생 태명까지는 잘 지었는데… 둘째라… 둘째… 좀 더 고민이 필요했다.

무조건 몰라 하지 말고

비가 온다고
연습을 게을리할 수 있나!!

여름을 밀어내고 가을이 들어선다고 하루 종일 비가 왔다. 어제도, 오늘도. 일기 예보에 따르면 내일도 그럴 것이다. 그렇게 쏟아지는 비를 잠시 바라보고 있는데 아내의 문자가 왔다. '완전무장ㅋ 태릉어린이ㅋ'라는 글과 우비를 입고 인라인스케이트를 신은 아이의 사진이. 그 모습이 웃기기도 하고 또 조금은 걱정되기도 했다. '(아이) 얼굴이 오늘따라 토실토실해 보여ㅋ'라고 쓰니 잠시 후 아내의 답이 왔고 다시 'ㅋ그나저나 장마에 무슨 인라인을 탄다고ㅋ'라고 받았다. 그랬더니 아내가 다시 한 번 문자에 답을 보냈다. 아이가 '비가 온다고 연습을 게을리할 수 있나!!'라고 말하며 우비와 인라인스케이트를 챙겼다고. 문득 생각났다. 어릴 적 내 모습이. 아내에게 'ㅋ내가 어릴 때 비 오는 날에도 농구하던 일이 생각나ㅋ. 아이도 열심히 연습하니 곧 씽씽 달리겠어ㅋ'라고 답했다. 그렇게 아내와 몇 통의 문자를 주고받았다. 아이의 말이 흐뭇했다. 내가 살아보니 그랬다. 어떤 일이건 게을리하지 않으면 최고까지는 아니어도 일정 수준은 됐다. 그게 삶의 이치였다. 아들! 그 말은 너무 멋졌어!!

아이들에게 언제까지
'쉿'이라 말해야 할까?

이번 주 토요일 '휴먼북'이라는 도서관 행사에 참여할 예정이다. 도서관 덕후라는 임윤희가 쓴 『도서관 여행하는 법(도서출판 유유, 2020)』에서 '휴먼북(사람책)은 덴마크의 시민운동가인 로니가 2000년 청소년 축제의 일환으로 '사람책'과 대출자가 직접 만나 일정 시간 이야기를 나눔으로써 타인의 삶을 들여다보고 편견을 줄이며 고정관념을 해소해 보자는 취지에서 행사를 기획했다'라고 소개했다. 그러니 내가 도서관에 가만히(?) 있으면 대출자들이 찾아와 나를 살피고 필요하면 나를 대출하면 된다. 그런데 코로나19로 이번에는 ZOOM을 이용한 비대면 화상으로 진행된다. 내 소개자료를 만들고 거기에 전하고 싶은 말들도 이것저것 보탰다. 그렇게 한참을 준비하다 도서관에 대해서도 간단한 자료를 정리하고 내 의견도 몇 가지 추가했다. 그중 하나가 '도서관에서 아이들에게 언제까지 '쉿'이라 말해야 할까?'라는 의문이다. 도서관이라는 공간이 꼭 그렇게 아이들의 침묵을 강요해야만 할까? 나는 책을 정말 좋아하는 도서관 이용자지만 그렇게 생각하지 않는다.

'생각보다 괜찮네'라고 했겠지만

아이는 인라인스케이트 타기를 꽤나 재밌어 했다. 아내는 이때다 싶어 "아들, 엄마가 헬멧이랑 보호대 사 줄게!"라고 말했다. 곁에 있던 나도 "우아~ 아들 좋겠네. 엄마가 헬멧이랑 보호대 사주면 이제 씽씽 달릴 수 있을 거야!"라고 보탰다. 아내는 아이에게 이런저런 헬멧 사진들을 보여줬다. 아이는 별다른 망설임 없이 "파란색으로 할래"라고 답했고 잠시 후 "보호대도 파란색이 좋아"라고 더했다. 그렇게 인라인스케이트를 더 잘 타기 위한 모든 것들이 준비됐다. 잊고 있었는데 출장 중에 아내의 문자가 왔다. 아이가 거실에서 지난번에 주문한 헬멧과 보호대를 착용한 사진과 함께. 사진을 확대해서 아이의 신이 난 표정까지 확인한 후 '아들 멋져!!'라고 답했다. 가만히 생각하니 예전 같았으면 '생각보다 괜찮네'라고 말했을 것이라 짐작했다. 마음에 흡족해도 그저 '괜찮네' 정도였다. 아내를 만나고 아이와 함께 하니 그나마 표현이 조금 더 풍부해지고 조금 더 솔직해졌다. 여전히 몇 가지 말들은 낯설고 어색하지만. 내 기준에 이만하면 나름 만족한다. '점점 나아지겠지'라고 생각하며.

중요한 날

출장 중 업무를 마치고 숙소로 돌아와 여느 때처럼 아내와 대화(?)했다. 비대면 화상회의 프로그램인 줌(ZOOM)을 이용했으니 통화보다 대화가 적당했다. 아내와 아이의 얼굴을 확인하고 작성 중인 언론사 기고문에 대해 아내의 의견도 구했다. 그러다 문득 화면의 아이가 혼자 놀고 있는 것 같아 아이를 불렀다. 그렇게 아이와 이런저런 대화를 나누고 있는데 아내가 말했다. "그런데 어제, 우리가 처음 만났던 날인데 별다른 얘기가 없던데. 그래서 나도 그냥 있었어." 당황스러웠다. 매년 새해가 되면 중요한 일정들을 기록해 두었고 올해도 빠짐없이 잘 기록했다 생각했는데 그렇지 못했다. 뭐 그렇게 바쁘게 사는 것도 아닌데 아내와 나에게 소중한 날, 그날이 아내의 얘기를 듣고서야 생각났다. 아내와 아이와 대화가 끝나고 숙소의 의자에 앉아 찬찬히 일정표를 확인했다. 올해가 가기 전, 앞으로 어떤 중요한 날들이 있는지. 그 날들은 꼭 기억해야 했다. 물론 이 글을 본 아내는 그러겠다. "그냥 됐어! 어디 한두 번이야! 나만 맨날 챙기지 뭐!"

허리도 아프고…

얼마 전까지 아니 몇 년 전까지 이렇지는 않았는데 요즘 들어 하루 종일 일을 하고 마무리를 할 때면 허리도 아프고 온 몸이 뻐근하다. 흔히 하는 말로, 예전 같지 않다. 주변 동료들에게 물어보니 쉰 살 근처가 되면 그런 느낌이 더 강해질 것이라한다. 그런 까닭에 지금부터 부지런히 관리해야 한다며 시간은 생각보다 빠르다고 강조한다. 아내도 항상 말했다. 적어도 하루에 한 번은 스트레칭을 해야 한다고. 이런저런 이유로 다른 일을 할 때면 어김없이 "오늘 스트레칭 했어?"라고 물었고 아이에게 "아들, 아빠 스트레칭 잘 할 수 있게 먼저 시범 한 번 보여줘"라고 보냈다. 아이가 아빠 보란 듯이 척척 스트레칭을 하면 아내는 "아들도 저렇게 하는데 아빠가 모범을 보여야지!"라고 말했다. 그럴 때면 겨우겨우 끙끙대며 스트레칭을 몇 번 했다. 이번 출장은 숙소 앞에 커다란 호수가 있다. 첫날부터 하루도 쉬지 않고 걷고 또 걷는다. 대부분의 시간을 책상 앞에서 보내니 어쩌면 살기 위해서라도 시간 날 때마다 걷고 또 걸어야만 한다. 아이와 아내, 무엇보다 나를 위해 몸과 마음의 건강을 챙겨야겠다.

죽음을 받아들인다는 것

지난달 공주에 있는 갑사에서 죽어가던 사슴벌레를 집으로 데려왔다. 혹시나 하는 마음으로. 채집통에 정성스레 발효톱밥을 깔고 먹이(젤리)도 넣어줬다. 다행히 사슴벌레는 조금씩 움직이기 시작했고 며칠이 지나 활발해졌다. 책에서 보통은 1년 이상 산다고 했고, 키우고 있던 다른 사슴벌레도 작년부터 잘 지내고 있으니 당분간은 걱정 없을 것이라 생각했다. 사슴벌레 등의 황금빛도 날이 갈수록 선명해졌기에 잘 자라겠다고 짐작했다. 그런데 며칠 전부터 몸이 자주 뒤집혀 있었다. 지난번에 키우던 장수풍뎅이도 이러다 죽었기에 조금 걱정됐지만 그래도 설마 했다. 이번에는 풍뎅이가 아닌 사슴벌레였으니까. 그러다 아침에 일어나 사슴벌레가 죽은 것을 확인했고 조심스레 아이에게 알려줬다. 아이는 담담한 듯 "이따가 묻으러 가면 이번에는 내가 묻어줄게"라고 말했다. 작년에 풍뎅이가 죽었을 때는 집이 떠나갈 듯 울었는데 어쩌면 아이도 반복된 경험을 통해 죽음을 받아들이는 것이라 생각했다. 물론 '슬프다'라는 제목으로 '엄~~청나게 슬프다'라는 내용의 그림일기를 쓰고 잤지만.

부모와 함께 하면
아이는 한 뼘 더 성장한다

금요일 늦은 저녁, 출장지인 경기도 포천에서 대전으로 돌아왔다. 토요일 이른 아침, 서둘러 준비물을 챙겼다. 10시부터 동네도서관에서 ZOOM을 이용한 강의를 진행해야 했기 때문이었다. 출장지 숙소에서 몇 번 연습해 봤지만 실제 ZOOM을 이용한 강의는 처음이었다. 조금 걱정됐지만 조금 재밌겠다고 생각했다. 재능기부 형태로 진행되는 강의였기에 편안한 마음으로 아이와 아내와 도서관으로 향했다. 방송장비가 있는 스튜디오에 도착해 모니터, 스피커, 조명 등 몇 가지 장비들을 잠시 구경했다. 아이는 아빠의 강의가 신기한 듯 낯설어 하면서도 찬찬히 둘러봤다. 나도 강연 중에 아이와 아내가 스튜디오에 잠시 다녀갔다는 것을 공유했고 아내 덕분에 스튜디오에서 강연하는 모습도 사진으로 몇 장 남겼다. 처음 진행해 본 비대면 강의였기에 살짝 아쉬운 부분도 있었지만 대부분 만족스러웠다. 집으로 돌아와 잠시 쉬는데 아이가 "아빠! 다음에는 나도, 멋지게 강의할 거야!!"라고 말하며 책상에 앉아 방송대본을 쓰기 시작했다. 부모와 함께 하면 아이는 한 뼘 더 성장한다. 오늘의 배움이다!

할 말이 많다는 것은

대부분 짤막했다. 하루에 한 번 이상 문자를 주고받으니 어쩌면 당연했다. 출장이 아니라면 집에서도 많은 얘기를 하니. 그런데 요 며칠은 아내가 제법 긴 문자를 연이어 보냈다. 내가 지난주, 이번 주 모두 출장이라 주말에 잠깐 봤으니 하고 싶은 얘기를 못다 했을 수도 있겠다. 달리 생각하면 아이의 하루를 문자로라도 길게 길게 전하려는 것인지도 모를 일이었다. 아침에 받은 한 통의 문자는 '아들은 나쁜 아저씨들이 곤충채집을 못하게 했다며 엉엉 울면서 깼지만, 배가 고프다며 밥 먹고 있어. (학교는) 곧 가겠지. 남편도 화이팅'이었고, 저녁에 받은 또 한 통의 문자는 '우리도 밥 거의 다 먹어가. 오늘은 계란에 트러플 치즈를 올려 먹었는데 아들이 1/3은 먹은 것 같아. 지금은 생선가게 고양이처럼 고등어를 잔뜩 먹고 있어. 어제는 가자미를 2쪽이나 먹었으니 한 마리를 먹은 건데, 아들은 생선을 진짜 좋아하나 봐'였다. 할 말이 많다는 것은 상대방 또는 대상을 아주 면밀히 살피고 주의 깊게 관찰한다는 것이다. 그렇게 생각하니 나도 아이에 대해, 그리고 아내에 대해 할 말이 차고 넘친다.

나고 빠지고,
빠지고 나고

가만히 거울을 보던 아이가 말했다. "아빠, 그런데 이가 조금 흔들거리는 거 같은데." 하나 둘 이가 빠질 때가 되었기에 "아들, 그런데 혹시 지난번에 새로 난 이가 흔들거리는 건 아니지?"라고 물었다. 아이는 "아니, 그건 아니고 그 옆에 이가 흔들거리는 거 같아"라고 더했다. 다행이라 생각하며 "아들, 혹시 모르니까 다음에 엄마랑 치과 가면 의사 선생님한테 잘 보여 줘"라고 보탰다. 여덟 살 아이는 이제 겨우 두 개의 이가 빠졌고 그 자리에 이가 잘 났다. 처음에는 이가 자라는 방향이 너무 안쪽이라 걱정했는데 언제 그랬냐는 듯 이도 자기 자리를 찾아 이쁘게 잘 자랐다. 그렇게 한참을 아이의 이를 보고 있자니 영주에 계신 아이의 할아버지가 생각났다. 최근에 몇 개 남지 않은 이 중에 하나를 어쩔 수 없이 또 뽑았다. 내가 어찌할 수 없는 일이지만, 조만간 임플란트를 해야 한다고 생각하니 왠지 마음이 찡했다. 여덟 살 아이는 이가 빠지면 그 자리에 새 이가 나는데 일흔다섯 살 아버지는 이가 빠져도 그 자리에 날 이가 없었다. 그리 생각하니 삶이란 것이 참 오묘했다.

내 몫

　　오늘도 열심히, 부지런히, 성실하게 일하고 있는데 문자가 왔다. 카톡을 하지 않으니 대부분의 경우 문자는 아내의 것이다. 이번에도 그렇게 짐작하며 문자를 확인했다. '오늘은 또 어떤 얘기로 나를 웃게 할까?'라는 유쾌한 상상을 하며. 그랬더니 지난번 공모(제5차 출판문화산업 진흥 계획 수립을 위한 대국민 정책제안)에서 우수상을 받게 됐고 그 부상이 도서상품권 10만원이었다. 우수상이 최고상이었기에 상품권 10만원이 많이 아쉽기는 했지만 그래도 뭐라도 받으니 기분은 좋았다. 상품권을 다운로드 받아 '아들이랑 부인이랑 책 많이 사봐'라고 더해 아내에게 문자를 보냈고 잠시 후 'ㅋㅋㅋ아들이 좋아하겠네. 고생했고 축하해'라는 답장을 받았다. 그러다 문득 '내 몫'은 뭘까 생각했다. 가만히 생각해보니 요즘은 뭐라도 생기면 아이에게 뭐라도 줬다. 아이와 함께 하니 당연한 것 같지만 그래도 가끔은 '내 몫'에 대해 한 번쯤 생각해 봐야겠다. 그것이 꼭 물질적인 무엇이 아니더라도. 어쩌면 기쁨, 즐거움, 유쾌함, 넉넉함, 여유로움, 따뜻함, 충만함, 행복감 등등의 것일 수도 있겠다.

다시 또 장수풍뎅이가 죽었다

조만간 슬슬 일어날 것이라 막연히 짐작했던 일이었지만 '그래도 혹시나 했는데… 그래도 어쩌면 했는데…' 일어날 일들은 조금의 여유도 주지 않고 어김없이 따박따박 일어났다. 출장 마지막 날, 아내에게 '즐거운 하루 보내고 저녁에 봐'라는 문자를 보내니, 잠시 후 '장수풍뎅이 한 마리 사망했어. 어젯밤까지는 괜찮았는데. 밤새 죽은 듯'이라는 답이 왔다. 작년부터 몇 번째 맞이하는 작은 곤충의 죽음이지만 여전히 익숙하지 않았다. 뭐라고 답을 해야 할까 잠시 생각하다 '그럴 때가 됐다고 생각하고 있었는데… 내일 잘 묻어 주자'라는 정도로 짧게 답했다. 사실은 아이도 알고 있는지, 알고 있다면 어떤 반응을 보였는지 궁금했다. 그러다 한편으로 타 지역에서 출장 중인 내가 아이의 반응에 따라 할 수 있는 일들은 그렇게 많지 않다고 생각했다. 그저 최근에 죽은 사슴벌레를 잘 묻어줬던 것처럼 이번에도 정성스레 잘 보내줘야겠다고 다짐했다. 비교적 오랜 기간 사는 사슴벌레는 다음에 생각하더라도 아직 형제 장수풍뎅이가 한 마리 더 남았는데… 그 녀석도 이제 곧 떠나가겠구나 생각하니 살짝 찡했다.

무조건 몰라 하지 말고

아이가 "아빠, 내가 문제를 낼 거니까 맞혀 봐!"라고 말한다. 목소리에 잔뜩 힘이 들어간 것을 보니 뭔가 꿍꿍이가 있다. 아이에게 "아들, 아빠 양치하고 나서 같이 하자"라고 답하고 일단 화장실로 향한다. 양치를 막 하려는데 아이가 다시 말한다. "아빠, 문제를 맞혀야 한다니까!" 그러더니 대답할 틈도 주지 않고 "사자 더하기 토끼는?"이라 더한다. 문제가 이해되지도 않을뿐더러 입안에 거품이 가득하기에 "아들, 아빠는 모르겠는데"라고 답하고 다시 양치를 계속한다. 곁에 있던 아이는 "아빠, 무조건 몰라 하지 말고 생각 좀 해 봐!"라고 말하며 물러서지 않는다. 어쩔 수 없이 입에 거품을 잔뜩 물고 생각나는 몇 가지 답을 우물우물 말한다. 아이는 신이 난 듯 "그건 정답이 아니야"라고 하더니 "정답은 바로 '똥'이야!"라고 보탠다. 답을 듣고도 문제가 이해되지 않아 무슨 소린가 하는데 아내가 말한다. "그거 동네 엄마들 사이에서 재밌다고 난리 난 문제야!" 아이의 설명을 듣고서야 답이 똥이 되는 이유는 알겠는데 솔직히 이게 어디가 재밌다는 건지 이해할 수 없다. 그저 그냥 넌센스 퀴즈라 하자!

녹색어머니회 봉사 활동

며칠 전부터 아내는 꽤나 신경 쓰이는 눈치였다. 절대적 숫자는 채 1시간도 되지 않지만 상대적 느낌만은 아무래도 이래저래 부담스러울 수 있겠다고 생각했다. 아이가 초등학생이 되면서 아빠와 엄마라는 자리에서 이것저것 경험하게 됐다. 그 중에는 나의 학교운영위원회 활동도 있겠고 아내의 녹색어머니회 봉사 활동도 있겠다. 아이의 학교 수업이 끝나고 아파트 놀이터에서 오랜 시간을 함께 하는 날들도 그렇겠다. 아내는 8시가 조금 지나 봉사 활동을 위해 학교로 향했고 2시간의 휴가를 신청한 나는 아이와 밥을 먹으며 등교 준비를 했다. 엄마의 봉사 활동 사진을 찍을 생각에 신이 난 아이는 즉석카메라를 챙겨 여느 때보다 서둘러 집을 나섰다. 저 멀리 학교 정문 앞에 서 있는 엄마를 확인한 아이는 "엄마다! 엄마야!"라고 외치더니 달리기 시작했다. 아이는 녹색 조끼를 입고 친구들의 등교를 돕는 엄마의 모습을 몇 장의 사진에 담았고 나는 조금 뒤에서 그 장면을 슬쩍 찍었다. 아이의 담임 선생님도 다녀가셨다니 나름 재미난 추억 하나 만들었다. 그런데 왜 녹색(?)어머니회일까??

초등학교 1학년 받아쓰기 급수표

아이가 학교에 다니면서 별 신기한 것을 다 본다. 처음에는 아내가 그저 생각나는 단어나 문장을 불러준다고 생각했다. 그런데 그게 아니었다. 아내는 순서에 맞게, 무엇보다 급수에 맞게 차근차근 말했다. 하나씩 큰 소리로 또박또박. 그러면 아이는 손가락에 잔뜩 힘을 줘 연필로 한 자씩 써 나갔다. 불러주기를 마친 아내가 건네준 종이에는 '초등학교 1학년 받아쓰기 급수표'라고 쓰여 있었다. '뭐 이런 게 다 있지'라고 생각하며 찬찬히 살펴보니 1급은 단어나 문장을 중심으로 '발가락', '뭐든지', '저희끼리'와 같은 것으로, 2급은 종성에 쌍받침이 있는 동사나 형용사를 중심으로 '밟다', '없어', '가엾다'와 같은 것들이, 가장 어렵다는 12급은 의성어나 의태어를 중심으로 '길쭉길쭉', '뾰족뾰족', '깡충깡충'과 같은 것들로 각 10문제로 구성되어 있었다. 며칠 전 1급을 시작한 아이는 예습으로 쓴 2급에서 '많이'나 '괜찮아'는 '맗이'나 '괜찲아'라고 썼지만 다른 것들은 곰곰이 생각해서 곧잘 썼다. 책을 좋아하는 아이라 쓰기도 재밌어했다. "아빠, 이 단어는 책에서 봤어!"라는 말이 더없이 듣기 좋았다.

나도 눈코 뜰 새 없이 바빴어!

회사를 다녀와 씻으려는데 아이가 보인다. "아들, 우리 같이 씻을까?"라고 말하며 손짓하니 아이도 "응, 좋아. 같이 씻자"라고 답한다. 좁은 욕조에 사이좋게 앉아 함께 씻으며 이런저런 얘기도 나눈다. 아이에게 "아들, 아빠는 출장 끝나고 오랜만에 회사 갔더니 하루가 엄청 바빴어. 중간중간 필요한 자료도 정리하고 또 회의도 했거든"이라 말하고 빤히 쳐다본다. 아이도 할 말이 정말 많다는 표정으로 "아빠, 나도 학교에서 수업 듣고, 점심 먹고, 방과후활동도 했어. 오늘은 로봇과학이었거든. 그리고 엄마랑 병원도 다녀왔어. 그러니까 나도 눈코 뜰 새 없이 바빴어!"라고 받는다. 초등학생 사자성어책과 속담책을 몇 권 읽더니 나름 필요할 때마다 곧잘 사용한다. 가만히 생각하니 아내도 오늘 하루 정신없었겠다. 남편은 오랜만에 출근했고, 아이는 수업 준비도 해줘야 했고, 병원도 같이 다녀와야 했으니. 무엇보다 남편과 아이가 씻고 있는 동안에도 저녁 준비를 하고 있으니. 오늘은 이래저래 우리 가족 모두 바쁜 하루였다. 각자 주어진 자리에서 최선을 다해 열심히 살고 있다고 생각한다. 그러니 화이팅이다!!

엄마가 아프잖아!

몇 시인지 알 수 없을 만큼 깊은 밤 아니 어쩌면 새벽, 아이는 이불을 챙겨 내 곁으로 옮겨 왔다. 잠결에 "아들, 무서운 꿈꿨어?"라고 물으니 아이는 "아니, 엄마가 아프잖아…"라고 답했고 이내 잠이 드나 했더니 잠시 훌쩍였다. 어제 아내는 코로나19 예방접종 주사를 맞았고 "주사를 맞은 팔이 송곳으로 콕콕 찌르는 것처럼 아프네. 그리고 처음에는 괜찮았는데 시간이 지날수록 팔이 뻐근해"라고 말했다. 아마도 곁에서 그 말을 듣고 있던 아이가 엄마 걱정에 잠이 깼을 수도 있겠다고 생각했다. 아니면 아이가 엄마 곁에서 자려고 할 때 내가 아이에게 "아들, 엄마 어제 주사 맞아서 팔이 아프니까 오늘은 아빠랑 자자"라고 했던 말 때문일 수도 있겠다고 생각했다. 그때 아이는 "엄마 팔이 아프니까 아빠랑 자야 할 것 같기는 한데… 나는 그래도 엄마가 더 좋은데…"라고 말했고 아내는 "아들, 엄마 왼팔에 주사 맞았으니까 오른쪽으로 와서 자면 괜찮아"라고 받았다. 아이는 제 나름 고민 끝에 엄마 곁으로 갔는데 역시나 밤새 꽤나 신경이 쓰였나 보다. 여덟 살 아들, 효자로 살기가 쉽지 않은 밤이다.

조용하게 어쩌면 편안하게

이번 추석도 꼼짝 않고 집에 있었다. 그러니 아이는 할아버지·할머니, 외할아버지·외할머니를 만나지 못했다. '코로나19'때문이라 말할 수도 있지만 어쩌면 그저, 그냥 집에 있었다. 자연스럽게. 결혼 전부터 명절이라고 움직이는 것을 좋아하지 않았다. 결혼 후에는 아내에게 각자 자신의 집에 가자고도 했다. 혹시 어른들이 '사이가 안 좋아서 그런가?'라고 오해할 수 있으니 미리미리 얘기해 뒀다. 서로 좋아서 결혼했지만 그것은 둘만의 얘기일 뿐, 또 새롭게 가족이 된 사람들을 모두 좋아할 수도 있지만, 그래도 명절에는 조용하게 어쩌면 편안하게 오래 알고 지내던 사람들을 만나자고. 새롭게 만들어진 가족도 중요하고 소중하지만, 나고 자라 자연스럽게 구성된 가족도 당연히 소중하고 중요하니까. 사실 그렇게 생각만 하고 실제 행동으로 옮기지는 못했다. 아무래도 어른들에게 명절은 명절이고 가족은 가족이라 이래저래 한꺼번에 모두 봐야 하니까. 그게 당연하니까. 명절에 우리 가족 셋만 집에 있으니 이런저런 생각이 오락가락한다. 내년에는 또 어떻게 되려나… 그건 그때 가서 생각하기로 한다.

이가 두 개 빠졌다!!

하루에 하나씩, 이가 두 개 빠졌다. 오른쪽이 먼저, 왼쪽은 다음에. 아이는 며칠 전부터 이가 흔들거린다고 얘기했다. 아내는 "혼자서 이리저리 흔들어 봐. 아니면 혀로 살살살 밀어내 봐. 그럼 이가 빠질 수도 있어. 엄마는 어렸을 때 혀에 힘을 줘서 계속 이를 흔들었어"라고 말했다. 아이는 "알았어. 엄마가 하라는 대로 해 볼게"라고 답하며 한참을 거울 앞에 있었다. 입을 크게 벌리고 손으로 살짝살짝 이를 흔들어 보기도 했다. 밥을 먹으면서도 그리고 책을 읽으면서도 꽤나 신경 쓰이는 눈치였다. 그러더니 그림일기를 쓰다가 "엄마! 이가 뽑혔어!!"라고 외쳤고 또 하루가 지나 책을 읽다 "엄마! 이번에도 내가 이를 뽑았어!!"라고 소리쳤다. 그렇게 아이는 이틀 만에 두 개의 이를 직접 뽑았다. 아내는 "아들, 우리 기념으로 사진 찍자. '이~~' 해 봐"라고 말했고 양쪽 아랫니 두 개가 사이좋게 빠진 아이는 개구진 표정으로 활짝 웃었다. 아이는 아직 몇 개의 이가 더 빠지고 또 날 것이다. 그렇게 커 가겠다. 문득, 아내와 아이의 지금 이 모습을 그저 바라보는 내가, 남편이라서 아빠라서 그냥 좋다.

달콤한 잠, 낮잠

그냥 잤다. 추석 연휴라고 이런저런 계획을 세우기보다 마음이 흘러가는 대로 몸이 따라가게 뒀다. 점심으로 아내가 만들어 준 김밥을 먹었다. 두 줄만 먹어야지 했는데 어쩌다 보니 세 줄을 먹었다. 조금 넉넉(?)해진 배를 안정시킬 겸, 언제나 그렇듯 책을 펼쳤다. 거실 소파도 좋았지만 침대가 더 좋은 날이었다. 바람이 살랑살랑 불었기 때문이었다. 이미 그곳에는 아내와 아들이 나란히 책을 읽고 있었다. 책을 몇 페이지 넘기는데 슬슬 졸음이 쏟아졌다. 다시 정신을 차리고 몇 페이지 더 넘겨보지만 넘치는 잠에 이길 재간이 없었다. 배는 부르고, 바람은 적당하고, 딱히 급한 일은 없고, 무엇보다 손에 든 책이 『제주에서 2년만 살고 싶었습니다(손명주, 도서출판 큰나무, 2015)』였기에 마음은 한껏 자유롭고 또 여유로웠다. 책을 머리맡에 두고 베개를 베고 살짝 눈을 감았다. 스르륵 잠이 왔고 아내가 이불을 덮어준 것까지는 기억났다. 그렇게 두 시간이 지났다. 꿈조차 기억나지 않을 만큼 쿨쿨 잤다. 잠에서 깨니 아내와 아이가 "잘 잤어?"라고 물었고 나는 "응, 정말 잘 잤어!"라고 답했다. 달콤한 잠, 낮잠을 말이다.

다행이라 생각해!!

아이가 별일 아니라는 듯 "아빠, 생일이 나이랑 관계없는 걸 다행이라 생각해!"라고 말했다. 이건 무슨 뜬금없는 소린가 싶어 "아들, 그런데 지금 무슨 말을 하고 있는 거야?"라고 물었다. 그랬더니 아이는 "아빠, 이건 몰랐지! 내가 뭐 하나 알려줄까?"라고 더했다. 궁금하긴 한데 잠시 기다려봤다. 아이가 무슨 말을 할지. 잠시 후 아이는 "아빠 생일은 O월 10일이잖아. 그럼 아빠는 10살인 거야!"라고 말했고 "엄마 생일은 OO월 27일이잖아. 그럼 엄마는 27살인 거야!"라고 보탰다. 잠시 후 '히히'거리며 웃더니 "나는 O월 8일이잖아. 그럼 나는 8살인 거야!"라고 답했다. 그러더니 "아빠가 10살, 내가 8살이니까 나는 아빠를 형님이라 부를 수도 있는 거야!"라고 말했다. 무척 아쉽다는 개구진 표정으로. 그 생각이, 그 말이 재밌어 한참을 바라보니 아이는 '왕중요한날'이라는 어제 만든 메모장을 가져왔다. 거기에는 어린이날, 내생일(아이 자신의 생일), 크리스마스, 추석, 설날, 할로윈, 엄마생일, 아빠생일이 차곡차곡 쓰여 있었다. 아직 여덟 살 꼬마에게는 더없이 소중한 날들이겠다. 어른이 돼서도 그렇겠지만.

알아서 잘 크네!

글씨 쓰기를 연습하고 있는 아들에게 아내는 "우리 아들! 알아서 잘 크네!! 이제는 글씨도 아주 반듯반듯하고 띄어쓰기도 또박또박 잘 하네!!"라고 말했다. 생각해보면 당연한 말인데 막상 입에서 이 말이 나오기까지 꽤나 오랜 시간이 필요했다. 무엇보다 '기다림'이라는 단어와 함께해야 했다. 아이는 좋게 말하면 '신중하고', '세심하며', '꼼꼼한' 성향이다. 엄마를 닮았다고 하기에는 그렇지 않은 것 같고 그렇다고 아빠를 닮았다고 하기에도 그렇지 않은 것 같았다. 그러다 어느 날 '왜 그럴까?'라고 가만히 생각해보니 아마도 내가 어렸을 때 그랬을 것 같았고 또 곰곰이 생각해보니 지금의 나도 그렇다. 그렇지 않은 것 같으면서도 나도 좋게 말하면 '신중하고', '세심하며', '꼼꼼한' 성향이다. 그러니 아들이 아빠를 닮은 것이라 해야겠다. 아내가 '알아서 잘 큰다'라고 했지만 사실 그 안에는 무한한 노력이 있었다. 물론 아이도 열심히 노력했지만 그보다 몇 배는 더 '엄마'라는 이름을 가진 아내가 참고 노력하며 지켜봤다. 앞으로도 그렇겠다. 지금처럼, 천천히 그렇지만 단단한 삶을 응원한다.

자기소개서

내겐 아직 꼬마 같은 조카 녀석이 대학생이 되려 한다. 아이에게 딱 둘 밖에 없는 사촌형제. 오빠는 이미 대학생이 됐고 이제 그 동생 차례다. 며칠 전 아이의 큰고모에게 전화가 왔다. "이번에 OO이 대학에 제출할 자기소개서 써야 하는데 한 번 봐 줄 수 있지? 늦은 밤까지 열심히 쓰고 있는데 내가 뭐라고 말해 줄 수 있어야지. 시간 될 때 읽어보고 의견 좀 줘." 그밖에도 한참을 이런저런 얘기를 나눴고 "응, 그래. 자기소개서야 당연히 자기가 쓰는 거지만 그래도 읽어 보고 의견은 줄 수 있을 것 같아"라고 답했다. 사실 명절에나 아주 잠깐 얼굴을 보는 정도라, 그나마 작년과 올해는 코로나19로 만나지도 못했고, 내가 조카 녀석에 대해 알고 있는 내용도 많지 않았고, 특히나 요즘 고등학생들이 학교에서 무엇을 배우는지, 학교 밖에서는 어떻게 시간을 보내는지 알지 못했다. 조카 녀석이 보낸 소개서는 꽤나 잘 쓴 글이었기에 몇 가지 의견 정도만 더했다. 그러다 문득, '내 여덟 살 아이'는 지금 자기소개서를 써야 한다면, 어떻게 채워 나갈까? 조금 궁금하기도 하고, 살짝 웃음이 나기도 한다.

10월의 아빠

아빠 힘들 때

안 도와줄거야!

코로나19 백신 접종

딱, 일주일 지났다. 별일 없는 것을 보니 별일 아니었다. 지난주 코로나19 백신 접종을 했다. 이미 2차 접종까지 마친 사람들도 많았지만 어쩌다 보니 이제 겨우 1차 접종이었다. 그동안 백신 접종에 대해 생각조차 하지 않고 있었다. 그런데 아내가 나보다 일주일 먼저 백신을 접종한다고 했을 때 뉴스에서 봤던 접종 부작용 사례들이 생각났다. 극히 드문 경우라 했지만 그것은 내게 또는 내 주변에서 일어날 수도 있는 일이기 때문이었다. 아내의 백신 접종 날, 걱정스러운 표정의 아내에게 아무 걱정 말고 씩씩하게 잘 다녀오라는 말로 마음을 전했다. 아내는 접종 후 며칠간 근육통이 있었지만 다행히 이내 진정됐다. 그 모습을 지켜봤지만 '혹시나 갑자기 이상 반응이 나타나면 어쩌지'라는 생각을 살짝 했다. 이런저런 걱정 속에 접종을 했고 다행히 아주 가벼운 근육통만 있었다. 아이가 없을 때는 아무런 이별의 준비 없이 갑자기 맞이하는 죽음만 슬프다고 생각했다. 그런데 곁에 아이가 있으니 준비 있는 이별로 받아들여야 하는 죽음도 꽤나 슬프겠다고 짐작된다. 아무쪼록 건강히 오래 살고 볼 일이다.

인터뷰

아이는 아내에게 슬며시 다가가 소곤소곤 말했다. "엄마, 사실은 하고 싶은 게 있어. OO이 누나 인터뷰 연습했잖아. 나도 그거 해보고 싶어." 어제, 오늘 조카 녀석과 몇 차례 인터뷰 연습을 했고 아이는 책을 읽으며, 안마의자에 앉아 장난치며 그 모습을 슬쩍슬쩍 지켜봤다. 평상시 대화와 달리 딱딱한 분위기에서 진행되는 인터뷰가 제 딴에는 재밌었나 보다. 이제 겨우 초등학교 1학년인 아이에게 딱히 인터뷰가 필요한 이유는 없었다. 그래도 아이가 원한다니 크게 힘든 일도 아니기에 아내는 아이와 큰 방으로 들어가 인터뷰를 진행했다. 아이는 작은 의자에 앉아 엄마의 질문에 진지하게 답했다. 인터뷰 모습이 녹화된 영상을 보며 '나름 재밌는데'라고 생각하는데 아이가 "아빠, 이거 재밌어. 매일 해보자"라고 말했다. 그렇게 하루는 엄마와 또 하루는 아빠와 인터뷰가 시작됐다. 'OO의 생활 인터뷰'를 시작으로 '곤충', '조류', '바다동물', '육지동물'까지. 아이와 묻고 답하기를 계속하며 아이의 꽤나 진지한 눈빛은 좋았고 잠시 골똘히 생각하는 모습은 나름 귀여웠다. 아이의 생각을 조금 더 알게 됐다.

주식거래,
처음 해보는 경험

아직 잘 모르겠다. 어떤 이는 '종합예술'이라 하고, 또 어떤 이는 '사기'라 한다. 좋게는 '투자'라 하고, 또 나쁘게는 '투기'라 한다. 주식을, 정확히는 주식거래(투자라 하고 싶지만)를 해봤다. 직장을 잘 다니고 있는 마흔이 넘은 회사원이니 별다를 것 없는 일이지만, 그래도 내게는 처음 해보는 경험이었다. 모든 주식을 다 잃어도 큰 손해(?)가 나지 않을 만큼, 그러니 딱 조심스럽고 생각 많은 내 성격만큼만 투자했다. 고령화에 초저금리 시대니 경제적 필요에 의해서라도 한번쯤 알아 둘 필요가 있겠다고 생각했다. 스마트폰도 또래와 비교해서 10여 년 정도 늦은 3년 전부터 사용한 사람이지만 문득 생각해보니 아이에게는 몇 가지 관점에서 주식으로 대변되는 경제활동에 대해 알려주는 것도 괜찮겠다고 생각했다. 지난 한 달간 느낀 점이라면, 아직 매도와 매수를 착각하고, 현재가로 잘못 매도하기도 하지만, 주식은 정치·경제·사회·문화 등을 종합적으로 반영한다는 것, 그래서 예측도 어렵고, 마음도 오락가락하지만 이래저래 공부가 필요하다는 것, 그것 정도는 느꼈다. 무엇보다 아직 손해는 안 봤다. 히히!

아무튼, 아빠육아

정확히 뭐라고 불러야 하는지 또는 불리는지 알지 못한다. 어쨌든, '아무튼 시리즈'라 부르겠다. 세 개의 출판사가 각자 섭외한 저자와 '아무튼, OO'이라는 책을 쉼 없이 출판하고 있으니 책 제목의 '아무튼'과 '시리즈'의 결합이 가장 적당해 보인다. 2020년 12월, 『아무튼, 달리기(김상민, 위고, 2020)』를 시작으로 '예능', '문구', '요가', '하루키', '여름', '술', '메모', '목욕탕', '서재', '트위터', '인기가요', '외국어', '떡볶이'를 지나 2021년 9월, 『아무튼, 뜨개(서라미, 제철소, 2020)』까지 부지런히 읽었다. 왜 이렇게 열심히 읽게 되었을까 생각해보니 첫 번째 이유는 글이 짧고 재밌었고, 두 번째 이유는 하나의 주제에 집중할 수 있기 때문이었다. 책을 읽으며 계속, 이번에 책을 출간하며 가끔 생각했다. '『아무튼, 아빠육아』는 어떨까?'라고. 아이가 태어나 여덟 살이 되기까지 당연히 어렵고, 힘든 일도 있었지만 그보다 재밌고, 유쾌한 일도 많았다. 그 얘기를 잘(?) 정리하면 나도 '아무튼 시리즈'의 어엿한 저자 중에 한 명이 되지 않을까라고. 그런 마음으로 아빠육아 이야기를 '아무튼' 계속 써 본다.

제 친구거든요

토요일 아침, 예약된 시간에 동네 헤어숍을 들렀다. 몇 차례 방문했던 곳이라 "지난번처럼 깔끔하게 해주세요"라고 짧게 말했다. 사장님도 군더더기 없이 "네"라고 답했다. 조금씩 머리카락이 잘려 나가는 거울 속 내 모습을 보며 오늘 할 일들을 생각했다. 그렇게 조용하고 한적한 시간을 보내고 있는데 전화벨 소리가 들렸다. "잠시만요. 미안해요"라는 사장님의 말, 이후 짧은 통화가 있었다. 다시 또 기분 좋은 침묵이 흘렀다. 그러다 잠시 후 누군가 헤어숍으로 성큼성큼 들어왔다. 그때부터였다. 헤어숍은 완전히 다른 분위기로 변했다. 사장님 친구의 등장으로 모든 것이 달라졌다. 사장님은 친구와 지난 모임, 그리고 예정된 또 다른 친구의 결혼식 일정 등 이런저런 얘기를 나눴고 그때마다 더없이 즐거워 보였다. 조심스레 "친구분 오시고부터 기분이 정말 좋으신 것 같아요"라고 말을 건네니 사장님은 "제 친구거든요"라고 답했다. 그러더니 "우리 점심, 뭘 먹지?"를 시작으로 다시 친구와 한참을 대화했다. 아이도 누군가에게 '제 아빠거든요'라고 말하며 세상 신나할까? 순간, 별게 다 궁금했다.

휴가긴 한데…

작년까지만 해도 간단했다. 별다른 고민 없이 그저, 그냥 머릿속에 떠오르는 대로 움직였다. 아내와 아이에게 "좋지?"라고 물으면 언제나 "좋아!"라는 답이 돌아왔다. 그걸로 충분했으니까. 그렇게 계획에 없던 5박 6일 서해안 일주도 다녔고, 이것저것 하고 싶었던 것도 마음껏 했다. 그때마다 코로나19로 조금 불편하긴 했지만 그밖에 다른 어려움은 없었다. 열심히 일했고 더 열심히 쉬었다. 3월부터 아이가 초등학생이 되면서 휴가가 휴가 같지 않았다. 아내와 둘이서 충분히 재밌는 날들을 보냈지만 조금 허전했다. 사람 마음은 정말 이상했다. 처음에는 '둘만 시간을 보내니 진짜 좋네'라고 생각했다. 그러다 휴가가 끝날 때쯤이면 '아이도 함께 했으면 좋았을 텐데'라는 생각이 가득했다. 아직은 이래저래 손이 많이 가는 아이이기에 그렇게 편하지는 않지만 그래도 함께 하면 결국에는 좋았다. 물론, 당연히, 확실히, 가끔 후회(?)하기도 했지만. 이번에도 긴 휴가를 아내와 둘이서 정말 알차게 보냈다. 하지만 딱 하나, 아이와 가족 여행을 다녀오지 못한 것은 아쉽다. 휴가의 꽃은 가족 여행인데…

이게 영화 보는 맛이지!!

　　그동안 잘 참고 살았다. 한편으로 생각하니 어찌 살았나 싶었다. 인생을 좌지우지할 만큼 대단한 일은 아니지만 그래도, 그래도. 아내와 나는 영화를 좋아했다. 뮤지컬을 보는 것도, 미술관을 가는 것도. 하지만 대부분의 부모들이 그렇듯 아이와 함께 하며 무엇인가를 오붓하고 한가롭게 '관람'하는 것이 힘들었다. 이제 어느덧 그런 날들은 지났다. 아직 영화관까지는 아니고 집에서 IPTV로 봤지만. 여유롭게 저녁밥을 먹고 거실 소파에 나란히 앉았다. 12세 관람가인 <싱크홀>이라는 영화를 선택했다. 아침에 아이도 "엄마, 나 '싱크홀' 그 영화 알아! 그거 광고에서 봤어! 나도 그거 볼래!"라고 말했기에. 나는 어떤 영화가 됐건 가족이 다 함께 보는 것이 좋았다. 아내에게 딱 한 가지만 부탁했다. "소리를 영화관처럼 크게 틀어놓고 보자!!"라고. 사실 그동안 아이가 잠들면 둘이서 아주 작은 소리로 영화를 몇 번 봤지만 아무래도 영화를 보는 것 같지 않았다. 특히 여름이면 에어컨 소리 때문에 장면을 이해하기 어려웠다. 오늘은 소리가 쩌렁쩌렁 울리니 속이 다 시원했다. 이게 영화 보는 맛이지!!

어린이 퀴즈를 풀다가

아이가 느닷없이 물었다. "아빠, 2차 세계대전을 일으킨 독일의 독재자가 누군지 알아?" 생각보다 쉬운 문제에 얼른 답하려는데 아이가 말했다. "히틀러야! 히틀러!" 어른들에겐 어렵지 않은 문제가 분명하지만 초등학교 1학년인 아이에게는 간단치 않은 문제라 "우와~ 아들 엄청 똑똑하네. 그런데 어디서 배운 거야?"라고 물었다. 아이는 씩 웃으며 "어떻게 알긴 어떻게 알아. 정답 보고 알았지!"라고 답했다. 잠시 후 아이는 "아빠, 세계 최초로 동력 비행기를 개발한 사람은 누군지 알아?"라고 물었다. 이번에도 간단한 문제라 재빨리 답하려는데 아이는 "이건 내가 알아. 정답은 '라이트 형제'야"라고 답했다. "아들, 어떻게 알았어? 학교에서 배운 거야?"라고 다시 물으니 아이는 "아니, 이 정도는 상식이야!"라고 받았다. 그렇게 아이와 『읽으면서 바로 써먹는 어린이 퀴즈』를 꽤나 풀었다. "원효대사는 어디에 있는 물을 먹은 거야?"라는 아이의 질문에 "해골"이라 답하며 '아이들이 이런 것까지 정말 궁금한 걸까?'라는 생각도 잠시 들었다. 여덟 살 꼬마에게 '일체유심조(一切唯心造)'까지 필요할까?

듣고 보니 쫌 슬프다

책을 읽고 있는데 아이가 툭 쳤다. 왜 그런가 했는데 "아빠, 사람은 어떻게 만들어져?"라고 물었다. 아마도 어제, 아이의 산후조리원 친구가 내년이면 동생이 생길 것 같다는 얘기를 들었기 때문이라 생각했다. 아이에게 "응, 아빠씨와 엄마씨가 만나서 무럭무럭 자라면 아기가 되는 거야"라고 답했고, "그런데 언제까지나 계속 자라는 것은 아니고 엄마나 아빠처럼 어른이 되면 더 이상 자라지는 않아"라고 보탰다. 그랬더니 아이는 "그런데 아빠! 어른이 되면 할머니가 되기도 하고 그럼 죽기도 하는 거 아냐?"라고 받았다. "지난번에 책에서 봤어. 사람은 언젠가는 죽는 거라 그랬어!"라고 더했다. 다 맞는 말이기에 "그러게, 더 자라지는 않지만 한 살 두 살 나이를 먹어가고 그럼 생명이 다하기도 하는 거지"라고 답했다. 아이는 잠시 생각하더니 "아빠, 듣고 보니 쫌 슬프다… 계속 함께 할 수는 없는 거잖아… 그치?"라고 말했다. 아이를 보는 나도, 나를 보는 아이의 할머니도 삶이 그렇듯 생이 그렇겠다. 듣고 보니 조금 슬프지만, 그래도 살아 보니 많이 행복하다. 그리 생각하며 그리 살아간다.

어디에 둬야 할까?

아내가 10년 전 이수한 교육과정의 수료증을 찾는다기에 혹시나 해서 집을 구석구석 살폈다. 그러다 곳곳에 고이고이 숨어(?) 있던 아이의 사진들을 찾았고 지금보다 더 꼬꼬마 시절에 사용했던 물건들도 나타났다. 다시 봐도 새로웠고 자세히 보니 흐뭇했다. 그때가 생각나서 그렇기도 했지만, 그때가 무탈하게 지났기에 그렇기도 했다. 아이와 사진을 함께 보며 느닷없이 '내 사진들' 어쩌면 '내 기록들'이 생각났다. 내 어릴 적 사진들은 아이의 할머니가 시골집에서 잘 보관하고 있다. 최근에는 그렇게 못했지만 얼마 전까지는 내가 받은 상장들은 시골집으로 꼭 보냈었다. 그러니 내게는 스마트폰에 담아 둔 사진들과 작년과 올해에 받은 상장과 임명장 정도만 있다. 이제 사진이야 스마트폰으로만 찍으니 따로 보관할 일은 없지만 상장을 받으면 여전히 '어디에 둬야 할까?'를 살짝 고민한다. 시골에 있는 아이의 할머니·할아버지가 좋아할 모습이 상상되고, 그 상장을 진열장 한편에 가지런히 정리하는 마음이 느껴지기 때문이다. 아이와 함께 하니 그 마음을 조금 알겠다.

내 인생에 최고로 길게 쓴 일기

아이는 요즘, 세 가지를 꼭 한다. 비가 오나 눈이 오나, 시간이 조금 늦었거나 그렇지 않거나. 이런저런 상황에도 크게 개의치 않고 책상에 앉아 그야말로 꿋꿋이 야무지게 한다. 그것은 바로 그림일기, 독후활동, 받아쓰기. 아이는 이 세 가지를 '공부 3종 세트'라 이름 붙이고 최선을 다한다. 이것들을 순서대로 하고, 책을 두 권 읽고 하루를 마무리한다. 그렇게 습관이 됐다. 오늘도 부지런히 일기를 쓰던 아이가 뿌듯한 표정으로 "엄마, 내 인생에 최고로 길게 쓴 일기야!"라고 말했다. 그러더니 "원래는 세 줄만 써도 되는데 오늘은 여섯 줄이나 썼어!"라고 보탰다. 그 내용을 살짝(?)보니 <악당X세상>이라는 제목에 '우당탕탕, 쾅! 퍽! 뽀빠이가 시금치를 먹어서 힘이 세졌다고 한다. 근데 그게 가능할까? 나라면 시금치가 아니라 생선구이를 먹었을 것이다'라고 썼다. 학교에서 방과후활동으로 생명과학 시간에 '시금치'를 배웠다더니 그것이 일기가 됐다. 앞으로 아이는 열 줄, 스무 줄… 그 이상 되는 아주 긴 글도 쓸 일이 있겠다. 지금처럼 글 쓰는 재미를 끊임없이 느낄 수 있다면 더없이 좋겠다.

아빠 힘들 때
안 도와줄거야!

아이는 화가 많이 났다. 왜 그럴까 생각할 틈을 주지 않았다. 갑자기 달려와 작은 손으로 마구 밀어내기 시작했다. 이미 들리지 않겠지만 아이에게 이런저런 얘기를 했다. 아이는 "아빠 싫어!"라고 말했고 "이제 아빠랑은 안 할 거야!"라고 더했다. 작은 일에 대한 생각의 차이였다. 몇 차례 함께 했던 인터뷰 놀이 때문이었다. 재미로만 생각하는 아이와 재미도 중요하지만 규칙에 어긋나는 행동은 안 된다고 생각하는 아빠의 다름이었다. 거실에서 글을 쓰던 아내가 중재에 나섰다. 아이를 꼭 안아 줬고 "아들, 마음이 많이 상했지. 엄마도 그럴 수 있다고 생각해"라고 더했다. 아이는 여전히 화가 진정되지 않은 듯 "아빠 힘들 때 안 도와줄거야!"라고 목청껏 말했다. 그렇게 한참의 시간이 흘렀고 아내는 아이에게 "아들, 엄마도 아빠도 아들을 사랑하는 마음은 변함이 없어. 그건 알지? 그리고 화가 난다고 너무 많은 말을 쏟아 내면 안돼. 그건 다시 주워 담을 수가 없거든"이라 보탰다. 나는 그저 기다렸다. 아이는 오래지 않아 "아빠, 받아쓰기 불러 줘…"라며 슬쩍 다가왔다. 서로의 마음이 스르륵 풀렸다.

아파트 풍경

아무런 이유 없이 그저 그냥 창밖을 본다. 시계를 보니 저녁 8시 30분. 나와 아내와 아이는 이미 오래전(5시 30분)에 저녁밥을 먹고 그밖에도 이런저런 할 일(나는 책을 읽고, 아내는 글을 쓰고, 아이는 그림일기, 받아쓰기, 독후활동 등)을 했다. '모두 다'라고 말하기에는 무엇인가 조금 부족하지만 그렇다고 '그밖에 더'가 딱히 생각나지는 않는다. 무심한 듯 눈에 들어온 맞은편 아파트 풍경이 다채롭다. 어둠으로 가득한 곳이 절반은 되는 듯하고, 밝게 불이 켜진 곳들은 이제야 저녁밥을 먹는 사람도, 이제야 저녁밥을 준비하는 사람도, 이리저리 거실을 지나치는 사람도 보인다. 커다란 창을 통해 작은 창으로 슬쩍 비치는 모습이니 그 밖의 사정 또는 상황은 알 수 없다. '밥을 준비하는구나', '밥을 먹는구나', '거실을 오가는구나' 정도만 짐작할 뿐이다. 등에 매달려 있는 아이가 말한다. "아빠, 앞 동 사람들은 단순하네. 내가 보니까 밥을 먹거나 잠을 자거나. 그러니까 둘 중 하나야. 그런데 안 보이는 나머지 사람들은 뭐 할까?" 나도 궁금하다. 사람들은 '뭘 했을까?', '뭘 할까?', '뭘 하고 싶을까?'

한 개 틀려도 괜찮은데…

혹시나 했더니 역시나 였다. 아이는 네 번 연속으로 받아쓰기에서 만점을 받았다. 집에서 연습할 때는 어쩌다 1문제 또는 2문제 정도 실수가 있었다. '옛날'을 '옛날'로 '던져'를 '던저'라고 쓰기도 했다. 그럴 때면 "아들, 다 쓰고 꼭 한 번씩 다시 봐. 몰라서 틀린 거면 어쩔 수 없지만 실수로 틀린 거면 너무 아쉽잖아"라고 말했다. 그렇게 말하면서도 꼼꼼한 아이의 성격을 알기에 대부분은 그냥 뒀다. 또 가끔은 '한 개 틀려도 괜찮은데… 만점을 너무 당연하게 생각하기보다 실수로 한 개 틀리면 오히려 다음에는 더 잘할 수 있을 텐데…'라고 생각했다. 오늘 얘기해보니 아내도 나와 같은 생각이었다. 국어가 됐건, 수학이 됐건 배우는 또는 배우게 될 모든 과목에 아이가 흥미를 가지고 척척 잘해내면 당연히 좋겠다. 그러면 어느 부모가 마다할까. 그렇지만 작은 실수 또는 좌절, 어쩌면 작은 시련 또는 고난이 있기에 삶은 더 단단해진다. 살아보니 그랬다. 아들! 진짜 잘했어! 그런데, 그렇지만, 만점을 받지 않았어도 아빠는 아들이 그동안 열심히 노력한 모습만으로도 이미 기분이 너무 좋았어!! 그러니 고맙고 또 고마워!!

수염

아침에 면도를 하다가 생각났다. 지난주에 있었던 일이. 꽤나 오랜 휴가를 보냈고 딱히 그럴 만한 이유는 없었지만 며칠 동안 면도를 하지 않았다. 면도는 출근과 아주 긴밀한(?) 관련이 있다는 생각에. 그렇다고 얼굴이 수염으로 덥힌 정도는 아니었다. 그저 콧수염과 턱수염이 제법 빳빳해진 느낌 정도. 거울을 보며 익숙하지 않은 모습에 조금은 게을러(?) 보인다는 생각까지 더해져 깎을까 말까를 잠시 고민하고 있는데 아이가 말했다. "아빠, 수염이 계속 자라고 있어! 이상해! 이제는 뽑아야겠어! 무기야! 무기!" 아이의 말처럼 수염을 뽑을 수는 없는 일이라 "아들, 이상해? 면도를 할까?"라고 물으니 아이는 "아빠, 그렇게 수염을 계속 두면 엄마가 시끄럽다고 하겠어! 잘 때도 이불에 수염이 걸려서 부스럭부스럭 소리가 날 거 같아! 그러니까 어떻게 좀 해!"라고 받았다. 아이의 말과 상상이 재미있어 순간 꼬옥 안았다. 아이의 볼에 수염을 마구 문지르니 아이는 깔깔 웃으며 "아빠, 따가워! 항복이야! 항복!"이라 외쳤다. 그때 생각했다. 다음 휴가 때도 수염을 살짝 길러야겠다고. 이런 재미가 있으니.

책과 잠이 팽팽히 맞서는 날

　지난 출장에 처음 먹었던 'OOO 버거'는 딱 이거다 싶었다. 매일 배달 도시락만 먹어서 그랬을 수도 있지만 내 입맛에 딱이었고 출장이 끝나면 아이와 꼭 한 번 먹어야겠다고 생각했다. 잠시 잊고 지내다 휴가 중 아내와 산책길에 'OOO 버거' 가게가 가까이에 있음을 알게 되었고 조만간(?) 아이와 와야겠다고 계획했다. 아쉽게도(?) 아내는 햄버거 자체를 좋아하지 않는다. 비가 조금 내리는 쌀쌀한 금요일 오후 4시, 학교를 마친 아이와 'OOO 버거'로 향했다. 가게 주변에는 주차가 쉽지 않을 것 같아 버스를 탔다. "아들, 아빠가 진짜 맛있는 햄버거 사줄게"라는 말에 "응, 좋아"라고 짧게 답했던 아이는 정류장에서 버스를 기다리는 20여 분 동안 지루해 하지 않고 열심히 책을 읽었다. 오랜 기다림 끝에 버스를 탔고 '아이와 함께 이제 곧 진짜 맛있는 버거를 먹는구나'라고 생각하는데 창가에 앉아 눈이 반쯤 감긴 아이가 말했다. "아빠, 책과 잠이 팽팽히 맞서는 날이야. 눈이 자꾸 감겨." 잠시 후 스르륵 잠이 든 아이, 지금은 맛있는 햄버거보다, 좋아하는 책보다, 잠이 제일 달콤하겠다.

생일잔치를 해야 하는데…

이틀 후면 아내의 생일이다. 그러면 조촐하게라도 생일잔치(?)를 해야 하는데 이번에도 함께 할 수 없다. 어쩌다 보니 2019년부터 매년 그랬다. 2019년에는 해외연수 일정으로 포르투갈 아니면 스페인의 어느 도시에 있었고, 2020년에는 정부부처 파견 일정으로 부산에 있었다. 2021년에는 함께 할 수 있을 거라 생각했는데 역시나 정부부처 파견 일정으로 경기도 부천에 있어야 한다. 올해는 함께 할 수 있는 일정이었지만 중간에 다른 일로 전체 일정이 조정되면서 출장이 한 주 늦어졌다. 해외연수도, 정부부처 파견도 내 계획에는 없던 일이라, 내 마음대로 조정할 수 없는 일이기에 내가 어떻게 할 수는 없지만 아내에게 이래저래 미안했다. 생일이라고 뭘 거창하게 하는 것도 아니지만 적어도 가족이 함께는 있어야 하기에. 출장을 떠나기 전, 아내는 "생일이라고 뭐 다른 거 할 생각 말고 아이스크림이나 하나 사다 줘"라고 말했다. 그래서 아이스크림 한 통에 아내가 좋아하는 커피 한 잔을 더했다. 생일 전날 아이에게 부탁해둬야겠다. "내일 아침에 일어나면 엄마 생일 꼭!꼭!꼭! 축하해줘!!"라고.

주말 오후, 세차장에서

아이와 세차장에 갔다. 조금 쌀쌀해진 날씨 때문에 평소와 달리 빈자리가 많았다. 아이에게 세차를 맡길 생각이었기에 동전을 넉넉하게 교환했다. 아이도 "아빠, 지난번처럼 내가 할게!"라고 말하며 이런 것쯤 아무것도 아니라는 표정이었다. 아이에게 "아들, 열심히 잘 해 봐. 힘들면 아빠가 도와줄게"라고 답하며 거품솔을 건넸다. 아이는 얼마 지나지 않아 생각과 달리 힘에 부친 듯 "이건 아빠가 해. 좀 힘들어"라고 말했다. 사실 SUV(sport utility vehicle)를 초등학생 꼬마가 세차하기는 힘들겠다 생각했지만 그냥 지켜보고 있었다. 거품세차를 마무리하고 다시 아이에게 물 세차건을 건넸다. 아이는 "아빠, 앞으로 나는 이거 할게! 이거는 잘 돼!"라고 말하며 재밌어했다. 시간이 다 될 때까지 차 앞부분에 머물러 있어 아쉽기는 했지만 이번에도 그냥 뒀다. 아이에게 수건을 건넸고 각자 손닿는 데까지 물기를 제거했다. 마지막으로 내가 실내 청소를 하는 동안 아이는 트렁크에 앉았고, 무릎담요를 덮고 책을 읽으며 "아빠, 이 자리 진짜 좋아! 다음에도 여기서 책 볼래!"라고 더했다. 주말 오후, 세차장이었다.

아이를 잃어버렸었다. 잠시

출장 중 며칠째 서류만 계속 보고 있으려니 이래저래 몸도 마음도 찌뿌둥했다. 익숙하지 않은 공간이었지만 길을 찾아 잠시 걸었다. 아이가 학교를 마쳤을 시간이라 아내에게 전화했다. 보통은 일을 마무리하고 숙소로 돌아가 전화하는데 왠지 모르게 통화하고 싶었다. 그랬더니 아내가 말했다. "아들, 오늘 있었던 일 아빠한테 말해도 돼?" 아이가 '응'이라 말하는 소리가 들렸다. 아내는 말을 이었고 "글쎄, 아들을 잠시 잃어버렸었어"를 시작으로 짧은 시간 동안 있었던 일들을 얘기했다. 이미 아이가 곁에 있음을 알고 결과만 듣는 상황이었기에 "많이 놀랐겠네. 그래도 다행이야. 잘 찾아서"라고 답했고 "이번에 좋은 경험했다 생각해. 다음에는 이런 일 없을 거야"라고 보탰다. 담담한 듯, 어쩌면 태연한 듯 말은 그렇게 하면서도 동시에 몇 분의 시간이 몇 년의 시간처럼 느껴졌을 아내와 아이의 순간들이 떠올랐다. 조금의 시간이 지나 커다란 눈물이 그려진 아이의 일기가 문자로 전달됐다. 잠시 놀랐고, 당황했고, 슬펐다 다시 행복해졌다. 아마 그런 마음이었겠다.

별생각 없이 펼쳤는데…

마음이 잠시 출렁였다. 이런저런 생각들이 스쳤다. 출장지 숙소에서 잠자리에 들기 전, 집에서 가져온 책을 펼쳤다. '딱 5분만 읽고 자야지'라는 생각으로. 어쩌다 보니 국정감사 영상을 꽤나 오랫동안 봤고 더 늦기 전에 자야겠다는 생각으로 별생각 없이 펼쳤는데, 한참을 머물렀다. 글자 하나하나에, 사연 하나하나에. 담백하게 쓴 편지도 있었고 애절하게 쓴 편지도 있었다. 어떤 편지는 첫 문장부터 아니 첫 단어부터 마음이 전해졌다. 2000년에 서울특별시시설관리공단에서 엮은 『눈물의 편지』라는 책이었다. '고인에게 쓰는'이라는 꾸밈말이 있는. 책을 펼쳤고 차례를 봤다. 나도 아이가 있는 아빠이기에 '부모가 자식에게'를 먼저 읽었고, 나도 누나들과 형이 있기에 '형제에게'를 이어서 읽었다. 자연스레 아이가 생각났고 당연하게 형과 누나들이 생각났다. 나도 부모가 있는 자식이지만 '자식이 부모에게'는 읽을 수 없었고, 나도 아내가 있는 남편이지만 '남편이 아내에게'는 펼칠 수 없었다. 그것마저 읽기에는 눈물이 멈추지 않을 것 같았다. 별생각 없이… 별생각 없이 펼쳤는데…

'할 건 해야지'라고 말은 하지만

어른인 나도 그렇게 하지 못하면서 번번이 또 그렇게 말한다. 아이가 학교를 다니면서 '오늘 숙제는 다 했을까?', '내일 준비물은 잘 챙겼을까?', '혹시… 혹시… 뭐 빠트린 것은 또 없을까?'라고 생각한다. 사실 아이는 그 어떤 아이보다 숙제도 잘하고 준비물도 잘 챙긴다. 막 잠이 드는가 싶었을 때도 벌떡 일어나 "맞다. 내일 학교에 가져갈 거 있어!"라고 하거나 "맞다. 선생님이 아빠한테 전해달라고 한 거 있어!"라고 말하기도 했다. 그렇게 아이는 바르게 잘 크고 있는데 저녁을 먹고 잘 시간이 다가오면, 특히 10시가 넘어가는데 아직 일기를 쓰지 않는다면 아이에게 습관처럼 "아들, 할 건 해야지"라고 말은 하지만 마음속으로는 '그래, 어른인 나도 회사 가기 싫은 날도 있고, 회사 가서 일하기 싫은 날도 있고, 회사도 일도 둘 다 싫은 날도 있는데 아이라고 왜 그렇지 않겠어'라고 생각한다. 가끔은, 잘 모르겠다. 어른이라고 아이에게 '이렇게 했으면 좋겠다, 저렇게 했으면 좋겠다'라고 말하는 것이 과연 올바른 방법인지. 아내가 내게 '할 건 해야지'라고 한다면 '할 건'은 뭐고, '해야지'는 또 뭘까?

11월의 아빠

할아버지가
아프셔

'아이 추워'의 반대말?

집 주변을 산책하고 있는데 아이가 말했다. "아빠, 내가 문제 하나 낼까?" 산책할 때 별다른 것을 하지 않고 그저 걷기만 하니 편안한 마음으로 답했다. "응, 그런데 무슨 문제를 낼 건데?" 아이는 뭔가 꿍꿍이가 있는 듯한 얼굴로 "아빠, 이번에는 쉽게 맞추지 못할 거야! 왜냐면 내가 진짜 진짜 어려운 문제를 낼 거니까!"라고 받았다. 아무리 어렵다 해도 초등학교 1학년이 내는 문제를 모를까 싶어 속으로 웃음이 났지만 그래도 예의상 꾹 참았다. 아이에게는 "그래, 그럼 아빠가 진짜 진짜 고민 많이 해서 답할 거니까 한번 내 봐!"라고 말했다. 아이는 "아빠, 문제는 바로 '아이 추워'의 반대말이야!"라고 하더니 나를 보며 씩 웃었다. 너무 쉬운 문제라는 생각에 재빨리 '아이 더워'라고 하려다가 다시 또 생각하니 '어른 추워'인가 싶기도 하고 한번 더 생각하니 '어른 더워'인가 싶기도 한 것이 이래저래 혼란스러웠다. 안 되겠다 싶어 세 가지 모두 말하니 아이는 '어른 더워'가 답이라고 했다. 아직 잘 모르겠다. 문제 자체가 잘못된 것인지, 답이 잘못된 것인지, 그렇지 않으면 문제와 답이 둘 다 맞는 것인지…

어차피 한 입만,
한 입만 할거면서

　　지난 일요일 아침, 아내는 전날 코로나19 백신 2차 접종으로 두통이 심했다. 주변에서 1차 접종보다 몸이 더 아플 거라고 얘기는 했지만 곁에서 직접 보니 생각보다 더했다. 아내에게 "침대에 더 누워 있어. 밥은 알아서 먹을 게"라고 말하고 아침밥을 준비하려는데 아내가 "그래도 남편이랑 아들, 밥은 해주고 누워야지"라고 답하며 순식간에 햄치즈계란볶음밥을 만들었다. 아내의 정성을 생각해서라도 더없이 맛있게 먹어야겠다 생각하고 있는데 아이의 반응이 영 시원찮았다. 저녁에 출장지로 이동해야 했기에 아픈 아내를 생각하면 아이가 아침밥이라도 든든히 먹어야 하는데 생각처럼 따라주지 않았다. 아이에게 "아들, 한 입만 더 먹어. 그럼 아빠가 설거지할 거야"라고 말하니 아이는 쓱 한 번 쳐다보며 "어차피 한 입만, 한 입만 더 먹자고 할 거면서. 맞지?"라고 답했다. 순간 마음을 들킨 것 같아 웃음이 났지만 그래도 인정할 건 인정해야겠기에 "아들, 어떻게 아빠 마음을 알았어! 그러니까, 이왕 먹을 거 얼른 먹자!"라고 받았다. 아이도 많이 컸다. 아빠 마음을 술술 읽는다.

지금까지 경험해보지 못한
아픔이었다

자기 전, 두통약을 먹을 때도 그리고 아내가 건넨 오한약을 먹을 때도 '설마' 했다. 주변에서 아프다고 얘기했지만 '그러려니' 했다. 그래도 몸을 생각해서 9시에 갔다. 아내는 아이에게 "아들, 아빠가 코로나19 백신 접종했으니까 오늘은 일찍 자자"라고 말했고 아이도 "응, 엄마. 그런데 아빠가 많이 아픈 거야?"라고 물었다. 나는 아이에게 "아들, 엄마는 지난번에 많이 아팠다는데 아빠는 정신력으로 이겨낼 거야. 오늘은 푹 쉬고 아빠가 내일 회사 갔다 오면 같이 놀자"라고 답했다. 그렇게 별일 없이 지나가는 줄 알았는데 새벽부터 팔은 저렸고 머리는 깨질 듯 아팠고 몸은 오들오들 떨렸다. 다시 잠이 들려는데 이번에는 배가 부글부글 끓었다. 화장실을 들락날락했고 이래저래 몸도 마음도 만신창이가 됐다. 지금까지 경험해보지 못한 아픔이었다. 아이도 부스럭거리는 소리에 잠이 깼는지 "아빠, 어디 아파?"라고 물었다. 아침까지 계속된 두통, 몸살, 오한 등등에 결국 회사는 출근하지 못했다. 아내는 내가 출장 중일 때, 아픈 몸으로 혼자서 하루 종일 아이를 돌봤는데… 지금 생각하니 대단하다. 대단해.

여기는 들어가면 안 돼!

　코로나19 백신 접종 후유증으로 회사도 못 가고 하루 종일 비실비실한 시간을 보냈다. 몸도 아팠고 입맛도 없었고 무엇보다 뭐라도 해야겠다는 의욕 자체가 없었다. 생각해보니 집에 있으면서 아이의 등·하교를 함께 하지 못한 것도 처음이었다. 항상 아이와 등교를 함께 하고 아이가 학교에 들어가면 아내는 "커피 사 줘!"라고 말했고 "남편이 집에 있을 때, 커피도 한 잔 먹고 산책도 하면서 느릿느릿 시간 보내는 게 좋아"라고 더했다. 그렇지만 오늘은 그 모든 것을 할 수 없었다. 경험해보지 못한 아픔이라 언제 끝날지도 예상할 수 없었기 때문이었다. 아이의 하교 시간에 맞춰 아내는 집을 나섰고 나는 침대에 누웠다. 그저, 그것밖에 생각나지 않았기에. 얼마의 시간이 지났고 아이가 친구들을 데리고 집으로 돌아왔다. 아이는 친구들에게 "여기(아빠가 누워 있는 방)는 들어가면 안 돼! 오늘은 아빠가 아파!"라고 말했다. 아이의 친구들은 한참을 재밌게 놀다가 저녁이 돼서야 돌아갔다. 아이는 살며시 방으로 들어와 "아빠, 아직도 아파?"라고 물었고 나는 "응, 조금 그렇긴 한데 이제 힘내야지!"라고 답했다.

신문을 몰아서 읽는다

벌써 2년이 다 되어 간다. 한 달에 보름씩 출장을 다니면서 습관 아닌 습관이 생겼다. 금요일 저녁, 출장을 마무리하고 집으로 돌아오면 아내는 "무슨 원양어선 타는 사람 같아. 남편 얼굴 보기가 힘들어"라는 말을 시작으로 한 주 동안 있었던 얘기들을 전한다. 짐을 정리하며 내가 생각해도 일상적이지 않았던 삶이 이제는 너무도 오래된 일상처럼 느껴진다. 짐을 싸고, 다시 짐을 풀고, 다시 또 짐을 싸고, 그런 날들로 반복된 삶이다. 그러다 보니 금요일 저녁에는 일주일 동안 아내와 아이에게 있었던 일들을 몰아서 듣고 토요일 아침에는 밀린 신문을 몰아서 읽는다. 출장 기간 동안, 하루 한 번 영상통화를 하지만 그래도 못다 한 얘기들은 많다. 또 출장지에서 인터넷 뉴스를 보지 않고 숙소에서도 텔레비전을 켜지 않기에 미처 접하지 못한 소식들도 넘친다. 그래봐야 대부분 비슷비슷한 얘기와 소식들로 가득하지만 어쩌다 가끔은 생각지도 못한 내용들도 있다. 지난 일들을 다시 접하는 시간, 문득 삶이 천천히 여유롭게 가는 듯도 하다. '어차피 다 지난 일이니까'라고 생각하니…

내 삶을 채워주는 책읽기,
내 삶이 성장하는 글쓰기

주말 오후, 아이와 거실 소파에서 따뜻한 볕을 쬐며 쉬고 있는데 낯선 전화가 왔다. 이미 비슷한 전화를 몇 차례 받았기에 여론조사 전화라 추측했다. 주말에 지역번호로 시작되는 전화를 받을 일은 드물기에. 그렇게 짐작하고 조금 더 여유를 즐기려는데 진동음은 계속됐다. 얼른 끊어야겠다 생각하고 전화를 받으니 상대편에서 "안녕하세요. ○○백화점 문화센터 ○○○실장입니다. 강의문의 때문에 전화드렸습니다"라고 말했다. '웬 강의?'라는 생각에 잠시 당황했고 몇 달 전, 호기심에 ○○백화점 강사 모집에 자료를 업로드했던 일이 떠올랐다. 백화점 문화센터에서 12월부터 2월까지 정기 강의를 개설하려하니 세부 강의계획을 보내달라는 것이었다. 좋은 기회였지만 강의가 직업은 아니기에 몇 달에 걸친 강의는 업무에 지장이 있을 것이라 생각해서 정중히 사양했다. 아쉬운 마음에 짧은 기간의 '내 삶을 채워주는 책읽기, 내 삶이 성장하는 글쓰기'라는 강의 정도는 충분히 가능하고 또 좋아하는 일이라고 힘주어 말했다. 다시 생각해도 아쉽지만 그래도 기분 좋은 하루였다.

할아버지가 아프셔

아이 할머니와의 전화에서는 몰랐다. 잠시 후, 아이 큰고모와의 전화에서는 알았다. 다시, 아이 작은고모와의 전화에서는 자세히 알게 됐다. 아이의 할아버지는 몸이 많이 편찮으셨다. 며칠째 식사를 제대로 하지 못해 기운도 없으시다고 했다. 잠시 전까지 웃으며 영상통화를 했는데, 며칠 전에도 별다른 일이 없는 것처럼 일상적 내용으로 가득한 통화를 했는데. 다행히 아이의 큰아빠는 알았다. 전화기 너머의 기침 소리가 평소와 다름을, 그것이 심상치 않음을. 시골 병원에서 검사를 받았고 이후 조금 더 큰 이웃동네 병원에 입원했다. 폐렴 증세가 있다고 했고 혹시 몰라 코로나19 검사 결과가 나오기 전까지 격리된다고 들었다. 작년에 허리를 다쳐 몸이 불편한 아이의 할머니가 보호자로 남았다. 아내가 말했다. "아들, 할아버지가 아프셔. 그러니까 우리 힘 내시라고 편지 쓰자! 얼른 나으시라고!" 아들인 나는 무엇을 해야 할까? 무엇을 할 수 있을까? 이런저런 생각들이 스쳤다. 어쨌든, 내 아버지가, 아이의 할아버지가 다시 건강한 모습으로 퇴원하시길, 이 마음이 그곳에 닿기를 잠시 마음을 모아 소망했다.

소확행

회사에서 점심시간에 읽은 책은 무거웠다. 도서관에서 대여를 하면서도 볼까, 말까를 꽤나 고민했다. 그럼에도 저자가 굳이 왜 이런 제목(남편이 자살했다, 곽경희, (주)센시오, 2020)의 책을 쓰게 됐을까 궁금했다. 단순히 상실이나 슬픔, 어쩌면 분노만을 얘기하지는 않았을 것이라 생각했다. 책은 갑작스러운 남편의 죽음, 그것도 자살을, 그리고 남은 자신과 네 아이들의 삶을 말했다. 그랬기에 어떤 단어, 어떤 문장 하나에 그것을 읽는 내 마음도 이리저리 출렁였다. 끝끝내 저자가 말하려는 것은 살아 있는 어쩌면 살아남은 자들의 삶이었다. 살아야 하고, 살아가야 하니까. 지금 그리고 여기에서의 '소확행'이었다. 저자와 셋째 딸이 마트에서 함께 장을 보는 것, 추운 겨울에 이불 속에서 따뜻한 찐빵이랑 귤을 까먹는 것, 저자의 셋째 딸은 '그게 행복이고 그걸 즐긴다'라고 말했다. '소소하지만 확실한 행복'이라는 소확행. 가족의 죽음 그것도 자살을 얘기한 책에서 접했다는 것이 순간 낯설고 당황스러웠지만 그 의미는 200% 와 닿았다. 책을 덮고 삶, 가족, 행복 등등에 대해 잠시 생각하게 됐다.

글을 읽고,
글을 쓴다는 것에 대하여

곁에서 지켜보니 아이는 글을 읽고 글을 쓰는 양과 질, 모두에 있어 놀라움을 준다. 이제 겨우 초등학교 1학년이라 단정적으로 말할 수 없지만 이래저래 추측하고 나름대로 예상해본다. 지금의 방향과 속도를 유지한다면 성인이 되어서도 글을 읽고 글을 쓰는 능력은 또래와 비교해 압도적으로 뛰어날 것이다. 취미 비슷하게 글쓰기와 책읽기 강의를 하는 사람이자 한 아이의 아빠로서 글을 읽고 글을 쓰는 행위를 어떻게 하면 간결하지만 보다 분명하게 전달할 수 있을까 때때로 고민한다. 마침, 오늘 읽은 논문에 아주 좋은 내용이 있어 옮겨본다. 원만희가 『학술적 글쓰기에 있어서 '분석적/비판적' 글쓰기의 중요성과 실습 매뉴얼(작문연구 제25집, 2015)』에서 인용(Nicholas Carr 지음, 최지향 옮김, 생각하지 않는 사람들, 청림출판, 2011)한 '글을 읽고 쓴다는 것은 자연스러운 행동이 아니며, 문자와 인쇄의 발명 및 기타 여러 가지 많은 기술들의 결합으로 이루어진 고도의 지적 행위이다'라는 부분이다. 이렇게 생각하니 아이도 제 나름, 최선을 다해 '지적 행위'를 하고 있는 중이다.

듣고 싶은 말

　가만히 지켜본다. 꽤나 오랜 시간 동안. 묵묵히 기다린다. 스스로 답을 찾기까지. 그러다 중간중간 말을 건네본다. 어쩌면 답을 찾는데 도움이 될까 싶어. 아이는 작은 책상에 앉아 골똘히 생각하다 자리를 옮긴다. 조금 더 큰 책상으로. 아내가 "아들, 왜 자리를 옮긴 거야?"라고 물으니 아이는 "응, 이렇게 하면 생각이 나지 않을까 해서"라고 답한다. 아내는 "아들, 그것도 좋은 생각이야. 그렇게 변화를 주는 것도 괜찮아"라고 더한다. 아이는 이리저리 몸을 뒤틀기도 머리카락을 움켜쥐기도 눈을 비비기도 한다. 생각이 떠오르지 않기 때문이다. 학교 숙제로 '듣고 싶은 말' 세 개를 써 가야 한다. '내가 부모님께 듣고 싶은 말'은 '잘한다!', '사랑해!', '최고야!'라고 '내가 친구들에게 듣고 싶은 말'은 '잘 하고 있어', '멋지다', '꼼꼼하구나'라고 잘 채웠는데 '내가 선생님에게 듣고 싶은 말'은 '참 잘 했어', '열심히 했구나'에서 하나가 더 생각나지 않는다. 중간에 그림일기를 쓰며 잠시 쉬고 다시 책을 읽으며 아이디어를 얻어 본다. 마침내 아이가 찾은 말은 '대단해'이다. 그 짧은 말이 선생님께 꼭 듣고 싶었나 보다.

관찰, 통찰, 성찰

호기심이라 하기도, 궁금함이라 하기도 한다. 아이는 그렇게 세상 모든 일들에 관심을 둔다. 그 관심이라는 것은 여러 가지 형태로 나타나겠지만 곁에서 지켜보니 가장 대표적인 것은 관찰이다. 같이 길을 걷다가도 어느 샌가 길가에 쭈그리고 앉아 무엇인가를 한참 지켜본다. 무엇을 하냐고 물으면 "아빠, 여기에 개미가 있어. 그런데 오늘따라 한쪽 방향으로 아주 길게 움직이고 있어. 그중에 몇몇은 먹이를 들고 있고"라고 답한다. 집에서 책을 읽다가도 "아빠, 그런데 말이야… 내가 가만히 살펴보니 이 책에는 일정한 규칙이 있는 것 같아. 주인공이 하는 말은 항상 반말이고 상대방이 하는 말은 또 그렇지가 않아. 그런데 내 생각에는 반말이 적당하지 않은 것 같아"라고 더한다. 아이는 제 나름의 관찰 결과를 가지고 주변을 해석해 나간다. 그것이 옳든 그렇지 않든. 아이도 자신만의 데이터를 차곡차곡 쌓아가며 조금씩 성장한다. 책에서 읽었는지, 아니면 그저 내 생각인지 혼란스럽지만 '관찰이 많아야 통찰이 생기고, 또 통찰이 많아야 성찰이 생긴다'라고 생각한다. 지금, 아이는 그 길로 잘 가고 있다.

일 년에 하나씩만 해도…

아이의 할아버지가 갑작스레 입원했다. 혹시나 하는 마음들은 꽤나 오래 머물렀다. 이것이 지난한 삶의 끝이라 생각하고 싶지는 않았지만 어쩌면 하는 불안감은 곁에 남겨졌다. 아이의 할아버지는 평생을 성실히 일(만)했다. '정년'도 없이 칠십이 훌쩍 넘은 나이에도 며칠 전까지 일터로 향했다. 수십 년 째 지겹도록 똑같은 일과를 '그래도 아직 일하는 게 좋아. 집에만 있으면 답답해'라고 말하며 하루 더 연장했다. 새벽에 집을 나섰고 다시 해가 져야 집으로 돌아올 수 있었던 삶. 몸 하나로 나머지 다섯 가족을 지켜내야 했던 삶. 이제는 나머지 다섯이 지켜내고도 넉넉히 남는 삶인데… 아이의 할아버지, 그러니 내 아버지와의 추억은 몇이나 될까? 내 나이가 마흔 셋이니 일 년에 하나씩만 해도 그만큼 떠올릴 기억들이 있어야 하는데, 손가락 몇 개 겨우 접어보다 이내 포기했다. 한참을 떠올려봐도 그렇게 많지 않았다. 매 순간 서로의 삶에 최선을 다했던 것도 추억이 된다면, 그렇다면, 내 나이보다 훌쩍 많겠다. 아버지, 퇴원하시면 꼭 한 번 안아드려야겠다. 지나고 나면 그것도 추억이 되겠지…

할아버지의 미래

영상 통화로 아이의 할머니와 병원에 홀로 남겨진 아이의 할아버지 얘기를 나눴다. 아들인 나는 며칠 동안 간병으로 고생한 아이의 할머니 건강을 걱정했고, 아이의 할머니는 멀리서 일하고 있는 아들이 이래저래 신경 쓸까를 걱정했다. 곁에서 장난감 놀이를 하던 아이가 "할아버지가 아프셔?"라고 물었고 아내는 "응, 전에 알려준 것처럼 할아버지가 편찮으셔"라고 답했다. 나는 폐렴으로 숨쉬기 어려운 할아버지의 상황을 아이 눈높이에서 설명했다. 그랬더니 가만히 설명을 듣고 있던 아이가 느닷없이 거실 창에 그림을 그리기 시작했다. 먼저 사람 얼굴을 그렸고 다음에는 코에 커다란 공기 방울 하나를 더했다. 아내는 "아들, 이거 무슨 그림이야?"라고 물었고 아이는 "응, 할아버지의 미래야. 사람이 크게 숨을 쉬는 거야!"라고 답했다. 아내는 "아들, 마음이 너무 기특한데. 할아버지가 이 그림 보시면 꼭 나으실 거야!"라고 더했고 아이의 큰아빠, 작은고모에게 문자로 그림 사진을 전했다. 아이의 마음에 순간 찡했고 아이의 할아버지에게 이 마음이 고스란히 전해졌으면 좋겠다고 생각했다.

기분이 좋은 이유

　　겨울을 맞이하는 기분으로 아내와 온수매트 얘기를 하다가 어찌어찌 흘러흘러 거실에서 잤다. 아이에게 "아들, 오늘 거실에서 잘까?"라고 물으니 아이는 "좋아"라고 짧게 받았다. 그렇게 거실에서 다 같이 잘 잤는데, 주말 아침 생각보다 많이 이른 시간에 아이가 벌떡 일어났다. 그러더니 졸린 눈을 비비며 책상으로 가서 하루에 한 번, 자기 전에 꼭 하는 독서인증과 그림일기를 열심히, 아니 후다닥 마쳤다. 나중에 살짝 보니 일기에는 '아침에 일찍 일어났다. 아빠가 2등이고 엄마는 잔다. 다음에도 일찍 일어나야겠다'라고 썼고 시상식처럼 단상에 1위, 2위, 3위가 표시되어 있는 그림을 더했다. 잠시 후 아이는 작은 소리로 "일어나자마자 숙제를 하니 기분이 좋네"라는 말만 반복했다. '진짜 기분이 좋은가 보구나'라고 순진하게(?) 생각했는데 아내가 "하고 싶은 게 있어서 그러는 거야"라고 슬쩍 알려줬다. 아내는 아이에게 "아들, 엄마 노트북으로 혼자 할 수 있지?"라고 말했고 아이는 노트북을 가져와 혼자 척척척 유튜브에서 포켓몬 영상을 찾아 신나게 봤다. 그제야 기분이 좋은 이유를 알았다.

일부러 주먹 낸 거야!

아이에게 "아들, 심심한데 산책 한 번 갈까?"라고 말하니 아이는 "응, 그래"라고 답한다. 욕심을 부려 "그럼, 오늘은 지난번에 갔던 집 근처 산으로 갈까?"라고 더하니 예상 밖으로 "알았어"라고 짧게 받는다. 그렇게 주말 오후 아이와 산책도 등산도 아닌 이도 저도 애매한 길을 나선다. 적당히 따뜻한 볕도 좋다. 아이와 몇 번 다녔던 익숙한 길이라 중간중간 달리기 시합도 하고 학교생활에 대해 이런저런 얘기도 나눈다. 늦은 단풍 구경을 하며 등산로 입구에 도착해 나무계단 오르기 게임을 한다. 아이가 조금 더 어렸을 때, 열에 아홉은 '보'를 냈기에 게임이 시시했는데 요즘은 이것저것 마구 섞어 내기에 제법 놀이 같다. 그런데 어쩌다 보니 나만 계속 이기게 되어 아이와의 거리가 제법 된다. 마지막 계단을 앞두고 이번에는 아이가 이겼으면 하는 마음인데 생각과 달리 또 내가 이긴다. 아이는 아무렇지 않다는 듯 "아빠, 일부러 '주먹' 낸 거야! 아빠가 '보' 낼 줄 알고! 아빠 먼저 가라고!"라고 하더니 "괜찮아! 다음에 또 하면 되니까!"라고 더한다. 그래, 모든 일이 그렇듯 다음에 또 하면 된다.

갇힌 힘,
닫힌 힘이라 하면 어떨까?

아이는 방과후활동으로 생명과학 수업을 듣는다. 덕분에 이런저런 곤충을 조금 더 알게 되고, 또 이런저런 식물을 조금 더 접하게 된다. 갑자기 비가 많이 왔던 날, 모처럼 휴가로 집에서 편안히 쉬었던 날, 아내와 함께 아이의 우산을 챙겨 하굣길을 함께 했다. 아이는 커다란 화분 하나를 건네며 "아빠, 오늘 수업시간에 시금치 받았어. 여기 안에 씨앗이 있는데 선생님이 일주일에 한 번씩만 물을 주면 쑥쑥 잘 자란다고 하셨어"라고 말했다. 내 머릿속 시금치는 김밥을 쌀 때 사용하는 모양새라 '시금치가 그렇게 빨리 자라나?'라는 생각이 잠시 스쳤다. 그러다 문득 지난번에 키웠던 콩나물이 생각났다. 작은 시루에 불린 콩을 잔뜩 넣었고 하루에 몇 번씩이고 생각날 때마다 물을 줬다. 하루, 이틀이 지났고 오래지 않아 시루의 작은 구멍으로 온갖 뿌리들이 마구 솟구쳤다. 시루라는 작은 공간, 그러니 갇히고 닫힌 곳에서 작은 싹들이 제 힘껏 온몸으로 뿌리를 뻗어 이리저리 출구를 찾는 모습. 조금 신기하기도, 많이 놀랍기도, 어쩌면 경이롭기도 했다. 그걸 갇힌 힘, 닫힌 힘이라 하면 어떨까?

나의 아버지와 함께한 날들

아들아, 아빠도
아빠가 있단다.

11월 18일 목요일-1

2021년 12월 31일이면 2년간의 정부부처 파견이 마무리된다. 이번이 실질적인 마지막 출장이었다. '잘 마무리해야지'라는 마음으로 집을 떠났고 그럭저럭 잘 마무리되고 있었다. 목요일 오후, 아이의 큰고모에게 전화가 왔다. 업무를 진행 중이었기에 전화는 부재중으로 넘어갔고, 마침 조카 녀석의 수능 날이었기에 '이제 편안한 마음으로 전화했겠구나'라고 추측했다. 1시간도 지나지 않아 다시 전화가 왔고 계속된 업무로 이번에도 부재중으로 넘어갔다. 잠시 휴식시간을 이용해 아이의 큰고모에게 전화했다. "왜?"라고 물으니 "어떡하니… 아버지가 많이 안 좋으시데… 병원에서 갑자기 연락이 와서 지금 OO이가 엄마 모시고 병원으로 가고 있어… 인공호흡기 사용 여부를 결정해야 하는데…" 그렇게 한참을 통화했다. 더 이상 업무를 진행할 수 없어 내부적으로 보고했고, 머릿속에 온갖 생각들이 마구 돋아났다. 당황스러움, 불안함, 슬픔 등등의 감정이 몸과 마음을 마구 흔들었다. 동료 감사관이 선뜻 차를 빌려 줬고, 용인 현장에서 수원 숙소를 거쳐 다시 대전집까지 정신없이 달렸다.

11월 18일 목요일-2

온갖 생각들이 마구 돋아났다. 아이의 큰고모와 통화는 계속됐고 이런저런 생각들이 나를 마구 흔들었다. 정확한 상황 파악은 어려웠지만 일단 슬펐고 그저 눈물만 흘렀다. 순간 울 컥한 마음에 가슴이 너무 아팠다. 올해 칠십 다섯인 아버지는 11월 초까지 일을 했고 단지 며칠간 식사를 못했기에 입맛 도 는 약을 처방받을까 해서 동네병원을 방문했었다. 폐에 염증이 있다는 소견이었기에 다시 ○○병원을 찾았다. 당일 입원했지 만 우리 가족 모두, 그저 염증만 제거되면 된다고 쉽게 생각했 다. 누구보다 건강했고 본인 스스로도 "아직은 끄떡없어! 집에 서 쉬면 지루해!"라고 했기에. 겨우겨우 대전집에 도착해 아내 와 아이를 만났고 다시 눈물이 쏟아졌다. 아내를 꼭 안았고 '정 신을 차려야지'라고 다짐했다. 아버지를 보기 위해서는 코로나 19 검사가 필요했기에 대전시청 임시선별진료소로 갔고, 인천 의 아이 외할아버지·외할머니는 부랴부랴 대전집에 도착했다. 혹시 모를 상황, 아이의 정신적 충격 등을 고려해 아이는 대전 집에 남기로 했고 나와 아내는 영주집으로 향했다.

11월 19일 금요일-1

새벽 1시가 넘어 영주집에 도착했다. 이동 중에 연명치료에 대한 이야기가 오갔고 가족들 모두 아버지를 편안히 보내드리기로 했다. 특히 인공호흡기를 다는 순간, 나를 포함한 자식 그 누구도 아버지의 임종을 볼 수 없다는 아이 할머니의 간곡한 뜻이 있었다. 용인에서 수원을 거쳐 대전으로, 거기서 다시 영주까지 정신없이 달렸다. 몸은 피곤한데 잠을 잘 수가 없었다. 몸은 누웠는데 정신은 서있었다. 아버지를 만나면, 아버지를 보면 무슨 얘기를 할 수 있을까 생각했다. 이 말이 생각났다가 다시 또 저 말이 떠올랐다. 그러니 내 머릿속은 정리되지 않은 생각들로 뒤죽박죽이었다. 마구 엉켜버렸다. 이런저런 불길한 생각들도 내 곁에 스멀스멀 돋아났다. 그렇게 한숨도 못 잤다. 아이의 큰고모와 큰아빠가 먼저 아이의 할아버지를 만났다. 방문 인원의 제한으로 그 시간조차 안타깝게 흘러갔다. '혹시나'하는 생각 때문에. 오후 4시가 지나서야 나와 아내, 그리고 아이의 할머니가 병원에 갈 수 있었다. 아이의 할아버지, 그러니 내 아버지를 만났다.

11월 19일 금요일-2

주렁주렁 매달린 각종 장치들과 약들을 보니 마음이 아팠지만 꾹 참았다. 아버지는 아직 본인의 상황을 모르니. 아이의 큰고모와 큰아빠는 나에게 강조해서 말했다. "절대 눈물을 보이지 마라. 절대 언제까지 나으실 거라는 기약을 하지 마라." 아버지는 의식이 또렷했고 손과 발에 따뜻한 온기도 느껴졌다. 내 생각과 달리 너무도 또렷한 아버지의 눈을 보니 더 슬펐고 더 아팠다. 이렇게 멀쩡한데… 그저 숨만 조금 더 잘 쉴 수 있으면 되는데… 그런데 왜. 아버지에게는 아무렇지 않은 듯 출장 다녀온 얘기를 했고 혹시 모를 일이기에 모든 일이 잘 끝나서 다음주부터는 특별휴가를 받았다고 말했다. 대전집을 떠나기 전, 아이를 촬영한 영상을 보여 드렸다. '할아버지! 저 OO이에요! 건강하세요! 사랑해요!'라고 말하는 아이를 보자 무덤덤하던 아버지는 눈물을 흘렸다. 곁에 있던 나도 눈물이 솟았지만 꾹 참고 또 참았다. 작은아버지, 이모들에게 먼저 전화했고, '눈물을 흘리면 안 된다. 그냥 평소처럼 통화해 달라'라고 부탁한 후 한 사람씩 영상통화를 했고 아버지는 그저 손짓으로 답했다.

11월 20일 토요일-1

어쩌면 아버지의 마지막을 봤다는 생각에, 그래도 아버지와 눈을 맞추고 손을 잡았다는 생각에 마음이 조금은 편안해졌다. 그렇게라도 나를 위로하고 싶었다. 전날과 달리 꽤 오랜 시간을 잤고 아침에 친척 할아버지·할머니가 오셨다. 아버지에게는 아재뻘 되는 분인데 아버지와 동갑이라 한 동네에서 나고 자라 지금까지 대부분의 날들을 함께한 분이다. 그런 까닭에 친척 할아버지를 보는 순간 다시 또 눈물이 쏟아졌다. 그러지 말아야지 하면서도 어떻게 내 마음대로 되지 않았다. 그냥 솔직하게 울었다. 잠시 후 첫째 이모와 이모부가 도착했고 이후 아이의 할머니와 함께 병원으로 갔다. 병원에서도 가족과 친척들이 아버지와 함께 할 시간을 배려해줬다. 나도 당장 병원으로 가서 아버지를 한 번 더 보고 싶었지만 아이의 큰고모와 아버지를 모실 곳을 결정해야 했다. 우리 형제들이 사는 곳, 그중에서도 첫째 자식인 아이의 큰고모가 있는 원주로 결정했다. 볕이 잘 드는 곳, 언제라도 아버지를 찾아갈 수 있는 곳이면 좋겠다고 생각했다. 영주집으로 돌아오는 길에 장례식장도 둘러봤다.

11월 20일 토요일-2

영주집으로 돌아와 대전집에 있는 아이와 통화했다. 아이는 외할아버지·외할머니와 잘 지내고 있었다. 아주 어릴 적, 내가 박사학위 논문을 마무리할 때도 몇 개월을 함께 했기에 아이에게는 너무나 익숙하기도 했고, 아이의 외할머니는 아주 꼼꼼했기에 아이를 더없이 잘 보살피고 있었다. 짧게 감사 인사를 전했고 다시 아이의 큰고모와 몇 가지를 상의했다. 아이의 할아버지에게는 딸 둘, 아들 둘이 있고 그중에 나는 막내아들이다. 이렇게 네 명이 아버지를 잘 보내드리기 위해 역할을 분담했다. 아이의 큰고모가 이야기를 시작하면 대부분 그것에 동의했다. 이렇게 갑자기 아버지가 아프고 나니 부모님을 잘 보내드리는 것도 정말 할 일이 많다는 생각을 했다. 몸은 아버지를 보내드릴 준비를 하나씩 하면서도 '아버지가 고통스럽지 않으시다면 지금처럼이라도 계속 함께 해 주시면 좋겠다'라고 생각했다. 아버지 비석에는 '항상 존경합니다'라는 자식들의 생각과 '서로 사랑하며 살게요'라는 자식들의 다짐을 담기로 했다. 지난 며칠간의 일들이 모두 꿈이었으면 좋겠다.

11월 21일 일요일-1

　　앞으로 계속될 병원 방문을 위해 아침에 일어나자마자 아내와 안동보건소 코로나19 선별진료소로 갔다. 이른 시간에도 많은 사람들이 있었기에 30분 정도 지나 검사를 받았다. 병원에 도착하니 아이의 큰아빠가 병실 입구에서 몇 가지를 말했다. 아이의 할머니가 지난밤에 아버지에게 병원에 오래 있었으니 그동안 기뻤던 일, 자식들에게 하고 싶은 말 등등을 글로 써보라고 했고 아버지는 제법 길게 몇 문장으로 글을 남겼다고. 몸에 힘이 없어 알아보기 어려운 글자들도 많았지만 전체적인 의미는 충분히 이해됐다. 순간 눈물이 쏟아졌고 병실로 들어갈 수 없었다. 화장실에서 몇 번을 세수했고 겨우 마음을 가라앉히고 아버지를 만났다. 다시 아이와 영상통화를 했고 이번에도 너무 좋아하시기에 아이를 병원으로 꼭 한 번 데려오겠다고 약속했다. 아버지에게 하나뿐인 사위와 둘뿐인 외손자·외손녀도 도착했다. 이후 친척 할아버지·할머니도 병원을 방문했기에 아버지가 친척 할아버지에게 쓴 글도 미리 보여드렸다. 두 분 모두 눈물을 글썽이시며 너무 안타까워했고 잠시 후 병실로 들어가셨다.

11월 21일 일요일-2

　　앞으로 약속된 개인 일정 또는 남겨진 업무 등을 정리해야 했기에 잠시 대전집에 다녀와야 했다. 무엇보다 아이를 돌봐야 했고 오랜 시간 고생하고 계신 아이의 외할아버지·외할머니도 인천으로 돌아갈 시간이 되었기 때문이었다. 대전집으로 오는 길에 조카 녀석을 내려줬다. 집에 도착해 아이의 외할아버지와 잠시 이야기를 나눴고 두 분은 오래지 않아 출발했다. 순간 머리가 멍해졌고 아버지와 먼 곳에 있다는 생각에 잠시 불안했다. 뭐라도 하자는 생각에 대여한 책들을 반납했고 아버지를 깔끔한 모습으로 만나자는 생각에 헤어숍도 다녀왔다. 친구가 아내에게 전화해 내 상태를 물었고 그 목소리가 전해져 잠시 눈물이 쏟아졌다. 내 슬픔을 나누고 싶어 아니 그저 그냥 크게 울고 싶어 체육관을 같이 다녔던 형, 중학교 은사님, 직장 동료, 선배와 한참을 통화했다. 예상했던 것처럼 많이 울었지만 마음이 조금은 진정됐다. 그리고 이번에도 다짐했다. 아버지가 생의 끈을 놓지 않으려는 강한 의지가 있으니 꼭 삶을 이어갈 거라고. 내가 아는 아버지는 강한 분이니까. 나는 그것만 믿기로.

11월 22일 월요일-1

6시에 일어나 샤워를 했고 겨우 정신을 차렸다. 묵직한 느낌이 머리를 꽉 채웠다. 아이가 일어나 등교 준비를 하기 전까지, 내가 해야 할 일들을 생각했다. 장례를 치르기 위한 신용카드 한도 높이기, 예정된 건강검진 취소하기, 파견 중 가족돌봄휴가 절차 확인, 진행 중이던 감사업무 정리 등 이것저것 많았다. 8시 30분에 아내와 함께 아이를 등교시켰고 아이의 할머니에게 아버지의 상태를 확인했다. 다행히 어제와 별다를 것은 없었다. 아내는 급작스러운 상황에 대비해 아이의 외할머니에게 남길 아이와 관련된 메모를 잔뜩 정리했다. 요일별 하교 시간, 방과후활동 일정표 등등. 2시가 지나 아이는 학교를 마쳤고 아이와 함께 바로 병원으로 향했다. 어제 아버지와 약속했다. 월요일에 손자 얼굴을 꼭 볼 수 있도록 다시 돌아오겠다고. 혹시 모를 상황에 대비해 저녁에 다시 돌아올 예정임에도 나는 일주일치 옷가지를 준비했다. 운전 중에 카시트에서 자고 있는 아이를 보니 다시 또 눈물이 쏟아졌다. 휴식 없이 마구 달려 4시 근처에 병원에 도착했다. 심호흡을 크게 했고 마음을 가라앉히려 수십 번 노력했다.

11월 22일 월요일-2

아이의 등교를 함께 하고 싶었을 아버지를 위해 아이는
가방을 메고 병실로 들어섰다. 아이는 처음에는 낯설어 했지만
이내 할아버지 곁으로 다가섰다. 아이는 조심스레 엄마 품에
잠시 안겼다. 나는 그 순간 느꼈다. 지금 아이는 슬퍼하고 있다
고. 아이는 엄마 품에 안겨 눈물을 조용히 훔치고 있었다. 그리
고 이내 할아버지에게 준비해 간 포켓몬 카드를 자랑했다. 그
러다 할아버지, 큰아빠, 나, 아이까지 네 명이 사진을 찍기 시작
했고, 잘 나오기를 바라는 간절한 마음으로 몇 번을 반복했다.
아이는 할아버지의 손을 잡았고 "할아버지 손이 불덩이 같아"
라며 까치발을 들고 귀에 속삭였다. 그러더니 할아버지 손을
향해 부채질을 시작했고 이후 발에도 부채질을 멈추지 않았다.
그 모습에 마음이 찡했고 순간 눈물이 쏟아질 것 같았다. 눈물
을 참고 또 참았고 아이의 할아버지에게 "아버지, 제 아들 효자
죠. 제가 아버지 아들이니 우리는 이렇게 쭉 연결된 거죠"라고
말했다. 아버지는 스르륵 잠이 들려 했다. 아이의 할머니는 "늦
기 전에 대전집으로 돌아가야지"라고 말했고 "아버지 일어나
셨는데 얼굴 안 보이면 서운하니까. 지금 가"라고 더했다.

11월 22일 월요일-3

아내는 아이에게 "아들, 할아버지 꼭 안아드리자"라고 말했고 아버지를 잠시 안았다. 그러더니 "OO아. 할아버지가 OO이 많이 아끼고 사랑하시는 거 알지? 아버님, 맞죠?"라고 더했고 그 말에 아버지는 있는 힘껏 고개를 끄덕였다. 나도 "아버지, 저도 항상 안아드렸는데 병원에 오시고는 못 안아 드렸네요. 저도 한번 안아 볼게요"라고 말했고 아버지 품에 잠시 안겼다. 나는 아이에게 "아들, 이제 집으로 돌아가야 하는데 할아버지에게 편지 한번 쓰자"라고 말했다. 잠시 후 아이는 '할아버지! 건강하세요! 사랑해요! OOO이가'라고 썼고 그 편지를 들고 할아버지 앞에 가만히 서 있었다. 대전집으로 돌아오는 차에서 아내에게 "어쩌면 내 인생에서 오늘이 내게 아들이 있음이 제일 보람된 날인 것 같아"라고 더했고 아내도 "우리가 정말 마음이 따뜻한 아이로 잘 키운 것 같아"라고 답했다. 아이의 부채질과 손편지가 계속 생각났고 그게 행복했고 그게 서글펐다. 집에 도착해 아이의 큰고모와 통화했고 오늘은 조금 덜 울었다는 얘기에 아이는 "아빠, 나도 울었어"라고 말했다. 아버지, 힘내세요!! 저는 믿어요!!

11월 23일 화요일-1

지난 며칠이 어떻게 지나갔는지, 내가 정확히 무엇을 했는지, 하루가 십 년 같은 날들이었다. 아버지를 제외한 일들에 대한 의욕이 크지 않았다. 아니 남겨진 시간 동안 오직 아버지만 생각하고 싶었다. 머릿속에는 수천수만 가지 생각들이 휘몰아쳤고 몸무게는 4kg이 빠졌다. 그래서 생각했다. 조금이라도 정신이 있을 때 하루하루를 기억해야겠다고. 마음은 힘들지만 글로 아버지를 기억하겠다고. 아내가 말했다. "슬플 땐 슬퍼야 해서 내가 울지 말라고는 말하지 못하겠는데 그래도 밥은 꼭 먹어. 아버님도 그걸 바라실 거야." 아버지가 삶에 대한 의지를 놓지 않고 있기에, 자식들이 아버지와 함께 하고 싶었던 일들을 하나씩 할 수 있는 시간을 주고 있기에, 힘을 내기로 했다. 밥도 꾸역꾸역 먹기로 했다. 나는 아버지의 아들이자, 아버지가 사랑하는 손자, 그러니 내 아이의 아빠니까. 내 곁에는 아버지가 딸처럼 생각하는 며느리, 그러니 내 아내가 있으니까. 지난번에도 약속했다. "아버지, 제가 제 가족은 잘 돌볼게요. 저는 잘 할 수 있어요. 아버지, 저 믿죠"라고.

11월 23일 화요일-2

어젯밤에는 슬펐다. 아니 어젯밤에도 슬펐다. 할아버지가 계신 병원에 다녀온 아이는 대전집으로 돌아와 포켓몬 카드 놀이를 했고 아빠와 그동안 못다 한 씨름 대결도 했다. 받아쓰기 숙제도 했고 밥도 잘 먹었다. 자는 시간이 평소보다 1시간 정도 늦어진 것을 제외하면 별다를 것 없었다. 불이 꺼진 침대에 나란히 누웠고 아이도 피곤한 하루였을 테니 이제 자겠다고 생각했는데 아이가 말했다. "엄마, 할아버지가 아프니까 나도 마음이 아파"라고. 그러더니 코를 훌쩍이며 울기 시작했다. 아내는 아이에게 "아들, 할아버지가 편찮으시니까 마음이 아프지. 엄마도 아빠도 그래. 그래도 할아버지는 아들 보시고 지금 너무 행복하실 거야. 마음이 아프면 엄마 품에서 울어. 엄마는 하늘이 두 쪽 나도 아들 곁에 있을 거야. 앞으로 지금처럼 힘들 때는 엄마가 아들에게 에너지를 줄 거야. 그러면 힘이 날 거야"라고 말했다. 아이는 "내가 약도 아닌데… 어떻게 좋아져…"라고 답했고 나는 아무 말 없이 듣고 있었지만 '아들, 너무 고마워. 어쩌면 아빠보다 할아버지를 더 생각해줘서'라고 생각했다. 눈물이 흘렀다.

　　아침에 양치질을 하는데 잠시 망설이던 아이가 말했다. "아빠, 그런데 답답해. 할아버지가 아프시니까"라고. 나 또한 똑같은 마음이지만 그래도 아이에게 슬픔만 오롯이 전해줄 수는 없어 "아들, 아빠도 그 마음 이해해. 그런데 할아버지는 아들 얼굴을 보고 진짜 행복해하셨어. 아빠는 할아버지가 환하게 웃는 모습을 본 것만으로도 진짜 기분이 좋았어. 우리 아들이 너무 자랑스러웠어"라고 답했다. 아이를 등교시키고 돌아오는 길, 아내가 말했다. "어제 아들이 울었잖아. 그런데 내가 거짓말을 할 수는 없어서 '할아버지 곧 퇴원하실 거야'라고는 말 못하겠더라고. 그게 나도 너무 마음이 아파." 나도 아내도 아이도 다 같은 마음이다. 내 아버지가, 아내의 시아버지가, 아이의 할아버지가 정말 정말 힘을 내서 오래오래 삶의 끈을 놓지 않았으면 하는 마음, 소망, 기대, 바람 등등. 지금 상황에서 아버지와 꼭 하고 싶은 일, 아버지와 나란히 누워 이런저런 얘기를 나누고 다시 아침을 맞이하는 일. 나는 그것을 하러 다시 OO병원으로 간다. 아주 오래, 정말 오래 그랬으면 좋겠다.

11월 23일 화요일-4

코로나19 선별진료소를 먼저 방문했다. 지난번 검사 결과는 오늘까지 유효하지만 내일, 그리고 모레를 위해. 다행히 별다른 대기 없이 검사할 수 있었다. 입과 코, 두 곳 모두 여전히 불편했지만 아무 말 없이 꾹 참았다. 병원에 도착하니 아이의 할머니와 큰아빠가 있었다. 병원 식당에서 점심을 먹으며 지난밤과 오늘 아침, 아이가 할아버지를 걱정해 했던 말들을 전하는데 눈물이 쌓였다. 오후에는 아이 할머니의 동생 내외, 그러니 내게는 둘째 이모와 이모부가 오셨고, 잠시 후 막내 이모까지 다녀가셨다. 병원 엘리베이터를 몇 차례 오르내리며 전자 발찌를 차고 휠체어를 탄 수형자와 마주쳤고 잠시 생각했다. '아버지는 그 누구에게도 작은 잘못 하나 하지 않았는데 어떻게 이렇게 허망하게 누워 계실까'라고. 아이 할머니의 건강이 걱정됐기에 오늘은 간병인만 병원에 남기로 했고 나와 아이 할머니는 영주집으로 돌아갔다. 연이어 친척 할아버지에게 "무슨 수를 써서라도 아버지를 살려야 하지 않겠냐. 방법을 찾아보자"라는 전화가 왔다. 나도 "이 상황이 너무 안타깝고 너무 억울하다"라고 말했다. 그 뿐이었다.

11월 23일 화요일-5

아이의 큰아빠가 전해줬다. 아이의 할머니가 아이의 할 아버지에게 물었다고. 살면서 기쁠 때가 언제였냐고. 아이의 할아버지는 말을 하지 못하니 글로 남겼다. '살아가면서 즐거 울 때가 같이 모여서 술 먹고 놀 때가 그래도 즐거웠다. 앞으로 도 그랬으면 좋겠는데 어떻게 될지 모르겠다.' 아이의 할머니 는 다시 물었다. 네 명의 자식들에게 할 말이 있는지. 아이의 할 아버지는 칠십 다섯 인생에 자식들에게 가장 긴 글을 남겼다. '내가 지금까지 잘 살았는데 이제로서 이게 무슨 일이냐. 참 허 무하다. 여기서 내가 어떻게 될지 모르지만 남은 기간 잘해서 끝까지 잘 됐으면 좋겠는데 어떻게 될지 모르겠다. 너희들에게 더 잘해주고 싶은데 마음대로 안 될 것 같아서 미안하다. 너희 들은 우애 있게 잘하기 바란다.' 막연히 아버지가 어떤 말을 남 겼을까 궁금했지만 한 자 한 자 읽어보니 그 글자, 그 단어, 그 문장 그대로 아버지였다. 내가 뭐라도 답장을 남길 수 있다면 좋겠지만 지금은 그저, 그냥 '아버지 존경합니다. 얼른 건강을 회복하세요. 저는 그렇게 믿고 기다릴게요'라고만 쓰겠다.

11월 24일 수요일-1

잠을 잔다고 아니 자야 한다고 누웠는데 새벽 2시가 지나 잠시 깼다가 다시 6시가 되어 완전히 깼다. 오늘도 의사 선생님 회진 전, 병원에 도착해야 하니 부지런히 움직여야 했다. 아이의 작은고모가 차려준 밥을 먹고 아이의 할머니와 영주집을 나섰다. 지난주와 달리 쌀쌀해진 날씨에 "엄마, 우리가 감기에 걸리거나 코로나19에 걸리면 안 되니 진짜 조심하자"라고 말했고 평소보다 한 겹 더 옷을 껴입었다. 병원에 도착하니 아버지는 지친 표정으로 얕은 잠을 이어가고 있었다. 10시가 조금 지나 의사 선생님을 만날 수 있었고 죽을 조금이나마 먹어 보기로 했다. 뭐라도 어제와 다른 처방이 있었기에 작은 위안을 받았다. '요플레 숟가락으로 몇 번 안 되는' 정도였지만 그마저도 오늘 하루의 보람이었다. 지난주에 아버지의 장례 준비로 정신이 없었다가 다시 한결 편안해진 아버지의 모습에 '혹시나 후회할 일은 만들지 말자'라는 마음으로 의사인 친구에게 잠시 의견을 구했다. 그렇게라도 답답한 마음을 달래고 싶었다. 동료 감사관에게 휴가 처리를 부탁했고 다시 곤히 잠든 아버지를 한참 바라봤다.

11월 24일 수요일-2

호박죽이나마 몇 숟가락 드시는 아버지의 모습에 아이의 할머니는 간이침대에 잠시 몸을 뉘었다. 그러더니 이내 잠이 들었다. 병실이라는 작은 공간에 아이의 할아버지와 할머니가 서로 다른 이유로 잠을 자고 있었다. 그 모습이 낯설었다. 무엇을 할까, 무엇을 할 수 있을까 잠시 고민했고, 잠든 두 분의 얼굴을 한동안 바라봤다. 그저, 그냥, 이렇게라도 두 분 모두 내 곁에 오래 있었으면 좋겠다고 생각했다. 그 정도면 큰 욕심은 아니라고 생각했다. 적막한 병실에 앉아 지난 출장부터 읽지 못한 신문을 읽고 또 읽었다. 나는 지금 일상처럼 하루, 하루를 살아갈 수 없지만, 또 어쩌면 이렇게라도 일상처럼 하루, 하루를 살아가고 싶었다. 아내에게 아이의 학교에서 코로나19 확진자가 나왔다는 전화가 왔고, 아이는 내일부터 당분간 학교를 가지 않고 집에서 엄마와 시간을 보내기로 했다. 내 아버지, 내 어머니, 내 아내, 내 아들… 내 주변의 소중한 사람들 모두 아프지 않고 건강했으면 좋겠다는 생각을 하루에도 몇 번씩 했다. 이렇게 오늘 하루도 무탈하게 지나갔다. 창밖으로 어둠이 내렸다.

11월 24일 수요일-3

아이의 할머니는 작은 소리로 내게 이런저런 아쉬움을
말했다. 그러다 시간이 날 때마다 아이의 할아버지 곁으로 갔
다. 무엇을 할까 잠시 지켜봤다. 숨을 쉬기 어려워하는 아이
의 할아버지 가슴에 작은 두 손을 살며시 놓았다. 그러더니 두
눈을 꼭 감고 "관세음보살… 관세음보살… 관세음보살…"이라
며 되뇌고 또 되뇌었다. 그렇게 한참의 시간이 지났고 이번에
는 "나쁜 염증이 싹 사라졌을 거야. 밖으로 싹 나왔을 거야"라
고 말했고, 아이의 할아버지에게 "이제 좋아질 거야"라고 더했
다. 아이의 할머니는 생각이 많았다. 두 분은 오십일 년을 함께
했다. 이제 내 나이가 마흔 셋이니 참 길고도 긴 시간이었다. 그
시간 안에 기쁨도 있겠고, 슬픔도 있겠고, 보람도 있겠고, 행복
도 있겠다. 아이의 할머니는 몇 번을 말했다. "평생을 일만 하
다 멀쩡하게 병원을 걸어들어 와서 이렇게 갑자기 누워만 있으
니 그게 제일 안타깝고 원망스러워. 그래도 팔십까지는 살았으
면 좋겠는데. 딱 오 년만 더 살아도 좋겠는데"라고. 아내도 "아
버님이 퇴원해서 딱 하루라도 집으로 돌아갈 수 있다면 좋겠
어"라고 말했다.

11월 24일 수요일-4

친척들의 계속된 전화로 아이의 할머니가 잠시 자리를 비웠다. 아버지의 곁에서 잠든 얼굴을 오랫동안 바라봤다. 이런저런 생각들이 스쳤고, 머물렀다, 사라졌다. 아버지의 거친 손을 살짝 잡았다. 다시 조금 힘을 줬고 두 손으로 꼭 감쌌다. 그리고 말했다. '아버지, 지금 힘드신 거 알아요. 그래도 조금만 힘을 내 주세요. 엄마도, 큰누나도, 매형도, 조카 녀석들도, 작은누나도, 형도, 형수도, 저도, 아내도, 제 아이도 아버지가 건강하게 회복하시길 간절히 기도하고 있어요. 아버지가 제일 큰 어른이시잖아요. 아무 일 없었던 것처럼 일어나 주세요.' 눈물은 참았다. 아버지에게 약한 모습을 보일 수는 없었다. 8시에 의사 선생님이 왔고 "아버님이 어제보다 좋아지셨어요. 죽도 조금 드셨고. 이제 침대에서 등을 떼는 연습도 해 보시죠"라고 말했다. 힘없이 졸린 눈으로 의사 선생님만 기다렸던 아버지는 그 얘기에 더없이 기쁜 표정이었고 곁에 있던 어머니도 더없이 행복한 얼굴이었다. 아내와 아이의 큰고모에게 얘기를 전했고 "너무 큰 기대는 하지 말고 차분히 노력해보자"라고 덧붙여 말했다.

11월 25일 목요일-1

병실의 잠은 깊지도 오래지도 않았다. 작은 기계음과 드나드는 간호사의 발걸음에 몸이 움직였고 마음이 따랐다. 다행히 아이의 할아버지와 할머니는 비교적 잘 주무셨다. 아니 사실은 모르겠다. 나도 눈은 감고 있었지만 잘 잤다고 말할 수는 없으니. 아이의 할아버지도 아이의 할머니도 실제 어떤 밤을 보냈는지 그저 추측할 뿐이고 내가 믿고 싶은 대로 그렇게 생각할 뿐이다. 지난 목요일, 출장지에서 급히 철수하며 단 한 가지, 아버지와 눈을 맞추고 싶었다. 금요일, 눈을 맞추고 나니 손을 잡고 체온을 느끼고 싶었다. 체온을 느끼니 내 아이를 보여드리고 싶었다. 다시 월요일, 내 아이를 보여드리니 아버지 곁에 하루라도 함께 하고 싶었다. 함께 저녁을 보내고 함께 아침을 맞이하고 싶었다. 돌아보니 아버지의 삶에 대한 의지로 자식인 내가 간절히 하고 싶었던 일들을 하나씩 할 수 있었다. 그저 고맙고 감사하다. 아버지는 입원 후 처음으로 허리를 세우고 죽을 몇 숟가락 드셨다. 잠시 후 나는 코로나19 선별진료소를 다녀오려 한다. 오늘밤도 내일밤도 앞으로도 아버지 곁에 있고 싶으니.

11월 25일 목요일-2

　가만히 생각해 봤다. 어제부터 지금까지 병원에서 지내면서 한 번도 울지 않았다. 순간순간 눈물이 맺혔지만 한 방울도 흘리지는 않았다. 아이의 할아버지와 아이의 영상통화에 마음이 흔들렸지만 힘겨운 손짓이나마 아이에게 답을 하려는 아버지의 모습에 힘을 더 내기로 다짐했다. 이십여 일 동안 식사를 하지 못해 혀가 쩍쩍 갈라진 아버지의 모습에 마음이 출렁였지만 힘을 더 내기로 약속했다. 병실의 간이침대에 잠시 몸을 눕히고 지난 하루를 생각했다. 딱히 무엇을 한 것은 없었다. 그래도 이렇게라도 아버지의 곁에 있으니 마음은 편안했다. 또 한편으로는 불안했고 두려웠다. 아버지의 아픔을 그저 바라볼 수밖에 없음이. 이런저런 전화를 받았고 이래저래 전화를 했다. 그 시간을 제외하면 혼자 침묵을 감내해야 했다. 그 침묵의 시간들이 싫었다. 그럴 때면 썼다. 뭐라도 썼다. 내 마음을, 아버지와의 추억을, 그 곁에 있는 사람들까지 모두 다 기록하고 싶었다. 아내는 말했다. "시간이 지나면 감정이 너무 힘들거야. 지금이라도 기록해 둬. 그게 지금 오빠가 사는 길이야"라고.

11월 25일 목요일-3

이제 병원도, 의사도, 간호사들도 많이 익숙해졌다. 아직 채 일주일도 지나지 않았지만 병원에 매점은 어디에 있는지, 식당은 언제 가면 좋은지, 의사는 언제쯤 회진을 하는지, 간호사들 중에 누가 팀장인지, 또 누가 막내인지, 코로나19 선별진료소를 방문하려면 어떻게 움직여야 하고, 언제 가면 좋고, 어디에 주차하면 좋은지 등등. 병실 내 텔레비전은 어떻게 작동하고, 또 인터넷 와이파이는 어떻게 설정하는지까지. 나 하나를 제외하면 대부분의 것들이 낯설지 않다. 병실에 누워 있는 아버지도, 그 곁에서 나에게 이런저런 얘기를 하는 아이의 할머니도 익숙해져 간다. 아이의 할머니는 남은 삶의 길이를 알 수 없는 아이의 할아버지에게 오늘도 일상을 얘기한다. "OO이(아이의 작은고모)는 월급이 30만원 올랐어. 내년에는 더 오를 거래. (영주집) 도시가스 공사도 다 했으니까 얼른 치료해서 집에 가. 이제는 일하지 말고 푹 쉬자." 아이의 할아버지는 듣기만 할 뿐 별다른 반응은 없다. 하지만 나는 안다. '응, 그래. 잘 됐네. 알았어. 나도 열심히 할게'라고 말하고 있음을.

11월 25일 목요일-4

아버지는 지친 몸 때문인지 대부분의 시간을 잠만 잔다. 아버지와 한 번이라도 더 눈을 맞추고 싶은데 그게 마음대로 안 된다. 하지만 아버지의 입장에서 생각해보면 이 상황이 충분히 이해된다. 멀쩡하게 잘 걸어 다니다가 병원에 들어온 순간부터 지금까지 누워만 있으니 오죽 답답하랴 싶다. 아버지가 잠시 눈을 떴을 때, 대전집에 있는 아내에게 전화해 "아버지 일어나셨으니까 OO이랑 영상통화하자"라고 말했다. 바로 아내의 전화가 왔고 화면 가득 아이의 얼굴이 보였다. 그 잠깐 사이에 아버지는 다시 잠이 들었다. 깨워야 하나, 그냥 두어야 하나 고민하는데 아이의 할머니가 말했다. "살짝 깨워 봐. OO이 얼굴 보면 좋아할 거야." 아버지 곁으로 다가가 "아버지, 손자 얼굴 보세요"라고 더했고 아버지는 잠에서 깨어 있는 힘껏 손을 휘적였다. 아이는 "할아버지, 호떡 만들고 있어요. 제가 맛있게 만들 거니까 꼭 나으셔서 드세요"라고 말했다. 잠시 생각했다. '아버지가 얼른 나으셔서 호떡도 드시고, 이런저런 맛나는 것도 원 없이 드신다면 얼마나 좋을까'라고.

11월 26일 금요일-1

지난밤, 아니 새벽에는 한숨 정도 잤다. 12시가 지나 간이 침대에 누웠고 중간중간 시계를 보니 2시가 됐다가 다시 3시를 지났다. 아이의 할머니도 나와 비슷했다. 잠시 눈을 뜨면 아이의 할아버지 곁에서 아무 말 없이 지그시 얼굴만 바라봤다. 그렇게 더딘 밤을 보냈다. 5시에 아이 할아버지는 채혈을 했고 6시가 지나 호박죽을 달라고 침대를 탁탁 두드렸다. 그 소리에 화들짝 깼고 '그래도 생의 의지가 확고하구나'라는 생각에 기쁜 마음으로 죽을 챙겼다. 6시에 엑스레이 촬영이 진행됐고 잠시 후 이런저런 조치들이 있었다. 8시가 지나 조금의 여유가 생겼고 아이의 할아버지는 그제야 호박죽을 조금 드셨다. 아이 할머니는 아픈 허리를 달래려 침대에 누웠고 온열 찜질을 했다. 10시에 의사의 짧은 회진이 있었고 '조금 더 노력해보자'라는 더 짧은 얘기를 들었다. 11시가 다 돼서야 아이 할머니와 둘이서 즉석밥에 단출한 반찬으로 늦은 아침밥을 해결했다. 점심 전에 아이 큰고모와는 간병인 관련, 아이 작은고모와는 아이 할머니의 병원진료 관련 통화를 했다. 다시 작은 여유가 찾아 왔다.

11월 26일 금요일-2

　　기계장치 소리로 가득한 병실이 낯설고 두려워 바둑 TV를 틀어 둔다. 아이의 할아버지가 가장 좋아하는 방송 프로그램이기에. 잠결에라도 들으실 수 있도록. 바둑과 장기, 그 둘을 참 좋아하셨다. 아이와 함께 영주집에 갔을 때도 아버지는 새벽같이 일어나 바둑을, 또 장기를 보셨다. 그나마 장기는 알겠는데 도대체 바둑은 모르겠다. 프로기사들은 흑돌과 백돌을 하나씩 놓으며 전체 그림을 그려가는 것 같은데, 해설자도 다양한 설명을 이어 가는데, 내게는 그저 공허한 것들일 뿐이다. 빈 플라스틱 물병 하나를 꽉 움켜지지 못하는 아버지를, 침대에 딸린 식판에 두 손을 올려놓는 것조차 버거워 하는 아버지를, 침대를 세우고 잠시 기대고만 있어도 힘들어 하는 아버지를, 그런 아버지를 보고 있자니 너무 안타깝고 너무 슬프다. '어떻게 이렇게 변했을까'라는 생각도, '인생이 그리고 삶이 어떻게 이럴까'라는 생각도, 그 곁에서 아버지에게 '우리 최선을 다해보자. 응'이라 간절히 말하는 아이의 할머니를, 또 그 얘기에 최선을 다해 노력하는 아버지를 보는 것도 허망하다. 머리가 복잡하다. 힘내자!

11월 26일 금요일-3

아이의 할머니와 병실 간이침대에 앉아 작은 소리로 이런저런 얘기를 나눴다. 아들이 아버지를 생각하는 마음과 부인이 남편을 생각하는 마음, 거기에 엄마가 아들을 생각하는 마음과 아들이 엄마를 생각하는 마음이 겹쳐졌다. 우울했던 마음을 위로받았고 어쩌면 서로가 서로의 아픔을 달래주고 있었다. 아이의 할머니, 그러니 엄마의 손을 꼭 잡았고 말없이 꼭 안았다. 그렇게 다시 힘을 내서 "우리 아버지에게 지금처럼 최선을 다해 보자"라고 말했다. 힘을 내기로 했으니 병원 매점에서 제일 푸짐한 도시락을 샀고 아버지 곁에서 "아버지, 우리는 밥 먹을게요. 아버지도 죽 드시고 싶으시면 꼭 알려주세요"라고 더했다. 아이의 큰고모를 시작으로, 아내와 아이, 친척 할아버지 내외분, 아이의 큰아빠와 큰엄마, 아이의 작은고모, 거기에 아버지의 동생, 그러니 내게는 작은아버지 내외분까지 아버지와 영상통화로 잠시 만났다. 아버지의 마음으로 아버지의 말을 전했고 아버지도 잠시 미소 지었다. 그 모습에 나도 잠시 위로받았다. 오늘도 아버지가 몇 번 웃으셨다. 막내아들 때문에. 그럼 됐다.

11월 27일 토요일-1

숨 가쁜 시간들이 쏟아졌다. 새벽 1시 40분, 아이의 할아버지는 호박죽을 먹겠다며 침대 난간을 탕탕 두드렸다. 화들짝 놀랐지만 죽을 달라는 눈짓에 기분 좋게 정신을 차렸고 부산스러운 시간을 보낸 후 다시 눈을 감았다. 5시 30분, 다시 탕탕 소리가 들렸다. 이번에도 죽을 달라는 손짓이었다. 그렇게 오늘 하루는 무난하게 시작되나 했는데 6시 30분, 아이 할아버지의 산소포화도가 낮아졌다. 세 명의 간호사가 동시에 병실로 들어왔고 추가 치료를 했다. 불안했던 마음은 7시 30분, 반복됐고 8시 25분, 한 번 더 찾아왔다. 8시 50분, 간병인이 왔고 9시 10분, 아이의 할아버지는 주사를 한 대 맞고서야 겨우 안정됐다. 치료 중간중간 힘든 표정의 아버지를 지켜봐야 했기에 마음이 더없이 힘들었다. 아이의 할머니도 불안한 듯 반복해서 아쉬운 마음을 전했다. 오늘은 토요일, 점심때는 아이의 큰고모가 조카 녀석과 병원으로 올 예정이고, 나는 갈비뼈 복합골절 중인 아이 할머니의 건강을 생각해 영주집으로 간다. 지난 며칠간 밤, 낮 그리고 낮, 밤 아버지에게 꼭 하고 싶었던 많은 말들을 했다.

11월 27일 토요일-2

병실에는 아이의 큰고모만 남았다. 아이의 할머니, 아이의 큰아빠, 그리고 나까지 아버지와 밤을 지새웠고 새벽을 보냈고 다시 아침을 맞았으니. 이번에는 아이의 큰고모 차례였다. 급작스러웠던 지난 목요일을 생각하면 삶의 끈을 놓지 않고 잘 이겨내고 있는 아버지가 너무 고맙고 감사하다. 남게 될 네 명의 자식들에게 고루고루 함께 할 기회를 주고 있으니. 지난 3일 동안 병실에서 아버지와 함께 하며 여러 가지 감정으로 힘들었지만 그래도 가장 큰 감정은 '위로'였다. 아버지와 함께 했던 추억, 아버지의 삶에 대한 이해, 그것들을 조용히 마주할 수 있었던 시간들. 내일이면 아이의 작은고모가 아버지 곁으로 온다. 무슨 이야기를 하게 될지 알 수 없지만 아마 나와 같은 마음이겠다. '아버지, 항상 존경해요. 그동안 고생 많았어요. 아버지가 언제나 얘기했던 것처럼 형제들과 우애 있게 지낼게요. 그리고 엄마는 저희가 더 잘 챙길게요.' 아이의 큰고모가 전했다. 아버지에게 '퇴원하면 제주도 가족여행 가자'라고 말했더니 아버지도 고개를 '끄덕' 했고, 퇴원하면 더 이상은 '일하지 않기로 약속' 했다고.

11월 28일 일요일-1

　　정신없이 잤다. 아이의 할머니 곁에서 잠시 얘기를 나눴고 이내 잠이 들었다. 그렇게 둘이서 지친 몸을 달랬다. 아이의 할머니와 짧게 나눈 반복된 말들. 아이의 할머니는 "그래도 니네 아빠는 자식들하고 이런저런 추억이 많다"라고 말했고 "그런데 어째 병원에서도 아프다는 소리 한 번 안 하고 저렇게 참고만 있는지 모르겠다. 몸이 저 정도면 그동안 많이 아팠을 텐데 그때 말이라도 하지. '내 몸이 이상하다', '내가 요즘 아프다', '오늘은 일을 쉬고 병원에 한 번 다녀와야겠다'라고 말했으면 얼마나 좋았겠냐"라고 길게 더했다. 그러다 또 반복된 말은 "그런데 이제 와서 남편이 저렇게 누워서 아무것도 할 수 있는 게 없는데 이런 말, 저런 말을 한들 그게 무슨 소용이냐"라고 보탰다. 저녁 10시가 지나 잠들었고 아침 9시까지 꿈 한 번 꾸지 않았다. 오전에는 아이의 할머니, 아이의 작은고모와 다음 병원 방문을 위한 코로나19 선별진료소를 다녀와야 한다. 검사결과가 48시간만 유효하니 요즘 내 일정에 반복해서 기록해야 한다. '코로나19 검사'라고. 오늘도 무탈한 하루가 되길 간절히 소망한다.

11월 28일 일요일-2

영주보건소에서 코로나19 검사를 했고 조카 녀석을 데리고 다시 OO병원으로 갔다. 조카 녀석은 주차장에서 내 차에 있었고 나만 병실로 올라갔다. 아버지는 편안히 주무시고 계셨고 아이의 큰고모와 잠시 얘기를 나눴다. 어쩌면 이렇게 오래도록 병원에 계실 것 같다는 생각에 안심했고 아버지를 살짝 깨워 "아버지, 저도 누나도 이제 회사로 돌아가 다시 열심히 일하고 또 올게요. 그리고 엄마는 화요일에 병원진료 보고 수요일에 다시 온대요. 엄마가 그 얘기 꼭 전해달래요"라고 말했다. 아버지와 잠시 눈을 맞췄고 대전집으로 돌아왔다. 병원 방문을 위해 아내도 코로나19 검사를 계속 받아야 했기에 대전시청 임시선별진료소를 들렀고 돌아오는 길에 이런저런 볼 일도 봤다. 다시 일상으로 돌아간다는 생각에 평소처럼 아이와 햄버거를 먹었고 집으로 돌아와 꽤나 오랜만에 면도를 했다. 아이의 작은고모가 병실에 있었지만 아버지가 계속 주무셨기에 영상통화는 하지 못했다. 아이와 못다 한 씨름 놀이를 했고 즐겨보던 <뭉쳐야 찬다 2>를 봤다. 중간중간 웃었고 이렇게 하루가 끝나는 것이 좋았다.

11월 29일 월요일-1

　　10여 일 만에 출근을 하려고 집을 나서려는데 아이의 큰 고모에게 전화가 왔다. "오늘 준비하고 있어야 할 것 같아." 지난주 내내 별일 없었고 어제도 아이의 작은고모에게 편안히 잘 주무신다는 얘기를 전해 들었기에 그저 긴장하고 있으라는 의미 정도로 생각했다. 차에 시동을 막 걸려는데 아이의 큰고모에게 다시 전화가 왔고 "바로 영주로 가야 할 것 같아. 상황이 안 좋아"라는 말을 들었다. 집으로 들어가 정신없이 짐을 챙겨 영주로 향했다. 내려가는 길에 "오늘은 출근하려 했는데 휴가를 하루 더 내야 할 것 같다"라고 잠시 전화했고 다시 정신없이 마구 달렸다. 병원이 가까워 질 때쯤 '병원으로 가는 것이 좋지 않을까'라는 생각을 잠시 했지만 영주에 있는 어머니와 함께 병원으로 가야겠다는 마음으로 안동IC를 지나쳤다. 잠시 후 아이의 큰고모는 울먹이며 전화했고 "병원으로 바로 가야 할 것 같아"라고 말했다. 고속도로에서 경로를 다시 설정하니 국도로 이동했고 중간중간 진행 중인 공사에, 출근 차량에, 속도제한 구간단속 등으로 속도를 낼 수 없었다. 마음은 미칠 듯이 급한데…

11월 29일 월요일-2

우여곡절 끝에 병원에 도착했고 주차장에는 한 자리만 비어 있었다. '아버지가 나를 기다려주시는구나'라고 생각했고 아버지가 있는 10층으로 향했다. 10층에 도착해 마구 달려 병실로 들어서니 커튼이 아버지를 둘러싸고 있었다. 서둘러 아버지의 얼굴을 보려는데 간병인이 나를 안고 눈물을 쏟았다. 눈물이 쏟아졌고 아버지가 삶을 마무리했음을 직감했다. 아버지의 곁으로 다가갔고 잠시 손을 잡고 "고생 많으셨어요. 아버지. 저는 아버지를 항상 존경했고, 존경하고, 존경할 거예요. 이제는 일하지 마시고 편안한 곳으로 가세요"라고 말했다. 조금 지나 아이의 할머니와 작은고모도 도착했다. 이후 아이의 큰고모가 도착했고 아이의 큰아빠는 서울에서 고속버스로 내려오고 있었다. 아이의 큰고모까지 도착했을 때, 의사를 통해 사망 시간을 최종 확인했고 아이의 큰아빠가 도착했을 때, 아버지와 마지막 인사를 하고 장례 담당자와 아버지를 영주로 모실 준비를 했다. 몇몇 분들께 전화했고 잠시 아이의 할머니만 아버지의 곁에 남겨 뒀다. 아이의 할머니에게 그 시간이 필요하다 생각했다.

11월 29일 월요일-3

　　병실 밖 복도에서 잠시 추억했다. 그리고 아팠다. 내 몸이
떨어져 나가는 듯한 슬픔이었다. 처음 경험해보는 아픔이었다.
정신을 차렸고 아이의 큰고모, 작은고모와 아이의 큰아빠가 도
착하기 전, 해야 할 일들을 논의했다. 슬펐지만 잠시 눈물은 거
둬야 했다. 아이의 할아버지를 편안히 잘 보내드리고 싶었다.
OO병원에서 1시간을 이동해 영주의 장례식장에 도착했다. 비
슷한 시간에 아내도 영주의 버스터미널에 도착했다. 조문 받을
준비를 했고 화장을 위해 주민센터를 방문했다. 아이 할아버지
의 사망진단서를 제출했고 확인증 비슷한 것을 받았지만 자세
히 읽고 싶지는 않았다. 5시가 지나 조문이 시작됐다. 아이 큰
고모의 친척들과 내 체육관 후배들이 다녀갔다. 잠시 후 회사
동료들이 방문했고 이곳저곳에서 화환이 도착했다. 중간중간
지인들에게 아이 할아버지의 삶이 다했음을 전했고 이런저런
문자들이 전송됐다. 저녁이 지나면서 조문객은 늘어났고 새벽
이 돼서야 아이 할아버지의 하나뿐인 동생, 그러니 내게는 작
은아버지가 도착했다. 통한의 오열이 있었고 그저 그 모습을
잠시 바라봤다.

11월 30일 화요일-1

　죄다 검은색으로 옷을 입었고 '상주'라고 쓰인 인식표를 달았다. 그 낯설음만큼 마음도 무거웠다. 조문객을 맞이해야 했고 얼굴을 보고 인사를 나눠야 했다. 익숙한 얼굴들이 비칠 때면 나도 모르게 자연스레 눈물이 맺혔다. 사진 속의 아버지를 바라봐야 했고 그 아버지를 기억해야 했다. 새벽 2시가 지나서야 1일차 조문이 마무리됐고 잠시 장례식장 바닥에 누웠다. 잠이 오지 않았고 아직 아버지의 부재를 체감할 수 없었다. 6시가 지나 2일차 조문이 시작됐다. 언제부터인지 비가 내렸고 쌀쌀한 바람도 불었다. 이런저런 장례 절차가 진행됐고 아이의 할머니는 관 속에 아버지가 좋아했던 한복과 미처 사용해 보지 못한 새로 맞춘 틀니를 넣었다. 아내는 아이의 담임 선생님에게 할아버지의 죽음을 알렸고 이후 계속된 조문객을 맞았다. 오전에는 대부분 친척들이었고 오후부터는 아이의 큰고모, 작은고모, 큰아빠, 그리고 내 회사의 동료들이 다수를 차지했다. 아이의 할머니는 49재를 얘기했고 우리 형제들은 "엄마 하고 싶은 것은 다 해도 돼"라고 말했다. 그밖에 다른 말은 할 수 없었다.

11월 30일 화요일-2

      잊지 못할 조문객들도 많았다. 팔에 깁스를 한 동료는 구부정한 팔로 절을 했다. 파견 중인 정부부처 감사관들이 조문을 왔고 그들과 아이 할아버지의 급작스럽고 허망한 죽음을 잠시 얘기했다. 특히 지지난 목요일에 출장지에서 당황해하는 나에게 자신의 차를 선뜻 빌려 준 감사관에게 아이의 할머니와 우리 가족 모두는 다시 한 번 감사 인사를 전했다. 회사 선배와 동료들의 조문이 이어졌고 그들과도 잠시 슬픔을 나눴다. 같은 말이 반복됐지만 그렇게 말하며 또 위로받았다. 10년 전, 잠시 함께 했던 동료는 서울에서 KTX를 타고 영주에 도착해 다시 택시를 타고 장례식장에 왔고 채 10분도 되지 않아 타고 왔던 택시를 이용해 서둘러 기차 시간에 맞춰 영주역으로 돌아갔다. 그 마음이 고마웠고 나라면 저렇게 할 수 있을까 생각했다. 자정이 될 때쯤, 세종시에 사는 회사 동료가 혼자 장례식장으로 들어섰고 "내가 꼭 와야지"라고 말했다. 새벽 1시가 지나 하루 종일 버스를 운전했기에 늦었다는 대전에 있는 후배가 도착했고 그 또한 "형님, 당연히 와야 하는데 일은 해야 해서 늦었습니다"라고 말했다.

11월 30일 화요일-3

어느 순간부터 조문객들이 겹치기 시작했다. 회사 동료들도 서로 다른 시간에 왔고, 또 코로나19 확산 방지 정책으로 띄엄띄엄 앉을 수밖에 없었다. 체육관 관장님이 오셨고 고향 친구들도 함께 했다. 몸은 하나인데 상주로서 조문객도 맞아야 했고 내 손님들도 상대해야 했다. 고향 친구들은 "우리에게는 오지 말고 손님맞이 해. 우리는 괜찮아. 손님들 다 가면 그때 와도 돼. 어차피 여기서 밤 새고 내일 아버님 관도 들려고 왔으니까. 뭐라도 먹고 정신 바짝 차리고 힘내"라고 말했다. 아내는 작은방으로 들어갔고 대전집에 있는 아이와 통화했다. 아이의 외할머니에게 아이의 상태를 확인했고 아이가 낯설고 당황해하지 않는지 걱정했다. 평소에도 아내와 아이 할아버지·할머니, 외할아버지·외할머니의 죽음을 얘기했지만 아이와 떨어져 장례를 치르는 것은 쉽지 않았다. 아이가 함께 하지 않았기에 장례에 집중할 수 있었지만 혹시나 아이가 정신적으로 힘들어하지 않을까 고민됐다. 아이를 돌봐줄 외할머니가 없었다면 어떻게 장례를 치렀을까 생각했고 그렇지 않았음을 다행이라 위로했다.

12월 1일 수요일-1

12월의 첫째 날, 이제는 아버지를 보내드려야 했다. 조문객들의 방문은 없었고 이른 아침부터 장례 절차가 진행됐다. 잠을 자지 못한 날들은 이어졌고 몸도 마음도 축 늘어졌지만 정신만은 바짝 당기고 또 당겼다. 장례식장은 발인제 전까지는 침묵으로 가득했지만 발인제에서는 눈물로 넘쳐났다. 장례식장에서 화장장으로 이동하기 전, 장례식장을 정리했고 복도에 늘어선 화환을 잠시 바라봤다. 아이의 할아버지가 살아 계셨다면 "화환이 가득한 게 뉘집 자식들인지 보기 좋네"라고 말했겠다고 생각했다. 10시에 화장장에 도착했고 아버지와 마지막으로 인사했다. 채 1분도 되지 않는 짧은 시간에 하고 싶은 말들은 넘쳤지만 그저 "아버지. 이제 편안한 곳으로 가세요"라고 짧게 말했다. 2시간이 되지 않아 화장 절차는 마무리 됐고 유골함에 담긴 아버지와 함께 다시 아이의 큰고모가 살고 있는 원주, 정확히는 문막의 추모 공원으로 향했다. 구불구불 길을 올라 따뜻한 볕이 드는 곳에 닿았고 차분히 그리고 조용히 아버지를 놓았다. 가족들이 돌아가며 흙을 보탰고 그렇게 따뜻하게 아버지를 덮어 드렸다.

12월 1일 수요일-2

추모 공원에서 장례식장을 거쳐 영주집으로 돌아오는 길, 잠이 쏟아져야 정상인데 오히려 이상할 만큼 정신이 또렷했다. 길가의 풍경들에 이런저런 생각들이 스쳤다. '재작년에 아버지랑 차 타고 놀러 가던 길이네… 아버지랑 해외 여행간다고 새벽같이 달리던 길인데…' 장례식장에 도착해 검은 옷들은 돌려줬고 다시 영주집으로 향했다. 아내와는 간단히 샤워만 했고 대전집으로 돌아가기로 했다. 지난번처럼 수염이 가득한 얼굴이면 아이가 걱정할 것 같아 이번에는 말끔한 모습으로 아이를 만나기로 했다. 아이의 할머니, 큰고모, 작은고모, 큰아빠, 큰엄마는 영주집에 남았고 이틀 후 아버지 곁에서 다시 만나기로 했다. 차 안에서 아내와 많은 얘기를 나눴고 2시간을 부지런히 달려 대전집에 도착했다. 현관문을 열자마자 아이는 달려와 엄마 품에 안겼고 그렇게 한참을 있었다. 아이의 외할아버지·외할머니에게 감사 인사를 전했고 다시 일상으로 돌아갈 준비를 했다. 내일 할 일들과 조문 답례를 생각했다. 잠이 쏟아졌지만 아이는 엄마와 책을 읽었고 그 곁에 함께 있었다. 나도 아빠니까.

12월 2일 목요일

아이는 학교에 갔고 아이의 외할아버지·외할머니는 인천집으로 돌아갈 준비를 하셨다. 아내는 이른 점심으로 칼국수를 함께 먹었고 나는 못다 한 일들을 처리해야 했기에 혼자 집에 남았다. 먼저 미뤄둔, 그렇지만 더 이상 미룰 수 없는 일들을 확인했고 순서를 정해 하나씩 처리했다. 그렇게 몸은 바빴지만 마음은 조금씩 여유를 찾았다. 아니 찾고 싶었고, 찾아야 했다. 조문객들을 확인했고 전화를 걸었고 문자를 보냈다. '고생했다'라는 위로의 말들이 가득했고 '건강 잘 챙겨라'라는 말들이 보태졌다. 집 구석구석 청소기를 돌렸고 쓰레기 분리수거를 확인했다. 중간중간 읽지 못한 신문들을 살펴봤고 아이가 키우는 곤충들을 돌봤고 식물들도 챙겼다. 아이의 외할머니·외할아버지는 집을 떠나셨다. 아내는 내게 "시간을 줄 테니 차분히 마음을 정리해"라고 말했고 하굣길의 아이와 오랜 시간 밖에 머물렀고 저녁이 돼서야 집으로 돌아왔다. 그 사이 지난 며칠을 돌아봤고 앞으로 다가올 며칠을 준비했다. 팽팽하게 긴장되지 않은 헐렁하게 늘어진 시간들, 모처럼 그런 시간들이 곁에 있었다.

12월 3일 금요일-1

　보통의 금요일이지만 아이는 학교에 가지 않았다. 올해 초등학교를 입학하고 처음 있는 일이었다. 할아버지가 돌아가셨기에 결석계를 제출하기로 했고 할아버지가 조용히 잠들어 있는 추모 공원으로 향했다. 아이와 장례식장에서는 함께 할 수 없었지만 추모 공원은 함께 하고 싶었다. 내 아버지에게 내 아들을 보여 드리고 싶었다. 내 아버지에게 마지막 인사를 드리는 날, 내 아들과 함께 하고 싶었다. 쌀쌀한 날씨에 여덟 살 아이가 할 수 있는 일들은 많지 않겠지만 그저 그냥 내 곁에 두고 싶었다. 볕이 잘 드는 곳에 아이의 할아버지는 자리하고 있었고 아이의 할머니, 큰고모, 큰고모부, 작은고모, 큰아빠, 큰엄마, 나와 아내, 그리고 아이가 함께 했다. 아이의 할아버지가 좋아했던 소주, 두유, 커피, 소고기를 준비했고 짧은 인사를 건넸다. 공원을 내려와 아이의 큰고모부가 맛 좋은 한우 등심을 사줬고 각자의 일상으로 돌아갔다. 영주집으로 돌아오는 길, 49재를 진행중인 작은 사찰을 방문했고 그곳에 있는 아버지를 다시 만났고 다시 또 짧은 인사를 드렸다. 아버지가 없는 영주집으로 들어섰고 잠시 생각했다.

12월 3일 금요일-2

　나도 이제는 일상으로 돌아가야 한다. 언제까지 아버지를 붙잡고 있을 수는 없다. 마음속에 간직하고 가끔씩 꺼내봐야 한다. 볕이 좋은 따뜻한 곳에 모셨으니 기쁜 일, 슬픈 일이 있을 때 아버지와 함께 하면 된다. 곁에 있는 아이는 그림일기를 그린다. 아이의 할머니는 텔레비전을 본다. 아이의 작은고모는 그 할머니의 곁에 있다. 아이의 엄마도 그 아이의 곁에, 그 할머니의 곁에 있다. 어쩌면 이미 일상은 시작된 것인지도 모른다. 지지난 목요일부터 오늘까지 몸도, 마음도 이리저리 출렁인 날들이었다. 글을 쓰며 위로받았고 글을 쓰며 위로했다. 나란 사람이 아버지를 기억하고 추억할 수 있는 방법이 무엇일까 생각했고 오래지 않아 글을 써야겠다고 다짐했다. 아이와의 보통의 날들은 멈췄고 아버지와의 특별한 날들은 짧게 시작됐다 이내 끝났다. 오늘 밤이 지나면 아이의 할아버지, 그러니 내 아버지의 얘기는 쓰지 않으려 한다. 그렇게 나는 일상으로 돌아가려 한다. 마지막으로 쓴다. "아버지! 항상 존경했어요. 그리고 항상 고마웠어요! 저도 아내도 아이도 서로 사랑하며 살게요!!"

"아버지! 항상 존경했어요. 그리고 항상 고마웠어요!
저도 아내도 아이도 서로 사랑하며 살게요!!"

12월의 아빠

방학하면 뭐 할까?

여덟 살 아이에게 할아버지의 죽음을 어떻게 말해야 할까?

아이가 할아버지·할머니, 외할아버지·외할머니의 죽음을 맞이하게 될 때, 이를 어떻게 말해야 할까? 무엇보다 엄마·아빠로서 아이의 마음을 잘 돌봐야겠다고 다짐한 적이 있었다. 동시에 나와 아내도 그들의 아들이자 딸이고, 사위이자 며느리였다. 슬픔의 무게에 몸과 마음이 휘청일 것이라 막연히 짐작했다. 그렇게 생각만 했을 뿐인데 이번에 갑작스럽게 아이의 할아버지가 돌아가셨다. 아내는 아이에게 말했다. "아들, 할아버지가 너무 많이 편찮으셔서 하늘나라로 가셨어. 아마 이젠 아프지 않으실 거야. 그런데 할아버지는 아빠의 아빠지? 아빠를 더 이상 볼 수 없다면 어떨까? 그래, 그래서 아빠는 아주 많이 슬퍼. 어른도 화가 나면 화를 내고 슬프면 운다고 했던 거 기억나? 아빠도 지금 그래. 우리가 힘을 내서 아빠에게 힘을 주자. 슬픔이 몸속에 눈물로 가득 차면 눈물로 슬픔을 흘려보내야 되고, 슬픔이 빠져나간 자리에 다시 채워 넣을 기쁨과 행복이 필요하거든." 나와 아내는 아이를 꼭 안아줬다. 아이도 느꼈다. 지금은 아빠도 엄마도 많이 슬프고 아프다는 것을. 그러니 솔직히 알려줘야 했다.

그냥 궁금해서 그러는데

　동네 산책을 하는데 아이가 별일 아니라는 듯 무심하게 말했다. "아빠, 그냥 궁금해서 그러는데… 아빠는 엄마랑 결혼한 이유가 있어?" 갑자기 무슨 질문인가 싶었지만 그래도 성실히(?) 답해야 하니 "좋아하니까!"라고 받았다. 아이는 여전히 궁금한 듯 "그런데 좋아하면 결혼하는 거야?"라고 더했다. 아이의 물음에 답을 하려는데 아이는 다시 "나도 학교에서 좋아하는 아이가 있어!"라고 보탰다. 짐작 가는 아이가 있었지만 아이에게 "누군데?"라고 물으니 아이는 "OOO"라고 답했다. 역시나 예상했던 아이였다. 아이와 어린이집부터 초등학교까지 4년을 함께 한 아이였다. "왜?"라고 물으니 "예쁘잖아!"라고 답했다. 그러더니 "아빠, 그런데 나만 좋아하는 게 아닌 것 같아!"라고 하더니 "내가 OO 물건 만졌는데 나한테는 아무 말도 안 했어!"라고 더했다. 잠시 후 "다른 애들이 OO 물건 만지면 아주 그냥 혼이 나거든"이라 말하고 "그러니까 OO도 나를 좋아하는 것 같아!"라고 보탰다. 아이는 궁금한 것이 아니라 OO도 자신을 좋아하고 있다는 사실(?)을 자랑하고 싶었던 것이었다. 그냥 궁금한 것은 없다.

크리스마스 준비

이미 12월은 시작됐고 아직 2주 정도 남았다. 언제 준비할까 했는데 자연스레 얘기가 나왔다. 크리스마스를 맞이해야 했고 나름의 준비가 필요했다. 먼저 트리를 만들었다. 이건 아이가 주도해 아내와 셋이서 함께 했다. 작년에 사용했던 트리에 작년처럼 이것저것 장식했다. 새롭게 추가된 것은 없었지만 아이가 제 나름 새롭게(?) 꾸몄다. 한 살 더 자랐으니 상상력도 한 뼘 더 컸겠다. 얼마 지나지 않아 트리가 완성됐고 거실의 불을 끄고 조촐한 점등식을 했다. 깜빡이는 불빛 아래 기다란 양말이 놓였다. 아이에게 "산타 할아버지가 트리 밑에 놓여있는 양말을 보고 선물을 꼭 주실 거야. 산타 할아버지와 우리 가족만의 신호니까. 아마 작년에도 그러셨을 거야"라고 말했다. 반짝이는 작은 빛들을 보며 다음을 생각했다. 아이가 좋아할 이런저런 선물을 준비하고 아내와 함께 편지도 쓸 것이다. 그렇게 또 한 해가 간다. 크리스마스가 12월에 있는 이유를 이제는 조금 알겠다. 가족과 함께 하는 따뜻한 연말. 내년에도 그다음에도 이런 행복이 계속되길. 미리, 미리 소망한다. 그럼 꼭 들어주시겠지.

얕은 꾀, 어쩌면 깊은 생각

가끔은 알고도 모르는 척 슬쩍 눈 감아 주고, 또 가끔은 "아들! 그러면 안 돼!!"라고 따끔하게 말한다. 아이는 성장하면서 제 나름 머리를 쓴다. 아니 '머리를 굴린다'라는 표현이 보다 적당하겠다. 씨름놀이를 할 때면 "아빠, 오늘은 나랑 삼십 판만 할까?"라고 했다가 서서히 끝날 때가 가까워지면 "아빠, 그런데 오늘은 씨름놀이가 재미없지? 그만하고 이제부터 닭싸움할까? 이번에는 딱 이십 판만 하자!"라고 말한다. "그래, 알았어"라고 짧게 답하고 닭싸움을 열심히 하고 있는데 아이가 "아빠, 오늘은 씨름놀이도 함께 하면 좋지 않을까?"라고 더한다. 받아쓰기를 할 때도 "아빠, 오늘은 어제 것까지 네 번 써야 하잖아. 그런데 내가 생각해보니까 한꺼번에 하지 말고 아침에 한 번, 점심에 한 번, 저녁에 한 번, 자기 전에 한 번 쓰면 좋을 것 같아"라고 말한다. 나름 괜찮은 생각 같아 지켜보는데 점심이 지나 "아빠, 그냥 한 번에 다 쓸래. 여러 번 쓸려니까 힘들어"라고 보탠다. 잔머리가 됐건 잔꾀가 됐건 얕은 꾀가 됐건 어쩌면 깊은 생각이라 말하건 어쨌든 아빠 눈에는 그저 귀엽고 마냥 재밌다.

아들의 일기

11월 21일(일) 아이는 <주먹!???>이라는 제목의 일기를 썼다. '엄마랑 떨어졌다 만났다. 신난다. 너무 신난다.' 그리고 겨우 이틀이 지난 11월 23일(화) <기다리고 기대>라는 제목의 일기를 썼다. '드디어 내일이 기다리고 또 기다리고 기대하던 도자기 수업이다. 엄마가 내 마음대로 만들어도 되면 넓적한 접시를 만들어서 오라고 했다. 설마 도자기 선생님이 마음대로 만들면 어떡하지? 아파트만큼 걱정이 된다. 그래도 도자기 수업이 기대된다. 엄청 신나고 재밌을 것 같다. 내 마음대로 해도 되면 엄마 의견을 꼭 참고로 만들어야겠다. 기쁨 재밌음 3배, 걱정 1배 정도를 예상한다. 그러거나 말거나 재밌을 거 같다.' 어떻게 이틀 만에 이렇게 달라졌을까. 그동안 두세 줄 정도만 썼는데 갑자기 열다섯 줄 이상을 썼다. 그것도 공간이 부족해 여백까지 빼곡하게. 아내는 매일 아이가 일기를 쓰고 난 후 엄마에게 보여주면 "우리 아들, 그랬구나. 그랬었구나. 정말 잘 썼네"라고 말했고 담임 선생님은 중간중간 아이의 일기에 정성스레 별을 더했다. 그러니 아이의 꾸준함과 주변의 칭찬이 만들어낸 결과라 해야겠다.

최근에, 아니 지금에

느긋한 주말 저녁을 보내고 있는데 텔레비전 광고를 보던 아내가 말했다. "아들, 우리는 최근에 꼭 안고 있었던 적이 정말 많은데, 그치?" 무슨 소린가 싶어 텔레비전을 보니 광고에서 겨울옷을 소개하며 '누군가 꼭 안아주는 느낌'이라 설명했다. 그 표현이 어쩌면 겨울이라는 계절에 겨울옷을 나름 적절하게 표현했다고 생각했다. 그때 곁에서 가만히 있던 아이가 "엄마, 그런데 우리는 '최근에' 아니야. 우리는 '지금에'야"라고 답했다. 그러더니 엄마 등 뒤로 다가가 꼭 안았다. 그 모습이 참 따뜻했다. '최근에, 아니 지금에'라는 말과 함께 누군가를 바로 그 자리에서 꼭 안아줄 수 있다는 사실이. 나는 단지 그 모습을 지켜봤을 뿐인데 마치 아이가 나를 안아주는 기분이었다. 아이와 함께 하며 행복한 일들이 많지만 그중에 최고는 아이의 체온을 느낄 수 있는 순간들이다. 가만히 안고만 있어도 기분이 새롭다, 평화롭다, 포근하다, 따뜻하다, 그러니 마침내 행복하다. 이와 비슷한 수많은 단어들이 몸과 마음을 가득 채운다. 대개는 살짝, 또 가끔은 꼬옥 안아보는 아이. 그 아이가 곁에 있어 좋다.

.

포켓몬 일반책

주말 오후, 아이가 좋아하는 피자와 등심을 넉넉하게 먹고 아이가 더 좋아하는 중고서점으로 향했다. 버스를 탈까 잠시 고민했지만 "아들, 걸을까? 우리 둘이 버스비로 서점에서 책 한 권은 더 살 수 있을 것 같은데"라고 말했다. 책을 좋아하는 아이는 "응, 아빠. 소화도 시킬 겸 걷자. 그러면 책도 더 살 수 있으니까"라고 답했다. 그렇게 제법 쌀쌀한 날씨에 꽤나 오랜 시간을 걸었다. 서점에 도착했고 아이는 검색대로 달려갔다. 그러더니 '포ㅋㅔㅅ모ㄴ'이라 입력했다. '포켓몬'을 검색하고 싶은데 자판이 익숙하지 않아 실수가 반복됐다. 마침내 '포켓몬'을 입력했고 7권 정도 확인할 수 있었다. 아이는 기쁜 마음에 책을 찾아 나섰지만 아쉽게도 만화책뿐이었다. 아이에게 "만화책밖에 없으니 다음에 또 올까?"라고 말했고 아이는 "아빠, 내가 다시 검색해볼게"라고 받았다. 어떻게 할까 지켜보니 '포켓몬 일반책'이라 입력했다. 제 딴에는 만화책은 살 수 없으니 그 반대말이 일반책이라 생각하는 것 같았다. 하지만 안타깝게도(?) 동일한 결과만 나왔다. '일반책'이란 말, 나름 새롭긴 했다.

배신 당하는 꿈

　　과정을 얘기하면 어제는 특이한 날이었다. 몇 차례 조정된 건강검진과 치과진료를 위해 휴가를 냈고 하루의 대부분을 병원에서 보냈다. 큰 숙제를 다했다는 기쁨도 잠시, 머리가 조금 아팠고 휴식이 필요하다 생각했다. 아내도 저녁에 먹은 것들로 체했기에 우리 가족 모두 일찍 자기로 했다. 아이도 쌀쌀한 날씨에 오후부터 계속 집에서 보냈기에 별달리 불만은 없었다. 7시가 조금 지나 먼저 아내가 잠자리에 들었다. 아이와 나는 8시 30분에 자기로 했기에 각자 조금 더 시간을 보냈다. 아이는 포켓몬 놀이를 했고 나는 책을 읽었다. 1시간 정도 지났을 때, 딱히 더 할 일들이 떠오르지 않아 그냥 자기로 했다. 그렇게 우리 가족 모두 8시에 잤다. 어쩌면 보통의 회사원들이 이제 겨우 저녁을 먹었을 시간에. 여전히 머리가 아팠기에 새벽 2시에 한 번 깼고 다시 6시에 완전히 깼다. 그랬더니 반대편 침대에 누워 있던 아이가 훌쩍였다. 아내는 "왜 울어?"라고 물었고 아이는 "아빠한테 '배신 당하는 꿈' 꿨어!"라고 답했다. 꿈에서 배신이라니… 내가 정말로 어떻게 할 수 없는 일이었지만 마음은 조금 짠했다.

방학하면 뭐 할까?

이제 10일 정도만 지나면 아이의 겨울방학이 시작된다. 이왕 맞이하는 것, 그리고 무엇보다 처음으로 맞이하는 것, 잘 맞이하고 싶은데 딱히 떠오르는 것은 없었다. 아이에게 직접 물어 보는 것이 가장 빠를 것 같아 "아들, 방학하면 뭐 할까?"라고 물었다. 그림일기를 쓰고 있던 아이는 "있긴 있는데…"라고 말할 뿐 구체적으로 무엇이 하고 싶은지는 대답하지 않았다. 어쩔 수 없이 "딱히 떠오르는 게 없어?"라고 받았고 아이는 별다른 반응이 없었다. 각자 할 일을 하고 있는데 아이가 느닷없이 "아빠, 우리 동물원 갈까?"라고 말했고 나는 "응, 그럼 겨울방학 때 동물원은 꼭 가기로 하자. 그런데 방학이 엄청 긴데, 다른 계획도 세워야 하지 않을까? 아직 시간이 조금 있으니 천천히 생각해 보자"라고 답했다. 그러다 오늘 아침, 출근 준비를 하며 신문을 보는데 딸려 온 전단지는 죄다 '겨울방학 특강'으로 시작하는 학원 광고 뿐이었다. 'OO대 OO명 합격!', '중간고사 전 과목 만점!', '학교 수업과는 차원이 다른…' 등등의 글들만 가득했다. 궁금하다. 아이들은 방학하면 뭘 해야 할까? 진짜 뭘 하고 싶을까?

눈이 오면 좋겠는데…

　며칠 전부터 느낌은 오는데… 딱 눈이 올 것 같은데… 그렇게 눈이 오면 좋겠는데… 그게 또 마음대로 되는 것은 아니라… 어쩌면 이러다 눈싸움 한 번 못하고 겨울이 갈 것 같은데… 어제 퇴근길에도 하늘을 슬쩍 올려다봤는데… 오늘 출근길에도 하늘을 한참 쳐다봤는데… 여전히 흰 색깔의 작은 무엇 하나 떨어지는 것은 없었다. 차로 출퇴근하는 사람이니 눈이 오면 그만큼 불편하겠지만 그래도 지금이라도 눈이 펑펑 내리면 좋겠다. 그럼, 그 즉시 다소 철이 없어(?) 보이기는 하겠지만 망설임 없이 냉큼 조퇴를 신청하고 아이와 아내를 만나러 가겠다. 아이에게는 "아들, 어린이집 옆에 있는 운동장으로 눈썰매 타러 가자!"라고, 아내에게는 "OO, 따뜻한 커피 한 잔 사 줄게!"라고 말할 것이다. 글을 잠시 멈추고 다시 창밖을 봐도 여전히 흐리기만 할 뿐, 오늘도 눈 소식은 없어 보인다. 혹시 또 모르겠다. 이러다 갑자기 아내에게 '남편!! 지금 창밖을 봐!! 하늘에서 눈이 쏟아지고 있어!!'라는 문자가 올지. 어쨌거나 오늘도 하던 일을 계속해 본다. 그러다 보면 언젠가는 눈이 오겠지. 눈아 얼른 와라!!

출발하는 말?
도착하는 말?

책을 읽고 있는 나에게, 책에서 읽었다는 아이가 말했다. "아빠, 퀴즈 하나 낼까? 잘 생각해보고 말해봐. 쉽기도 하고 어렵기도 해." 무슨 문제를 내려고 그럴까 싶다가도 어차피 초등학교 1학년이 내는 문제라는 생각에 마음은 편했다. "그래, 아빠가 잘 고민해서 말할게"라고 답했다. 아이는 "문제는… '출발하는 말하고, 도착하는 말이 있으면 어떤 말을 도와줘야 할까?'라는 거야"라고 말했다. 그러더니 나를 빤히 쳐다봤다. '어때, 조금 어렵지'라는 표정으로. 나는 출발이라는 '말'과 도착이라는 '말', 그러니 '출발'과 '도착'이라는 단어를 생각했다. 어떤 단어를 도와줘야 할까… 어떤 단어를… 그런데 왜 단어를 도와줘야 할까… 쉽다고 했는데… 꽤나 오랜 시간을 고민하고 있는데 아이가 더했다. "아빠, 답은 도착하는 말을 도와줘야 해. 왜냐면 출발하는 말은 아직 힘이 펄펄 나는데 도착하는 말은 힘을 다 썼잖아. 그러니까 그 말을 도와줘야 하는 거야." 아이의 설명을 들으며 속으로 '엉뚱한 답만 찾고 있었네'라고 생각했다. 그나저나 나는 올 한 해, 힘을 다 썼나? 아직 많이 남았나? 아니면 조금 남았나?

내가 설명해볼게!

　　아내는 가끔, 어쩌면 자주, 재밌는 영상이나 감동적인 글이 있으면 알려준다. 이번에도 "이리 와 봐"라고 하더니 "지금부터 잘 봐"라고 더한다. 무슨 영상이길래 그럴까 싶어 잠시 보니 정말 신기하다. 바다의 쓰레기들이 순식간에 작은 통 안으로 쏙 들어가 사라진다. 너무 빨리 지나가버려 다시 한 번 보는데 이번에도 역시나 신기할 뿐이다. 아내에게 "이게 뭐야?"라고 물으니 아내는 "이거 나도 처음 보는 건데 '씨빈(SEA BIN)'이라고 바다 위에 떠다니는 쓰레기들을 모아 준대"라고 답한다. "그런데 물고기들도 여기 들어가지 않을까?"라고 물으니 아내는 "응, 다행히도 물고기들은 여기에 안 들어간대"라고 받는다. 다행이라 생각하면서도 '어떻게 물고기들은 괜찮을까?'라는 생각이 머리에 가득하다. 그때, 엄마와 아빠의 얘기를 가만히 듣고 있던 아이가 "아빠, 내가 설명해볼게! 나는 알겠어!"라고 말한다. 그러더니 거실 칠판에 그림을 그리기 시작한다. 어느 정도 그림이 완성되어 갈 때쯤, 아이는 "지금부터 내가 그 원리를 쉽게 설명해줄게! 엄마도 아빠도 잘 들어봐!"라고 더하며 씩 웃는다. "그건 말이지…"

나도 '방학'하고 싶다!

어쩌면 나와는 전혀 관련 없는 일이기도 하고, 아니면 아주 많이 관련된 일이기도 하지만, 어쨌든 곰곰이 생각해보니 일단은 그렇게 직접적인 관련은 없겠다고 잠정적으로 생각한다. 물론 주중에 회사에 있는 시간에 한정해서. 요 며칠 아이에게 "아들, 방학하면 우리 뭐 하지? 생각 좀 해 봐!"라고 자주 말했다. 고민 끝에 '동물원 가기' 하나는 결정했는데 다른 것들은 아직 그렇지 못했다. 아이는 그저 "아빠, 동물원에 다녀와서 포켓몬 게임하고 씨름놀이, 닭싸움도 하면 되지 않을까?"라고만 더했다. 아이에게 "아들, 그건 하루면 다 할 수 있는 거야. 그런데 겨울방학은 생각보다 많이 길어. 그러니까 계획을 잘 세워야 하는 거야. 특히 그동안 못해서 아쉬웠거나 꼭 해보고 싶었던 걸 하는 거야"라고 답했다. 이런 대화들을 저녁마다 주고받으며 순간 착각했다. 아이가 방학을 하면 마치 내 회사 생활도 잠시 쉬어 가는 것이라고. 사실 변할 것은 전혀 없는데. 여전히 회사는 가야 하고 또 주어진 일들은 처리해야 한다. 어쩌면 더 많은 변화무쌍한 일들이 기다리고 있을지도. 문득, 나도 '방학' 하고 싶다! 잠시라도!

작별 인사

시간, 참 빠르다. 가끔, 멈춰 있을 것 같던 날들이 조금씩 더해져 2년이라는 숫자에 닿으려 한다. 짧지 않은 시간을 함께 한 사람들에게 아쉬운 마음을 가득 담아 작별 인사를 건넨다. "그동안 고마웠습니다. 그리고 정말 감사합니다. 짧지 않은 시간을 함께 했습니다. 많은 것을 보고 많은 것을 경험하고 갑니다. 덕분에 더 많은 것을 생각할 수 있었습니다. 그것들은 제 삶을 보다 윤택하게 할 것입니다. 무엇보다 이곳에서 보낸 시간들이 오래오래 기억에 남을 것 같습니다. 앞으로 순간순간 그 기억들을 추억할 것이라 생각합니다." 한 해를 마무리하며 한 시절을 마무리한다. 2년이라는 정부부처 파견도 이제 며칠 후면 끝난다. 한 달에 2주를 출장 다녔던 기억, 다시 또 2주를 출장 준비했던 기억, 아이와 아내와 그런 날들을 함께 했던 기억까지. 그렇게 가만히 생각해보니 무엇보다 서로가 서로에게 '작별 인사'를 건넬 수 있는 시간이 주어져 고맙고 감사하다. 또 무엇보다 '작별 인사'를 주고받을 수 있는 관계로 남았음에 고맙고 감사하다. 그 마음 잔뜩 안고 다시 내 자리로 돌아간다. 안녕, 또 안녕.

역시 물어보길 잘했다

첫 번째 이야기. 아이에게 물었다. "아들, 이번 크리스마스에는 산타 할아버지가 무슨 선물을 주셨으면 좋겠어?" 이미 몇 가지는 짐작하고 있었지만 그래도 아이가 뭐라고 답하는지 궁금했다. 99% 확률로 마음으로 짐작하는 것보다 100% 확률로 입으로 듣는 것이 확실하니. 아이는 뭐 그런 것을 묻느냐는 표정으로 "뭐라도 좋아"라고 답했다. 그게 진심일까 싶어 한 번 더 물으니 "응, 사실은 생각하고 있는 게 있어"라고 말하며 짐작했던 것들을 얘기했다. 역시 물어보길 잘했다. 두 번째 이야기. 자려는데 아내가 과자를 가져왔다. "잘 때 다 돼서, 지금 먹으려고?"라고 물으니 아내는 "아니, 이거 아들이 좋아하는 포켓몬 나오는 과자야. 동네 마트 갔더니 있어서"라고 답했다. 그러더니 아이에게 "아들, 이거 진짜 신기하지? 내일 먹을까?"라고 더했다. 아이는 "응, 괜찮아. 내일 먹자"라고 짧게 답하고 책상을 정리했다. 아이의 마음은 그게 아닌 것 같아 "아들, 지금 먹고 싶어?"라고 물으니 아이는 "응!"이라 더 짧게 답했다. 엄마에게 달려가 과자 하나를 건네받고 기분 좋게 먹는 아이. 역시 물어보길 잘했다.

감동이야…

이번 크리스마스는 아이의 할머니와 작은고모가 있는 영주에서 보냈다. 아이는 금요일에 방학식을 했고 크리스마스는 토요일이었다. 나도 금요일은 오후에 조퇴를, 월요일은 휴가를 신청했다. 금요일 저녁, 내가 아이와 잠시 놀고 있는 사이에 아내는 준비해 간 선물들을 방 한편에 살짝 숨겨뒀다. 크리스마스 아침, 아이는 "선물이 많네"라는 말을 시작으로 "그런데 사실은 선물이 없을까봐 걱정했어. 왜냐면 여기는 크리스마스 트리가 없으니까. 산타 할아버지는 항상 트리 밑에 선물을 두고 갔거든"이라 더했다. 그러더니 "아빠, 그래서 나 사실은 애가 탔어"라고 말하고 "그런데, 자는데 발자국 소리가 들렸어"라고 보탰다. 아이는 선물을 모두 확인한 후 "엄마, 기록이 깨졌어. 원래는 두 개 받았었는데 이번에는 선물이 너무 많아"라고 말했다. 그리고 마지막에는 엄마 품에 안겨 "감동이야…"라고 더했다. 곁에 있던 할머니와 작은고모는 "OO이가 착한 일 많이 하니까 산타 할아버지가 선물도 많이 주시는 거야!"라고 답했다. 나도, 아내도 같은 마음이었다. 우리 아들, OO이는 착한 아이니까!!

3,800원! 이걸로 뭐 하지?

한가득 쌓였다. 이렇게까지 많은지 몰랐다. 옷이 대부분이었지만 가방, 신발, 밥솥, 프라이팬, 아이 놀이기구 철제 프레임 등 종류도 다양했다. 이번 기회에 서재까지 정리하려 했지만 일이 너무 커질 것 같아 책은 다음으로 미뤘다. 아이의 방학 첫날이었다. 아이는 오전에 로봇과학 수업을 들으러 학교에 갔고 아내와 집으로 돌아와 오늘 하루, 무엇을 할까 잠시 생각했다. 그러다 한 해를 잘 마무리하고 새해를 잘 맞이하기 위해 집을 정리하기로 했다. 아내가 베란다에 모아 둔 것들을 오늘은 기필코 정리해야겠다고 다짐했다. 수업을 마친 아이에게 "아들, 오늘 자원 재활용하러 갈 건데 만 원 미만으로 나오면 다 줄게! 같이 가자!"라고 말했다. 부지런히 물건들을 날라 차에 가득 실었고 아내와 산책길에 봐둔 OO자원으로 향했다. 우리가 가져온 것들의 총 무게는 50kg으로 23,800원이었다. 아내에게 모두 건네니 아내는 약속대로(?) 3,800원을 아이에게 줬다(20,000원은 아이 통장에 저금했다). 아이는 신이 난 목소리로 "이걸로 뭐 하지?"라고 말했고 한참을 고민했다. 오늘 하루, 알차게 잘 보냈다.

산타 할아버지의 편지!!

    깜빡 잊고 있었다. 며칠 전, 크리스마스에 산타 할아버지는 아이에게 선물도 잔뜩 줬지만 정성스레 편지도 한 장 남겼다(물론 나와 아내가 아이에게 쓴 편지는 따로 있었다). 하트 모양에 'LOVE'라는 글자가 붉게 쓰인 이쁜 편지지에 멋진 글씨로 또박또박. 산타 할아버지는 엄마와 아빠가 하고 싶었던 말들, 하고 싶은 말들을 아이에게 글로 전했다. 아이는 그 편지를 꽤나 오랫동안 읽고 또 읽었다. 그러더니 "엄마, 이 편지는 잘 보관해야겠어"라고 말했다. 곁에서 지켜보던 아이의 할머니도 "OO아, 잘 보관해뒀다가 아빠처럼 어른이 되면 꼭 다시 읽어 봐"라고 더했다. 'OOO 어린이. Merry Christmas!!! 여덟 번째 크리스마스를 축하해요. 학교에서 받아쓰기며 줄넘기, 수학단원평가 모든 것을 산타 할아버지는 다 보고 있어요. 뜻대로 될 때도, 마음처럼 잘 되지 않을 때도 늘 노력하는 것을 잘 보고 있고 항상 응원하고 있어요. 지금처럼만 씩씩하게 잘 자라주면 정말 멋진 형아가 될 거예요. 내년에도 또 만나요.' 산타 할아버지는 언제나 아이와 함께 했고, 함께 한다. '내년에도 또 만나요'라고 했으니까.

좋은 자리

문득 기억났다. 지난주에 아내가 들려줬던 이야기가. 아이의 학교에서 있었던 일이. 아이의 친구 엄마는 자신의 아이에게 물었다. "OO아, 어느 자리가 제일 좋아? (앞자리? 뒷자리? 아니면 오른쪽? 왼쪽?)" 그 물음에 아이의 친구는 짧게 답했다. "아니, OO이 옆자리가 제일 좋아!" 그 이야기를 전해 들으며 기분이 좋았다. 아이가 친구에게 좋은 사람으로 기억되고 있어서. 아이의 옆에는 아이와 함께 하는 것만으로도 기분이 좋아지는 친구가 있다는 것이. 생각해보니 그랬다. 학창시절에도 그랬고, 군대에서도 그랬고, 회사에서도 그랬다. 누군가 나에게 "어디가 좋은 자리야?"라고 묻는다면 몇 가지 조건들이 떠오르겠지만 나는 아마도 "마음이 편안한 사람이 옆에 있는 자리, 마음이 통하는 사람이 함께 하는 자리"라고 답할 것이다. 지난 시절을 돌아보니 때로는 사람으로 인해 마음이 불편했던 기억이 있다. 좋은 자리, 그것은 마음이 결정하고, 마음으로 결정된다. 앞으로 내게도, 아내에게도, 아이에게도 많은 자리가 주어질 것이다. 그때 부디 마음이 편안한 좋은 자리, 그 옆에 좋은 사람들이 함께 하길.

아쉬움의 안녕 한 번,
반가움의 안녕 한 번

어제는 제법 눈이 왔다. 퇴근길이 살짝 걱정됐지만 그래도 아이와 눈싸움도 하고 눈썰매도 탈 수 있겠다 생각하니 괜찮았다. '이렇게 오랜만에 눈이 오는데, 그깟 정체 정도야'라는 마음으로. 그렇게 잔뜩 기대하고 집으로 향하는데 생각보다 막힘이 없었다. 그저, 그냥 보통의 어느 날과 같았다. 마음은 조금씩 변해갔다. 아파트 주차장에 도착하니 '오늘은 안되겠다. 생각보다 춥다. 추워. 오늘만 날이 아니다. 내일은 출근도 해야 하고. 주말에는 집에서 쉬니까. 그럼 또 그때, 눈이 펑펑 내릴 수도 있고'라는 생각들이 스쳤다. 집에 들어서니 이미 눈이 온 것을 아는 아이도, 아내도 별다른 말이 없었다. 이번에도 그저, 그냥 보통의 어느 날과 같았다. 눈싸움, 눈썰매 얘기는 꺼내지도 않았다. 12월 31일, 2021년의 마지막 출근길, 어제의 눈은 대부분 사라졌다. 단지 더 춥기만 할 뿐. 라디오에서는 한 해 동안 고생 많았다는 위로와 격려, 새해에도 좋은 일들이 많았으면 좋겠다는 희망과 기대의 말들을 쏟아냈다. 그래, 한 해가 끝났다. 다시, 새해가 온다. 아쉬움의 안녕 한 번, 반가움의 안녕 한 번, 그렇게 인사한다.

2022, 44, 42, 9
그리고 60, 60, 24

2022. 며칠 전까지 '2021'이라는 숫자만 사용했지만 한 해가 갔고 다시 또 한 해가 왔다. 이제 겨우 시작이라 아직 많은 날들이 남았다. 일단 '건강하게 열심히 부지런히 살아야지'라는 다짐 정도만 남겨 본다. 44. 이제 나도 인생의 절반 정도를 지났다고 생각한다. 남은 날들, 남은 삶을 정확히 예측할 수는 없다. 그것이 인생이지만, 그래도 반환점 정도는 돌았다고 짐작한다. 그리 생각하니 그동안 잘 살았고, 앞으로 더 잘 살고 싶다. 42. 아직 동안인 아내도 어느덧 중년이 됐다. 우리 앞에 주어질 기쁜 일, 슬픈 일, 그밖에 많은 일들을 힘을 합쳐 잘 맞이하려 한다. 9. 어린이집 졸업날이 아직 생생한데 아이도 이제 초등학교 2학년이 된다. 3월에 개학하면 동생들도 잔뜩 생기겠다. 아들, 올해도 언제나 화이팅이다. 60. 시계는 초침이 부지런히 움직여야 분침을 밀어낸다. 60. 분침이 한 칸 한 칸 끊임없이 제 갈 길을 가면 다시 시침을 밀어낸다. 24. 그렇게 초침, 분침의 힘으로 시침은 열두 번, 정확히 두 바퀴를 돌아 어김없이 하루라는 시간을 만든다. 2022, 44, 42, 9 그리고 60, 60, 24. 올해의 숫자들이다.

에필로그

　원고를 마무리할 때쯤이면 언제나 고민했다. 아내와 몇 가지 책 제목 후보들을 늘어놓고 오래 생각했다. 그리고 한참이 지나 결정했다. 하지만 이번 책은 그렇지 않았다. 이미 글을 쓰면서 마음을 정했다. 지금의 책 제목으로. 그러다 아주 잠시 마음이 흔들렸다. 11월의 어느 날, 나의 아버지가 아팠고 그러다 얼마 후 갑작스레 삶을 다했기에. 나는 내 아이의 아빠이지만 동시에 내 아버지의 아들이었으니. '『아빠 그리고 아버지』는 어떨까?'라고. 하지만 이내 마음을 바꿨다. 나도 언젠가 아버지를 아빠라 불렀던 날들이 있었을 것이라 생각했다. 지금의 나는 그 기억이 없지만 아주 어릴 적의 나는 아버지를 아빠라 불렀을 것이다. 사라져 버린 내 기억 속 어딘가에는 분명히 아빠가 있을 것이다. 그러니 오늘의 아버지는 오늘의 아빠였다. 나뿐만 아니라 모두의 아버지는 모두의 아빠였다. 2021.11.29. 칠십다섯의 삶을 조용히 마무리한 아버지. 지금은 따뜻한 볕이 잘 드는 곳에 편안히 잠들어 있는 아버지. 너무너무 보고 싶은 아버지. 그 아버지에게 『오늘의 아빠』라는 아들의 이야기, 아들과 손자의 이야기, 아들과 손자와 며느리의 이야기, 거기에 당신의 이야기를 전한다. 그 오늘을. 한 장 한 장 읽어보며 다 함께 행복했던 지난날들을 잠시라도 추억할 수 있다면 좋겠다. 내게 꿈에서라도 활짝 웃으며 "너도 나를 '아빠'라고 불렀어. 아주 어릴 적의 너를 내가 모두 다 기억해. 그러니 나는 너의 아버지이기도 하지만 너의 아빠이기도 해"라고 말해주면 좋겠다. 그 마음이, 그 바람이, 그곳에 닿기를 소망하며 글을 마친다. 임종만, 나의 아버지. 항상 존경합니다. 서로 사랑하며 살게요.

오늘의 아빠

1판 1쇄 발행   2022. 06. 12

지 은 이   임석재
발 행 인   박윤희
발 행 처   도서출판 이곳
교정교열   안정란, 임현서
감　　수   안정란, 임태율
그　　림   김지영
디 자 인   디자인스튜디오 이곳
등　　록   2018. 10. 8 신고번호 제 2018-000118호
주　　소   서울 송파구 송파대로44길 9(송파동) 4층
팩　　스   0504.062.2548

ISBN 979-11-977173-4-5 (03190)

도서출판 이곳
우리는 단순히 책을 만들지 않습니다.
작가와 책이 마주치는 이곳에서 끊임없이 나음을 너머 다름을 생각합니다.

홈페이지   www.bookndesign.com
이 메 일   bookndesign@daum.net
블 로 그   blog.naver.com/designit
유 튜 브   도서출판이곳
인스타그램   @book_n_design @here_book_books

이 도서의 국립중앙도서관 출판예정도서목록(CIP)은 서지정보유통지원시스템 홈페이지(http://seoji.
nl.go.kr)와 국가자료종합목록시스템(http://www.nl.go.kr/kolisnet)에서 이용하실 수 있습니다.